高等职业技术院校汽车类专业教材

钳工与焊工实训

（第二版）

主　编　郑新浪

副主编　张荣全

中国劳动社会保障出版社

简介

本书主要内容包括平面划线、錾削端面、锉削平面、锯削棒料、锉削四方体、立体划线、孔加工、螺纹加工、矫正、弯形、气割、焊接加工、铆接基础知识等。

本书由郑新浪主编，张荣全副主编，王玉生、吴杰、蔡欣、陈涛、柳阳、杨海斌、贾大虎、许为柏、龚爱民、华茂青参编。

图书在版编目(CIP)数据

钳工与焊工实训/郑新浪主编. —2版. —北京：中国劳动社会保障出版社，2015

高等职业技术院校汽车类专业教材

ISBN 978-7-5167-2209-1

Ⅰ.①钳… Ⅱ.①郑… Ⅲ.①汽车-钳工-高等职业教育-教材②汽车-焊接工艺-高等职业教育-教材 Ⅳ.①U472.4

中国版本图书馆 CIP 数据核字(2015)第 286703 号

中国劳动社会保障出版社出版发行

(北京市惠新东街1号 邮政编码:100029)

*

北京市白帆印务有限公司印刷装订 新华书店经销

787 毫米×1092 毫米 16 开本 11 印张 207 千字

2016 年 1 月第 2 版 2024 年 1 月第 10 次印刷

定价：21.00 元

营销中心电话：400-606-6496

出版社网址：http://www.class.com.cn

http://jg.class.com.cn

前言

为了更好地适应全国高等职业技术院校汽车类专业的教学要求，全面提升教学质量，人力资源和社会保障部教材办公室组织有关学校的骨干教师和行业、企业专家，在充分调研企业生产和学校教学情况、广泛听取教师对现有教材反馈意见的基础上，吸收和借鉴各地高等职业技术院校教学改革的成功经验，对现有全国高等职业技术院校汽车类专业教材进行了修订（新编）。

本次教材修订（新编）工作的重点主要体现在以下几个方面：

第一，合理更新教材内容。

根据企业岗位和教学实践的需求变化，确定学生应具备的能力与知识结构，调整部分教材内容，使知识技能点的深度、难度、广度与实际需求相匹配；根据相关专业领域的最新发展，淘汰陈旧过时的内容，补充新知识、新技术、新设备、新材料等方面的内容；根据最新的国家技术标准编写教材内容，保证教材的科学性和规范性。

第二，加强实践技能的培养。

根据就业岗位对技能型人才所需能力的要求，进一步加强实践性教学内容，采用了理论知识与技能训练一体化的编写模式，以体现“做中学”“学中做”的教学理念。

第三，衔接职业技能鉴定要求。

教材编写以汽车修理工国家职业技能标准为依据，涵盖国家职业技能标准（高级）的知识和技能要求，并在配套习题册中增加了相关职业技能鉴定考试的练习题。

第四，精心设计教材形式。

在教材的呈现形式上，尽可能使用图片、实物照片和表格等将知识点生动地展示出来，力求让学生更直观地理解和掌握所学内容。

第五，提供全方位教学服务。

本套教材配有习题册、教学参考书、电子课件和习题册答案，电子课件和习题册答案可通过中国人力资源和社会保障出版集团网站（http：//www. class. com. cn）或职业教育教学资源和数字学习中心（http：//zyjy. class. com. cn）下载。

本次教材的修订（新编）工作得到了辽宁、吉林、江苏、山东、河南、广东等省人力资源和社会保障厅及有关学校的大力支持，在此我们表示诚挚的谢意。

人力资源和社会保障部教材办公室

2014 年 8 月

目　录
Contents

课题一　平面划线

学习目标

◆ 了解平面划线的作用及基本方法。

◆ 掌握划线工具的正确使用方法。

◆ 熟悉划线基准的确定方法。

◆ 能够正确使用划线工具进行基本线条的划制。

想一想

在汽车零件修理过程中，经常要在板料上进行加工位置、加工界线的确定等工作（见图1—1）。在金属材料上划线与我们学习机械制图时在图纸上用尺规作图是不一样的。你知道在金属材料上可以用哪些工具划线吗？这些工具是如何使用的？怎样进行线条的划制？

a）

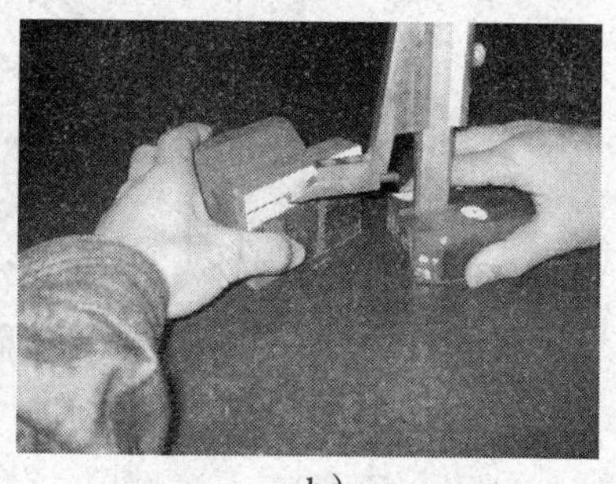

b）

图1—1　划线

a）平面划线　b）立体划线

一、划线的分类及基本要求

划线是指根据图样和技术要求，在毛坯或半成品上用划线工具划出加工界线，或划出作为基准的点、线的操作过程。划线是机械加工中的重要工序之一，广泛用于单件、小批量生产。

1．划线的分类

划线有平面划线和立体划线两种。

只需要在工件一个表面上划线后即能明确表示加工界线的，称为平面划线。

需要在工件几个互成不同角度（一般是互相垂直）的表面上划线后才能明确表示加工界线的，称为立体划线。

2．划线的基本要求

线条清晰、均匀，定形尺寸和定位尺寸准确。

由于划线的线条有一定的宽度，一般要求划线精度达到 0.25～0.5 mm。应当注意，工件的加工精度（尺寸精度、形状精度等）不能完全由划线确定，而应该在加工过程中通过测量来保证。

二、划线工具及其使用方法

划线工具主要包括划线平台、划规、划针、划线盘、游标高度尺、直角尺、样冲、千斤顶、V 形架等，如图 1—2 所示。

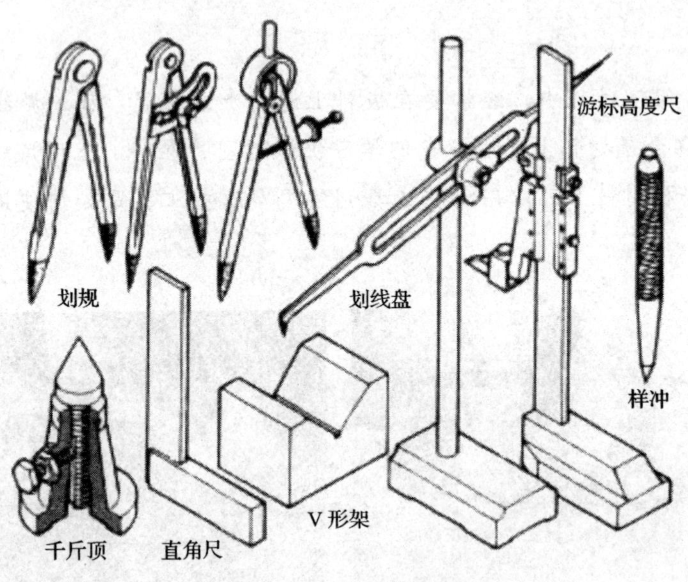

图 1—2　划线工具

1．划线平台

如图 1—3 所示，划线平台（又称划线平板）是由铸铁毛坯经精刨或刮削制成的，其作用是安放工件和划线工具。划线过程是在平台工作面上完成的。

划线时对平台工作面要注意仔细保护，保证其平整度及工作表面清洁，防止碰伤、划伤。为防止变形，划线平台应水平放置。

图1—3　划线平台

2．划针

划针是直接在毛坯或工件上划线的工具，如图1—4所示。在已加工表面上划线时常使用ϕ3～5 mm的弹簧钢丝或高速钢制成的划针，将划针尖部磨成15°～20°，并经淬火以提高其硬度和耐磨性。在铸件、锻件等表面上划线时，常用尖部焊有硬质合金的划针。

划针的使用方法如图1—5所示。

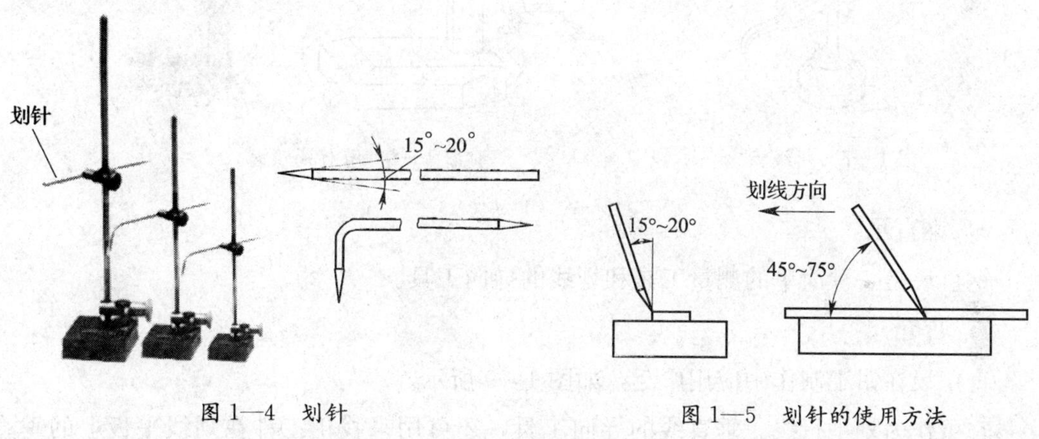

图1—4　划针　　　　图1—5　划针的使用方法

3．划规

划规（见图1—6）是用工具钢或中碳结构钢制成，用来划圆和圆弧、等分线段、等分角度和量取尺寸的工具。

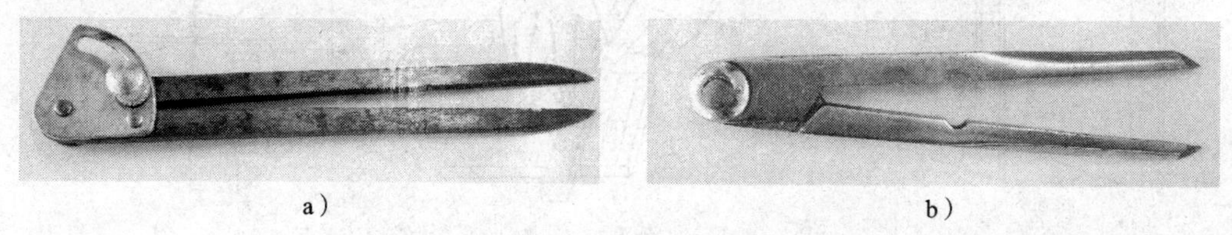

a）　　　　b）

图1—6　划规

a）可调划规　b）普通划规

划规两脚长度要磨得稍有不等，两脚合拢时脚尖才能靠紧。划圆弧时应将手力作用到作为圆心的略短一脚上，以防止中心滑移。

4．划线盘

划线盘如图 1—7 所示，是直接划线或找正工件位置的工具。

5．游标高度尺

游标高度尺如图 1—8 所示，是一种比较精密的量具及划线工具。它既可以用来测量高度，又可以用量爪直接划线。

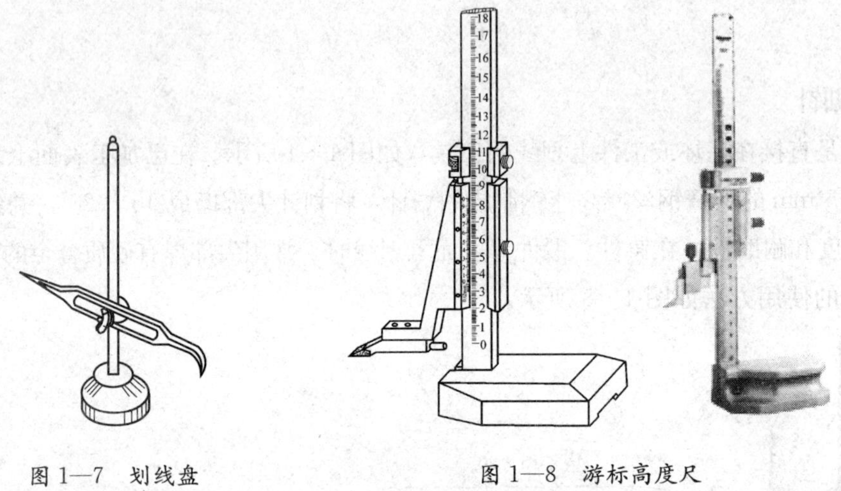

图 1—7　划线盘

图 1—8　游标高度尺

6．钢直尺

钢直尺是一种简单的测量工具和划线的导向工具。

7．直角尺

直角尺在钳工制作中应用广泛，如图 1—9 所示。

它可作为划平行线、垂直线的导向工具，还可用来找正工件在划线平板上的垂直位置，并可检验工件两平面的垂直度或单个平面的平面度。直角尺的使用方法如图 1—10 所示。

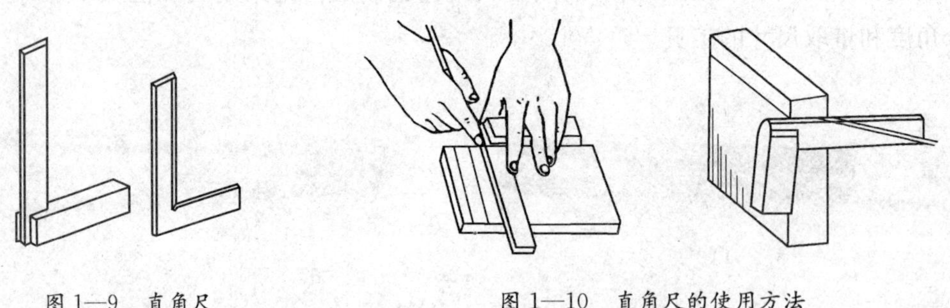

图 1—9　直角尺

图 1—10　直角尺的使用方法

8．万能角度尺

万能角度尺除可测量角度、锥度外，还可以作为划线工具划角度线，如图 1—11 所示。

9．样冲

样冲用于在工件所划的加工线条上打样冲眼，如图 1—12 所示。除作为加强加工界线标志外，其还用于圆弧中心或钻孔时的定位中心打眼（称为中心样冲眼）。

图 1—11　万能角度尺

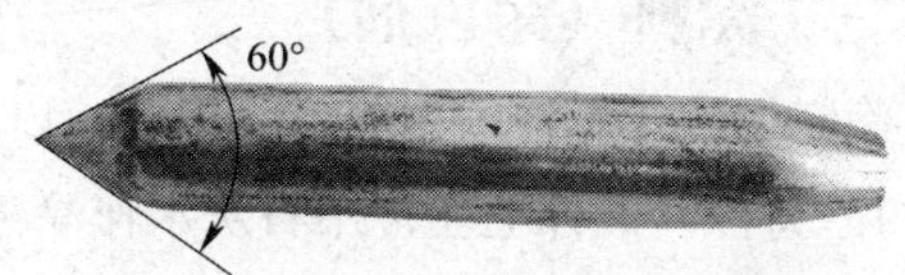

图 1—12　样冲

样冲的使用方法如图 1—13 所示。

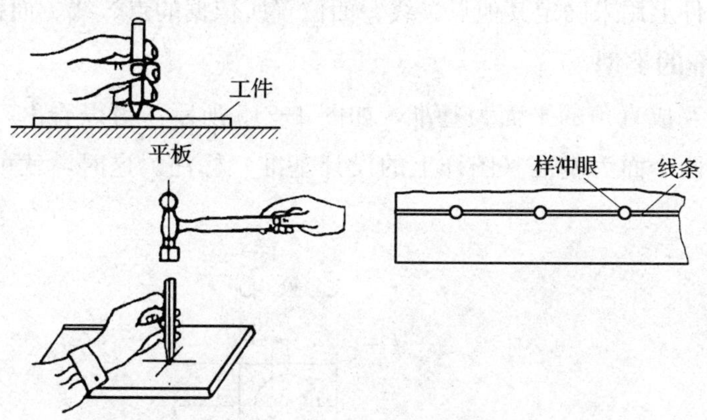

图 1—13　样冲的使用方法

10．支撑、夹持工件的工具

划线时，支撑、夹持工件的常用工具有垫铁（平垫板、斜垫板）、V 形架、千斤顶、方箱和角铁等，如图 1—14 所示。

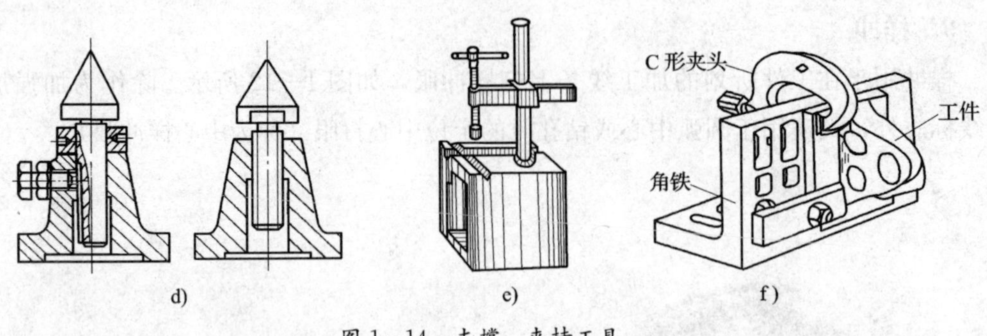

图 1—14　支撑、夹持工具

a）平垫板　b）斜垫板　c）V形架　d）千斤顶　e）方箱　f）角铁

三、涂料（涂色剂）

涂料用来在工件的划线部位涂色，以使划出的线条醒目。

1. 铸件、锻件毛坯常用石灰水作涂色剂，用粉笔作涂色剂也很方便。

2. 已加工表面常用酒精溶液加蓝色漆片作涂色剂。这种涂色剂涂覆均匀，吸附力强，干得快，还可以用酒精擦掉。

四、基准的确定

划线时，工件上用来确定其他点、线、面位置所依据的点、线、面称为划线基准。

1. 划线基准的类型

（1）以两个互成直角的平面为基准，如图 1—15 所示。可以看出，图中每一方向的尺寸大都以这两个面为基准（图样上的设计基准）标注。这时，就可把这两个面作为划线基准。

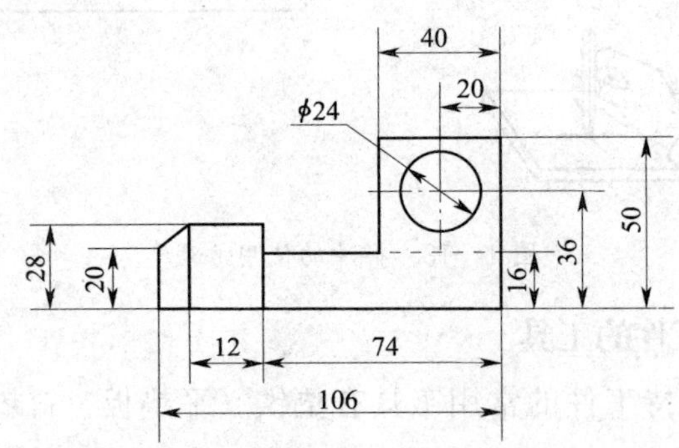

图 1—15　以两个互成直角的平面为基准

（2）以两条中心线为基准，如图 1—16 所示。该零件上的大部分尺寸从这两条中心线处标注，而且两个方向的尺寸分别与其中心线对称。这时，就可把这两条中心线作为划线基准。

（3）以一个平面和一条中心线为基准，如图 1—17 所示。该零件高度方向尺寸以底面为依据而确定，宽度方向的尺寸则对称于中心线。

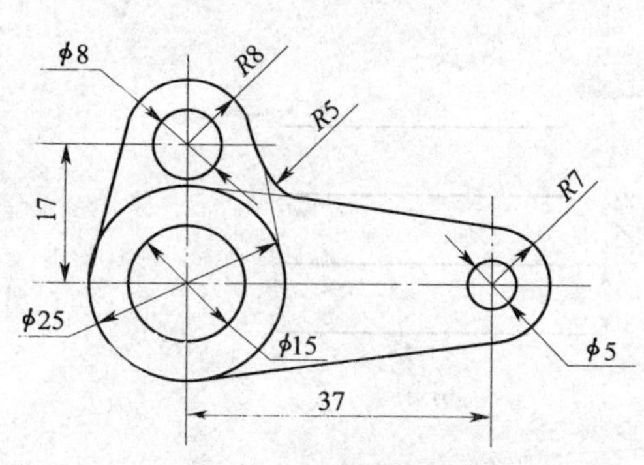

图 1—16　以两条中心线为基准

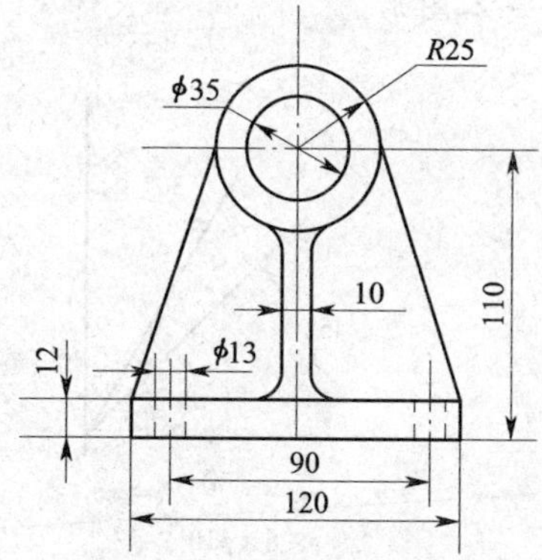

图 1—17　以一个平面和一条中心线为基准

2. 确定划线基准的原则

（1）划线基准应与设计基准一致。

（2）配划基准是配划件的装配基准。

（3）选择已精加工并且加工精度最高的边、面或有配合要求的边、面、外圆、孔槽和凸台的对称线为划线基准。

（4）选择较长的边或相对两边的对称线，较大的面或相对两面的对称线为划线基准。

（5）选择便于支撑的边、面或外圆为划线基准。

（6）选择较大外圆的中心线为划线基准。

（7）补充性划线时，要以原有的线或有关的装夹部位为基准。

（8）在薄板材上选择划线基准时，要考虑节约用料、便于剪裁及工艺文件上材料轧制方向的具体要求。

五、综合图形的划制顺序

一般综合图形的划制顺序应首先划基准线，其次划平行线、垂直线等直线，再次划圆及圆弧，最后划圆弧与直线的连接。

基本线条的划法

1. 工作任务

本任务利用常用划线工具在 1 mm 厚的薄板上划平行线、垂直线、角度线、圆弧与圆弧的连接，并在线条上准确地冲样冲眼作为标记，最后在薄板上完成如图 1—18 所示的基本图形。

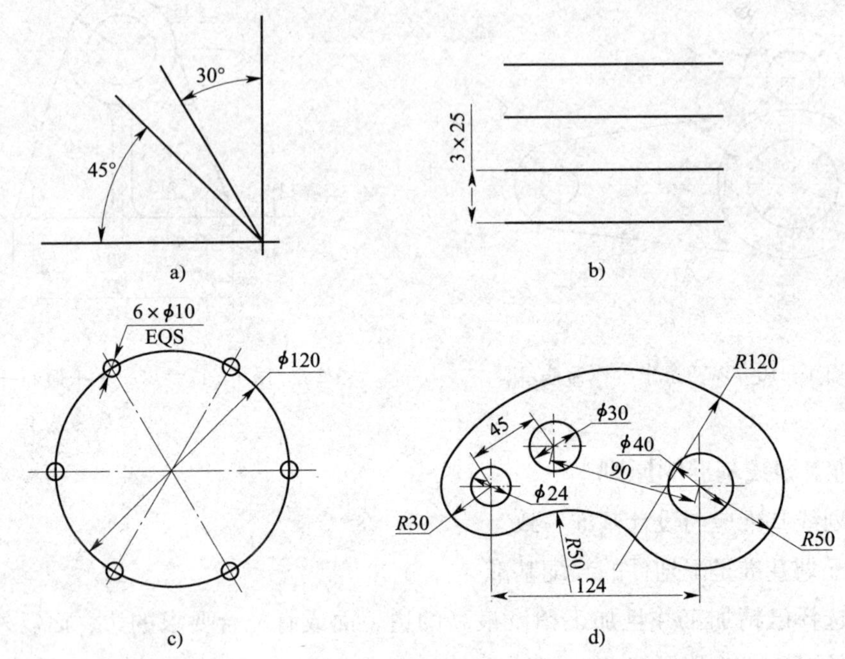

图 1—18　工作任务图

2. 任务分析

分析图 1—18 可以发现，图 1—18a 是划制垂直线与 45°和 30°的角度线，图 1—18b 是划制多条等距平行线，图 1—18c 是划制圆及六等分圆，图 1—18d 是划制圆、圆弧及圆弧的连接。

3. 实施步骤

图 1—18 是一组基本划线图形，要求在板料上把各部分线条划出。

(1) 涂色

可用白粉笔在薄板上均匀涂抹一层后，用毛刷轻轻刷去多余的浮尘。

(2) 选用划线工具

根据图样，选用锤子、样冲、钢直尺（150 mm）、划针、划规、平板等划线工具。

(3) 正确排布划线位置

根据图样，从节约用料、便于划线的角度合理排布划线位置。

(4) 划线

1) 图 1—18a 的划线方法与步骤如图 1—19 所示。

①在毛坯上先合理布置图形位置。在毛坯下边缘用钢直尺与划针划一直线（一般

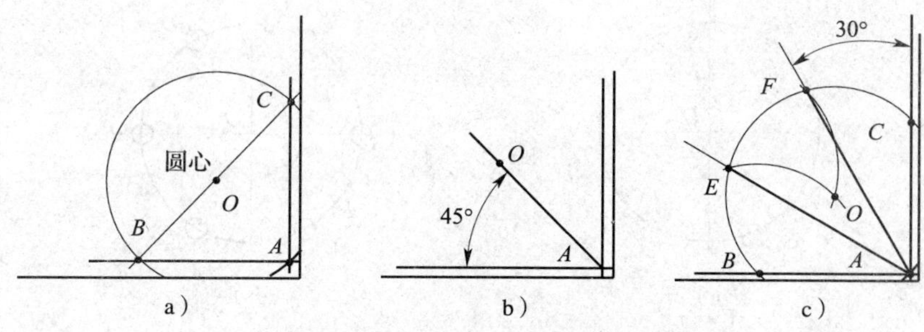

图 1—19 垂直线、角度线的划法

留 3～5 mm）；在线外任找一点 O（大致在毛坯中心附近）作为圆心并打上样冲眼，用划规以该点距毛坯另一边缘内一点的距离 OA 为半径划弧交于直线上 B 点；用钢直尺与划针将 B 点与 O 点连接成一直线，并延长交圆弧于 C 点；用钢直尺与划针将 C 点与 A 点连接成一直线，该直线与原有直线垂直。

②用钢直尺与划针将 O 点与 A 点连接成一直线，该直线与两边都成 45°角。

③以 B 点为圆心并打上样冲眼，以 BO 为半径划弧交圆 O 于 E 点；以 E 点为圆心并打上样冲眼，以 BO 为半径划弧交圆 O 于 F 点，线 AB 与 AE、AE 与 AF、AF 与 AC 之间成 30°角。至此，图 1—18a 的线条（即 AB、AO、AF、AC）已全部划完。

2）图 1—18b 的划线方法与步骤如图 1—20 所示。

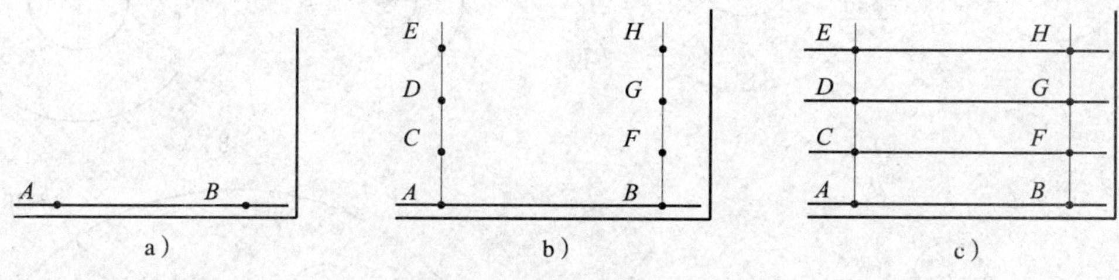

图 1—20 等距平行线的划法

①在毛坯上先合理布置图形位置。在毛坯边缘用钢直尺与划针划一直线（一般留 3～5 mm）。在线上分别找两点 A、B（两点之间距离尽可能大一点），并打上样冲眼。

②分别作过 A、B 点的垂直线，用划规在钢直尺上截取 25 mm 的长度，在垂直线上以 A、B 点作为始点，分别依次取点 C、D、E，F、G、H。

③用钢直尺和划规分别连接 C、F，D、G，E、H，至此，图 1—18b 的线条已全部划完。

3）图 1—18c 的划线方法与步骤如图 1—21 所示。

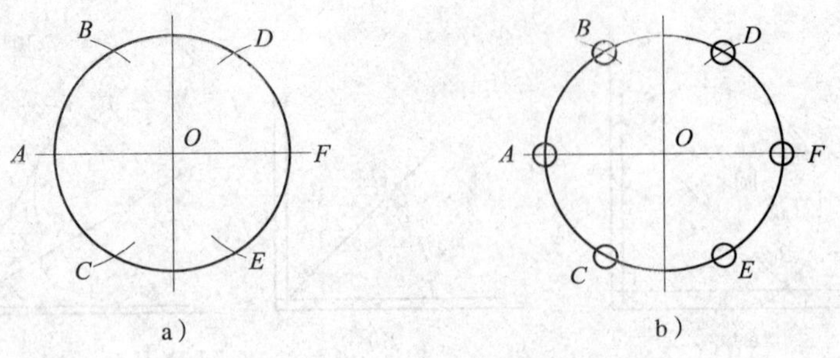

图 1—21　圆及等分圆的划法

①在毛坯上先合理布置图形位置。先划出圆的中心线，在交点 O 处打上样冲眼；以 O 点为圆心，60 mm 为半径划圆，交水平中心线于 A、F 点。在 A、F 点打上样冲眼，分别以 A、F 点为圆心，60 mm 为半径划弧交圆 O 于 B、C、D、E 点，在 B、C、D、E 点打上样冲眼。

②分别以点 A、B、C、D、E、F 为圆心，5 mm 为半径作圆。这些圆在圆 O 上均布。至此，图 1—18c 上的线条已全部划完。

4）图 1—18d 的划线方法与步骤如图 1—22 所示。

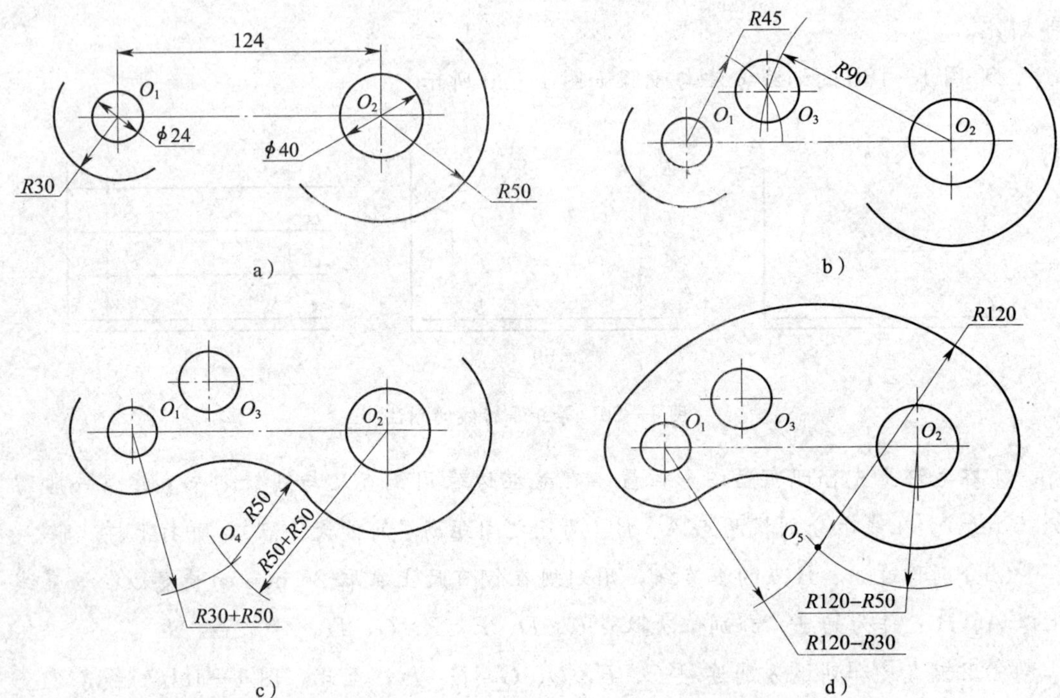

图 1—22　圆、圆弧及圆弧连接的划法

①在毛坯上先合理布置图形位置。先划出圆 O_1、O_2 的中心线，在交点 O_1、O_2 处打上样冲眼；分别以 O_1、O_2 点为圆心划 $\phi24$、$\phi40$ 的圆及 $R30$、$R50$ 的圆弧。

②分别以 O_1、O_2 点为圆心划 $R45$、$R90$ 的圆弧交于 O_3 点，打上样冲眼；以 O_3 点为圆心划 $\phi30$ 的圆。

③分别以 O_1、O_2 点为圆心，$R30+R50$、$R50+R50$ 为半径划圆弧交于 O_4 点；以 O_4 点为圆心划 $R50$ 的圆弧与 $R30$、$R50$ 的圆弧相切。

④分别以 O_1、O_2 点为圆心，$R120-R30$、$R120-R50$ 为半径划圆弧交于 O_5 点；以 O_5 点为圆心划 $R120$ 的圆弧与 $R30$、$R50$ 的圆弧相切。至此，图 1—18d 上的线条已全部划完。

（5）对照图样检查划线的准确性及完整性。

（6）整理工作现场。

4. 安全注意事项

（1）划线过程中零件的摆放要可靠。

（2）划线工具不要置于划线平台边缘，以免工具碰落伤脚。

（3）划线工具应正确使用，用后应放回原处。

（4）划线前，毛坯边缘应先用锉刀去毛刺，以防刺伤手。

5. 评分标准

序号	项目与技术要求	配分	评分标准	实测记录	得分
1	工、量具使用是否合理	5	不合理酌情扣分		
2	划线步骤是否正确	20	不正确酌情扣分		
3	操作方法是否正确	20	一处不正确扣 10 分		
4	圆弧连接是否达到要求	20	一处不符合要求扣 5 分		
5	直线尺寸是否超差 0.5 mm	15	一处超差扣 5 分		
6	圆弧尺寸是否超差 0.5 mm	10	一处超差扣 5 分		
7	安全文明操作	10	违者每次扣 2 分		
合计		100			

基本平面图形的划法

1. 工作任务

在汽车维修过程中，经常需要更换、加工调整垫片。现以汽车变速箱垫片为例，用划线工具在 1 mm 厚的薄板上划制平行线、垂直线、圆弧与圆弧、圆弧与直线的连接等综合图形，并在线条上准确地打样冲眼、做标记。

本任务要求按图 1—23 所标注的尺寸在 1 mm 厚的薄板上划制样板图，并打样冲眼。

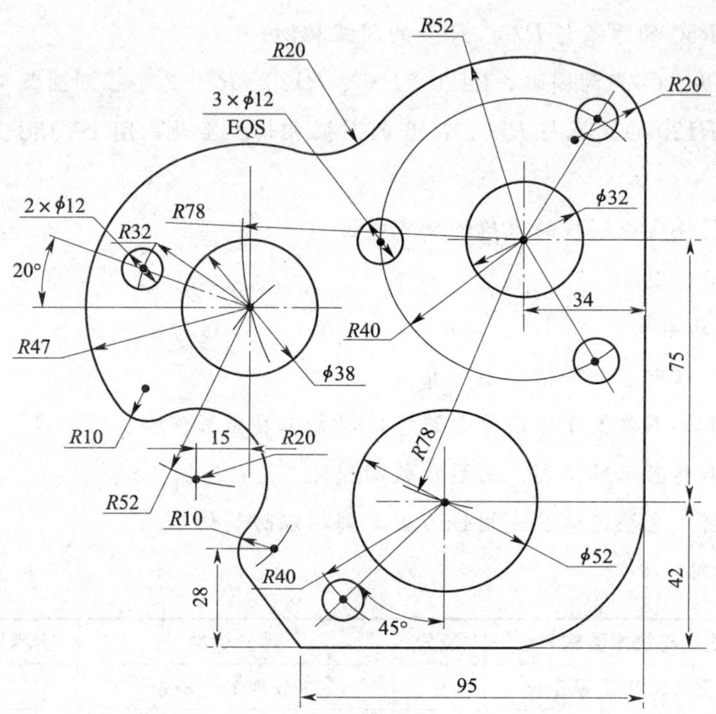

图 1—23　汽车变速箱垫片划线图

2. 任务分析

前面已经讲解了基本线条的划线方法及划线工具的使用方法，本任务重点讲解这些方法在综合零件划线时的应用。如图 1—23 所示的图形较为复杂，在划线之初，首先要确定划线基准。该图形的划线基准为右部边线和底部边线。然后运用前面所学知识，使用划线工具进行综合零件划线。

3. 实施步骤

如图 1—23 所示为汽车变速箱的调整垫片，要求在板料上把全部线条划出。其具体划线顺序如下：

(1) 分析图中尺寸关系，以底边和右侧边两条直线为划线基准，分别划出基准线 1、2。

(2) 用钢直尺和划针划出与基准线平行的尺寸线，并在线与线相交处打上样冲眼，如图 1—24 所示。

(3) 以图 1—24 所示的 O_1 点为圆心，用划规划出 $\phi32$ 的圆 O_1 及圆弧 $R40$。三等分 $R40$ 圆弧，并将等分点打上样冲眼，如图 1—25 所示。

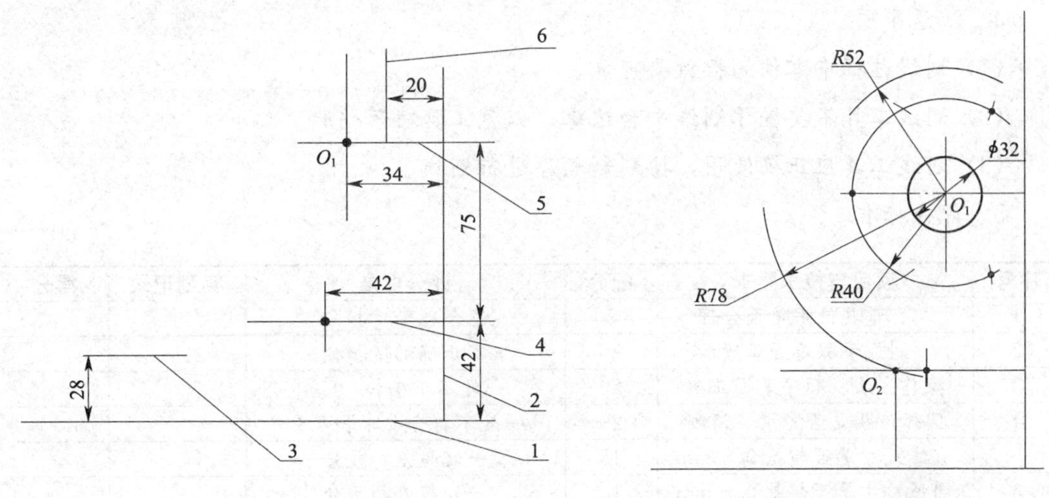

图 1—24 尺寸线的划法　　　　图 1—25 圆及圆弧的划法

(4) 依次作出其他圆及圆弧的中心点，并用划规、钢直尺作所有的圆及圆弧，如图 1—25、图 1—26 所示。

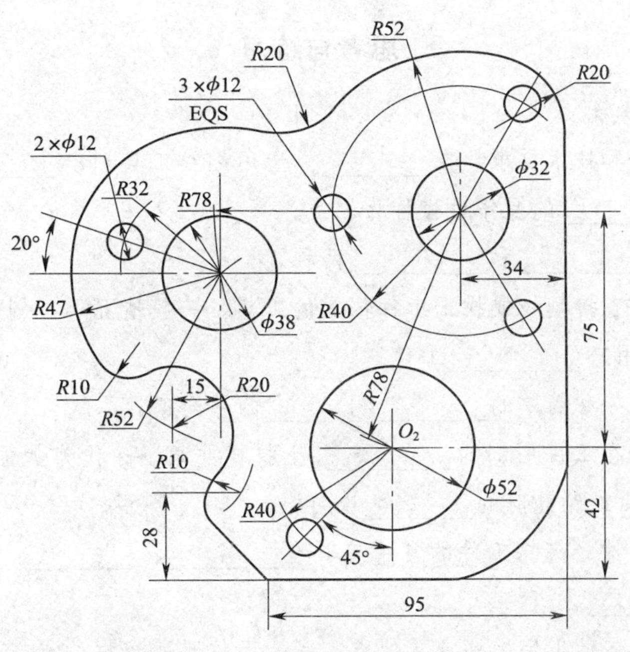

图 1—26 其他圆及圆弧的划法

(5) 用钢直尺和划针过 95 尺寸线的左侧点作圆弧 $R10$ 的切线，至此全部线条划完。

在划线过程中，圆心找出后应立即用样冲冲眼，以便用划规划圆弧。划水平线和垂直线的方法可按实际条件选择。

4. 注意事项

(1) 划线过程中零件的摆放要可靠。

(2) 划线工具不要置于划线平台边缘，以免工具碰落伤脚。

(3) 划线工具应正确使用，按划制顺序进行划线。

5. 评分标准

序号	项目与技术要求	配分	评分标准	实测记录	得分
1	工、量具使用是否合理	5	不合理酌情扣分		
2	划线步骤是否正确	20	不正确酌情扣分		
3	操作方法、顺序是否正确	20	一处不正确扣10分		
4	圆弧连接是否光滑、清晰	20	一处不符合要求扣5分		
5	直线尺寸是否超差0.5 mm	15	一处超差扣5分		
6	圆弧尺寸是否超差0.5 mm	10	一处超差扣5分		
7	安全文明操作	10	违者每次扣2分		
合计		100			

思考与练习

一、填空题

1. 根据图样和技术要求，在________上用划线工具划出________，或划出作为基准的________的操作过程称为划线。

2. 划线分________和________两种。

3. 划线盘是直接划线或找正工件位置的工具。一般情况下，划针的________用来划线，弯头用来________工件。

4. 钢直尺是一种简单的__________的导向工具。

5. 样冲用于在工件所划的________上打样冲眼，除作为加强________外，其还用于圆弧中心或钻孔时的________打眼。

6. 划线时支撑、夹持工件的常用工具有______、________、________、______和______。

7. 划线时，工件上用来确定其他点、线、面位置所依据的点、线、面称为________。

8. 一般综合图形的划制顺序应先________，其次________、________等直线，再次________，最后________的连接。

二、简答题

1. 一般图形的划线顺序是什么？
2. 常见划线基准的类型有哪几种？
3. 简述平面划线的注意事项。

课题二 錾削端面

学习目标

◆ 了解台虎钳和砂轮机的使用方法。

◆ 掌握錾削基本技能。

◆ 能规范使用錾子錾削端面。

想一想

在汽车零件修理过程中，经常会使用錾子（见图 2—1）去除不便机械加工的多余材料（如去除毛坯上的凸缘、毛刺）以及分割材料等。你知道錾子有哪些种类吗？它们都适用于什么场合？

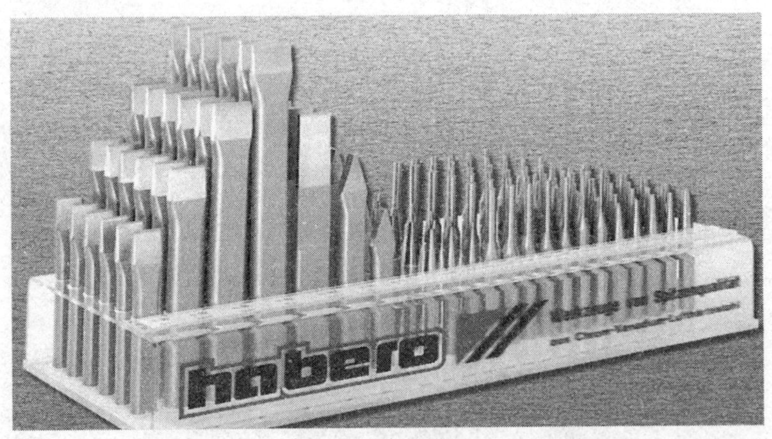

图 2—1 錾子

一、錾削常用工具

用锤子打击錾子对金属工件进行切削加工的方法称为錾削。錾削主要用于不便机械加工的场合，如去除毛坯上的凸缘、毛刺、浇口、冒口，以及分割材料、錾削平面及沟槽等。錾削采用的工具主要有台虎钳、砂轮机、锤子和錾子。

1．台虎钳

台虎钳是用来夹持工件的通用夹具，其规格用钳口宽度来表示，常用规格有 100 mm、125 mm 和 150 mm 等。

台虎钳有固定式和回转式两种，如图 2—2 所示。两者的主要结构和工作原理基本相同，其不同点是回转式台虎钳比固定式台虎钳多了一个底座，工作时钳身可在底座上回转，因此使用方便，应用范围广，可满足不同方位的加工需要。

回转式台虎钳主要由钳口、螺钉、螺母、紧固手柄、夹紧盘、底座、固定钳身、挡圈、弹簧、活动钳身、丝杆、回转手柄组成。

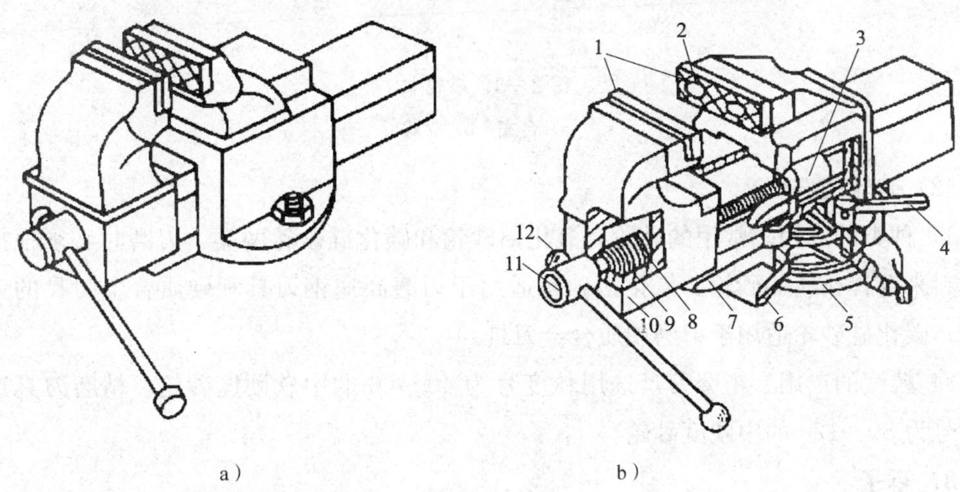

图 2—2　台虎钳

a）固定式　b）回转式

1—钳口　2—螺钉　3—螺母　4—紧固手柄　5—夹紧盘　6—底座　7—固定钳身　8—挡圈　9—弹簧　10—活动钳身　11—丝杆　12—回转手柄

使用台虎钳的注意事项如下：

（1）夹紧工件时要松紧适当，只能用手扳紧手柄，不得借助其他工具施加力。

（2）强力作业时应尽量使力朝向固定钳身。

（3）不许在活动钳身和光滑平面上敲击作业。

（4）对丝杆、螺母等活动表面应经常清洗、润滑，以防生锈。

2．砂轮机

砂轮机主要用于刃磨各种刀具，如錾子、钻头等。

（1）砂轮机的结构

砂轮机有台式和立式两种类型，如图 2—3 所示，其结构由砂轮、电动机和机体等组成。

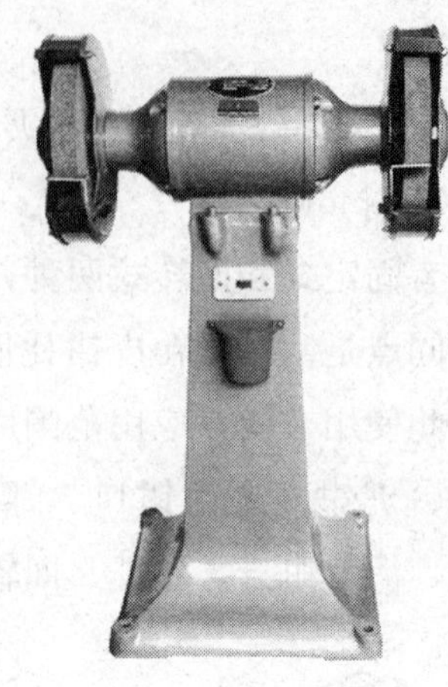

a）　　　　b）

图 2—3　砂轮机

a）台式　b）立式

（2）砂轮的选用

1）种类的选用。常用的砂轮有氧化铝砂轮和碳化硅砂轮两类，刃磨时必须根据刀具材料来选择相应的砂轮。氧化铝砂轮适用于刃磨高速钢刀具和硬质合金刀具的刀柄部分；碳化硅砂轮适用于刃磨硬质合金刀具。

2）粒度的选用。粗磨刀具选用粒度号为 40～60 的中软硬度砂轮，精磨刀具选用粒度号为 80～120 的中硬度砂轮。

3．錾子

錾子一般用碳素工具钢 T7A 或 T8A 制成，由头部、錾身和切削部分组成。

（1）錾子的种类（见图 2—4）

1）扁錾。扁錾如图 2—4a 所示。其切削部分扁平，切削刃较长，刃口略带圆弧形。扁錾主要用来錾削平面，去毛刺、凸缘和分割板材等。

2）尖錾。尖錾如图 2—4b 所示。其切削刃比较短，从切削刃到錾身逐渐变狭窄，以防止錾沟槽时两侧面被卡住。尖錾主要用来錾削沟槽及将板料分割成曲线形等。

3）油槽錾。油槽錾如图 2—4c 所示。其切削刃很短并呈圆弧形，切削部分制成弯曲形状。油槽錾主要用来錾削平面或曲面上的油槽。

（2）錾子的几何角度

錾子切削部分磨成楔形，经热处理使其硬度达到 52～62 HRC，其几何角度如图 2—5 所示。

1）楔角（β_o）。前面和后面之间的夹角称为楔角。楔角由刃磨形成，其大小取决于切削部分的强度及切削阻力的大小。楔角大时，刃部强度较高，但切削阻力也大。因此，在满足强度的前提下应尽量选择较小的楔角。

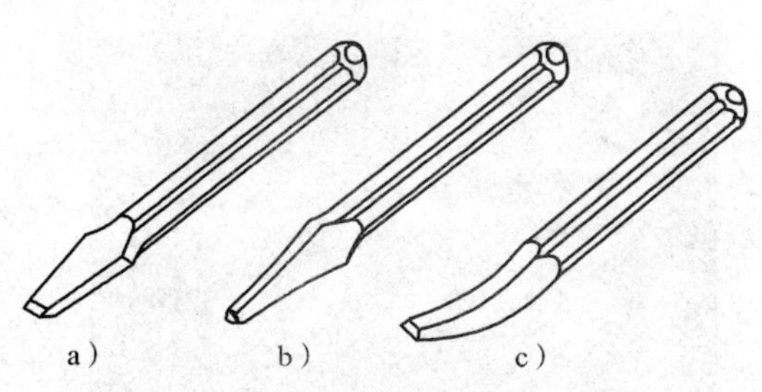

图 2—4 錾子的种类

a）扁錾 b）尖錾 c）油槽錾

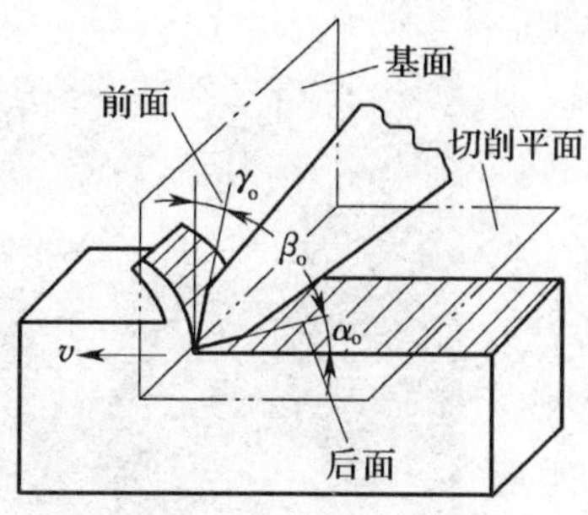

图 2—5 錾子的几何角度

2）后角（α_o）。后面与切削平面的夹角称为后角。后角的大小取决于錾子被掌握的方向，其作用是减小后面与切削平面的摩擦。后角过大，背吃刀量（切削深度）大，切削困难；后角太小，易造成錾子从工件表面滑过。錾削时后角一般选 5°～8°为宜。

3）前角（γ_o）。前面和基面的夹角称为前角。前角对切削力、切削变形都有影响，前角大，切削省力，切削变形小。由于 $\gamma_o = 90° - (\beta_o + \alpha_o)$，所以当楔角与后角确定后，前角的大小也就确定下来了。

4．锤子

锤子由锤头、木柄和楔子组成，锤子的规格有 0.25 kg、0.5 kg 和 1 kg 等多种，如图 2—6 所示。

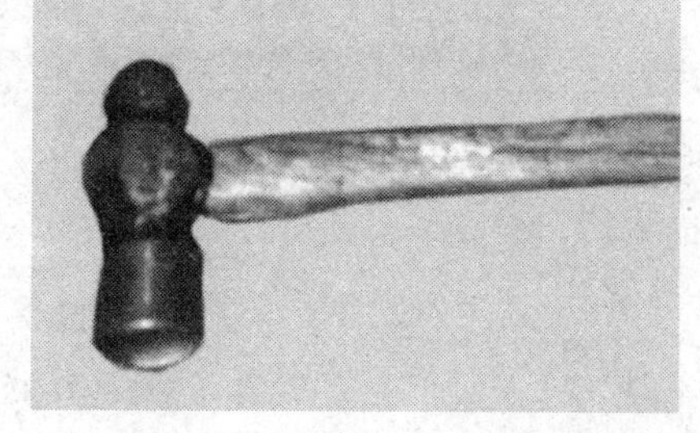

图 2—6 锤子

二、錾削基本技能

1．錾削方法

（1）錾子的握法

如图 2—7 所示，錾子主要用左手的中指、无名指握住，小指自然合拢，食指和拇指自然接触，錾子头部伸出约 20 mm。轻松自如地握稳錾子，不能握得太紧，以免敲击时掌心承受的振动过大，或一旦锤子打偏后伤手。錾削时，握錾子的手臂要保持小臂呈水平位置，肘部不能下垂或抬高。

錾子的握法可分为正握法和反握法两种。

（2）锤子的握法

锤子一般采用右手的五个手指满握的方法，拇指轻轻压在食指上，虎口对准锤头方向，不要歪向一侧，木柄端露出 15～30 mm，如图 2—8 所示。

在敲击过程中手指握锤子的方法有两种：紧握法是五个手指从举起锤子至敲击时都保持不变；松握法是在举起锤子时小指、无名指和中指依次放松，敲击时再依次收紧。

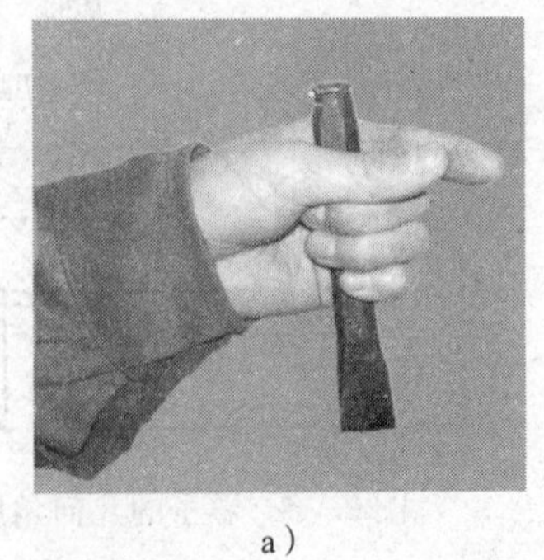
a）

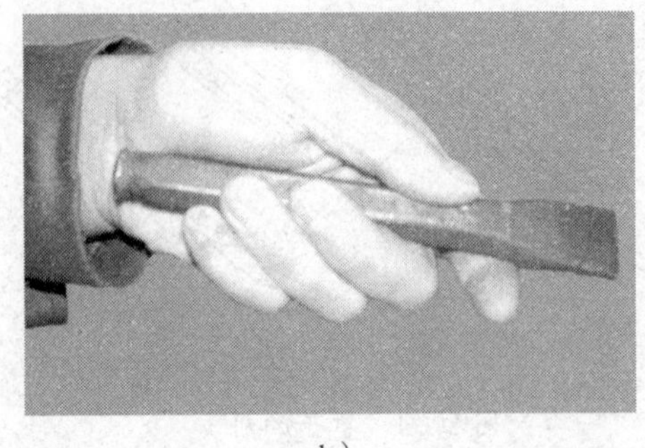
b）

图 2—7　錾子的握法

a）正握法　b）反握法

a）

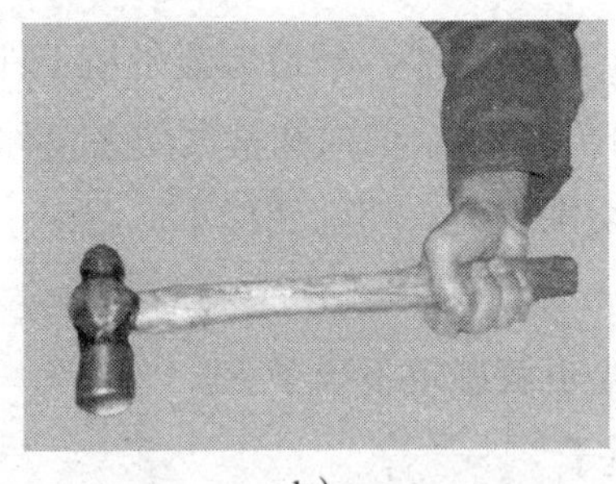
b）

图 2—8　锤子的握法

a）松握法　b）紧握法

（3）挥锤方法

挥锤有腕挥、肘挥和臂挥三种方法，如图 2—9 所示。腕挥是仅用手腕的动作进行锤击，采用紧握法握锤，一般用于錾削余量较小及起錾和结尾。肘挥是用手腕与肘部一起挥动锤子做锤击运动，采用松握法握锤，因挥动幅度较大，故锤击力也较大，应用最多。臂挥是手腕、肘和全臂一起挥动，其锤击力最大，用于需要大力锤击的工作。

a）

b）

c）

图 2—9　挥锤方法

a）腕挥　b）肘挥　c）臂挥

（4）站立姿势

为了充分发挥较大的锤击力量，操作者必须保持正确的站立位置，身体与台虎钳中心大致成 45°角，左脚超前半步，左腿稍有弯曲，保持自然，人体重心稍微偏于后脚，视线要落在工件的切削部位，如图 2—10 所示。

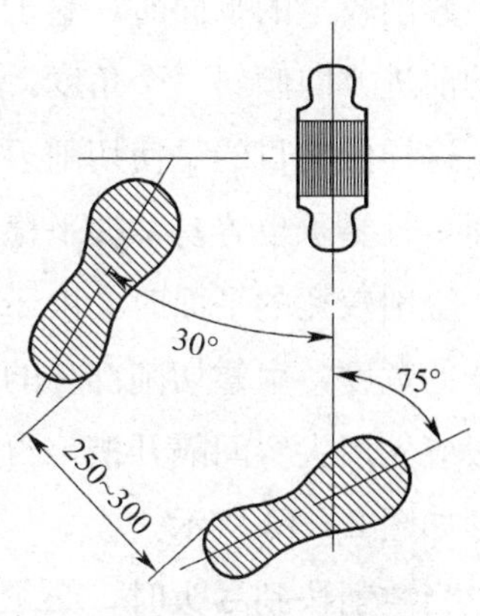

图 2—10　站立姿势

2. 錾削平面

（1）起錾方法

錾削时，起錾方法有斜角起錾和正面起錾两种，如图 2—11 所示。斜角起錾时，从工件的边缘尖角处着手，由于切削刃与工件的接触面小，故阻力小，只需轻敲，錾刃较易切入材料，錾出一个斜面。然后按正常的錾削角度逐步向中间錾削。正面起錾时切削刃应抵紧起錾部位，錾子头部向下倾斜，使錾子与工件起錾端面成一定角度，再轻敲錾子，即可容易地錾出一个斜面。起錾完成后，按正常方法进行平面錾削。

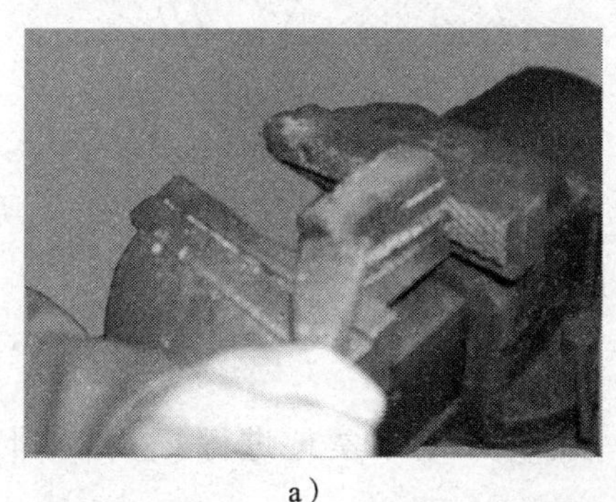

a）

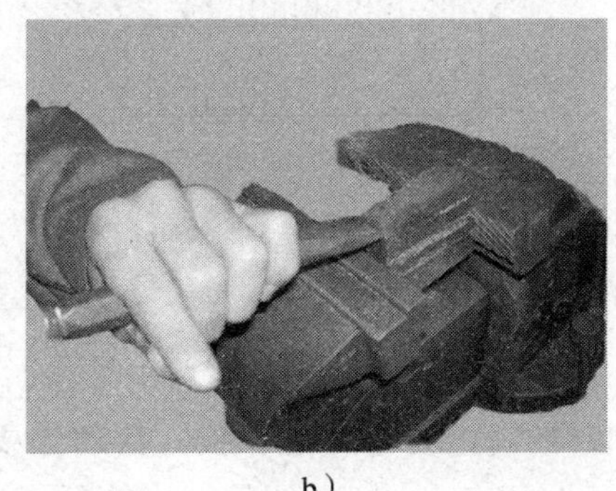

b）

图 2—11　起錾方法

a）斜角起錾　b）正面起錾

（2）錾削动作

錾削平面用扁錾进行，每次錾削余量为 0.5～2 mm。錾削时的后角 α_o 应在 5°～8°之间。后角过大，易扎入工件深处；后角过小，易使錾子滑出切削部位，如图 2—12 所示。

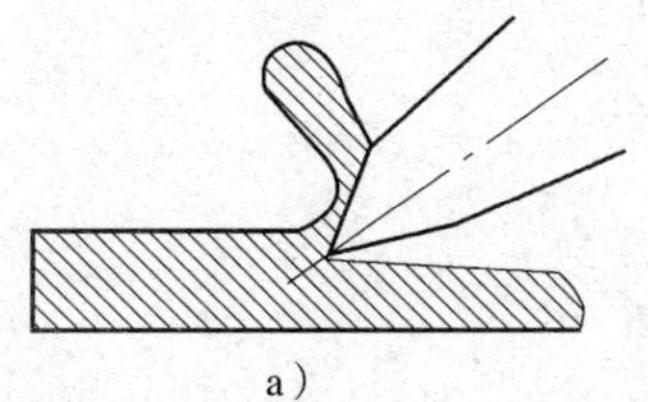

a）

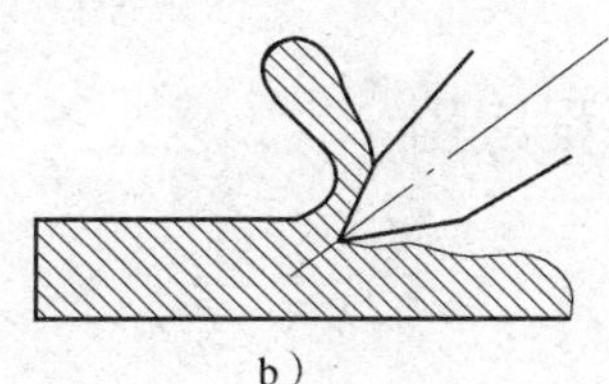

b）

图 2—12　后角对錾削的影响

a）后角过大　b）后角过小

錾削较窄的平面时，錾子的切削刃最好与錾削的前进方向倾斜一个角度，而不是保持垂直角度。这样做的目的是使切削刃与工件有较大的接触面，且錾子也容易掌握平稳。

錾削较宽的平面时，由于切削面的宽度超过錾子的宽度，扁錾切削部分的两侧易被卡。所以一般应先用尖錾间隔开槽，再用扁錾錾去剩余部分，如图 2—13 所示。

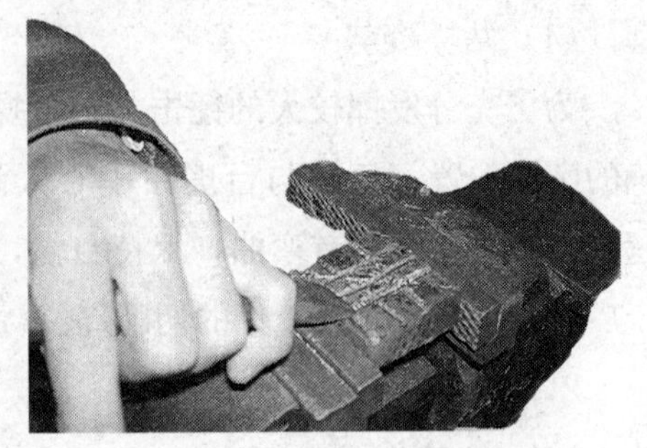

图 2—13　中间开槽

当錾削快到尽头时，必须掉头錾削，否则极易使工件边缘崩裂，造成废品，如图 2—14 所示。

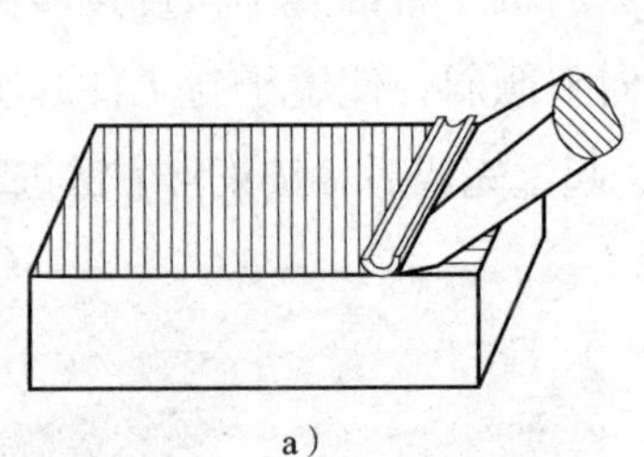

a)

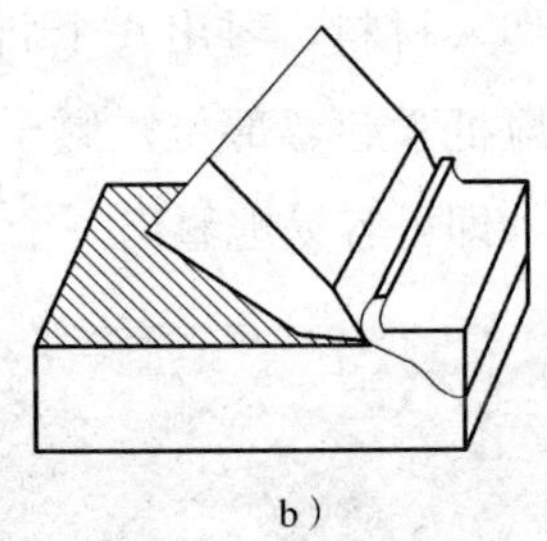

b)

图 2—14　结尾部分的錾削

a) 正确　b) 不正确

(3) 錾削速度

錾削时的锤击要稳、准、狠，其动作要一下一下有节奏地进行，一般在肘挥时约 40 次/min，腕挥时约 50 次/min。

(4) 锤击要领

1) 挥锤。肘收臂提，举锤过肩；手腕后弓，三指微松；锤面朝天，稍停瞬间。

2) 锤击。目视錾刃，臂肘齐下；收紧三指，手腕加劲；锤錾一线，锤走弧形；左脚着力，右腿伸直。

3) 要求。稳——节奏平稳；准——锤击准确；狠——锤击有力。

錾削端面

1. 工作任务

本任务利用錾削工具加工如图 2—15 所示的工件，使其达到图样要求。毛坯为长 50 mm、直径为 40 mm 的圆钢。经过錾削使长度尺寸达到（48±0.8）mm 的要求。

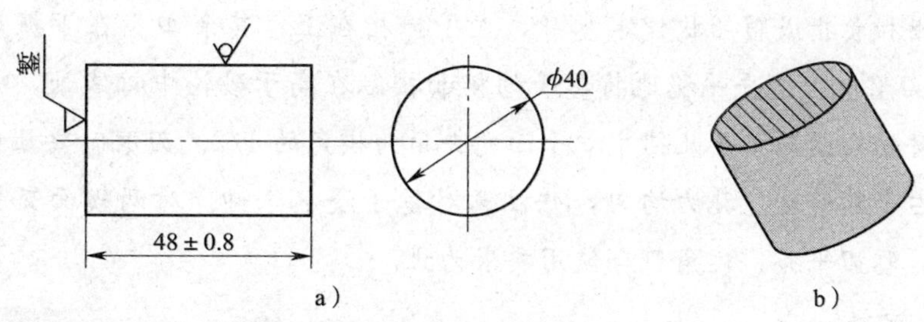

图 2—15　錾削零件

a）零件图　b）实物立体图

2. 任务分析

分析图样可知，该任务要求从圆形毛坯棒料上切下薄薄一层材料（约 1 mm），在此种情况下，采用錾削方法最为合适。

3. 实施步骤

（1）准备工作

1）工件准备。

实习件名称	材料	材料来源	下道工序	件数
圆柱体	45 钢	备料	课题三　锉削平面	1 件/人

2）工、刃、量、辅具准备。150 mm 的钢直尺、扁錾一把、台虎钳、直角尺一把、砂轮机、木块一件。

（2）操作步骤

1）錾子刃磨练习。錾子的刃磨角度如图 2—16 所示。

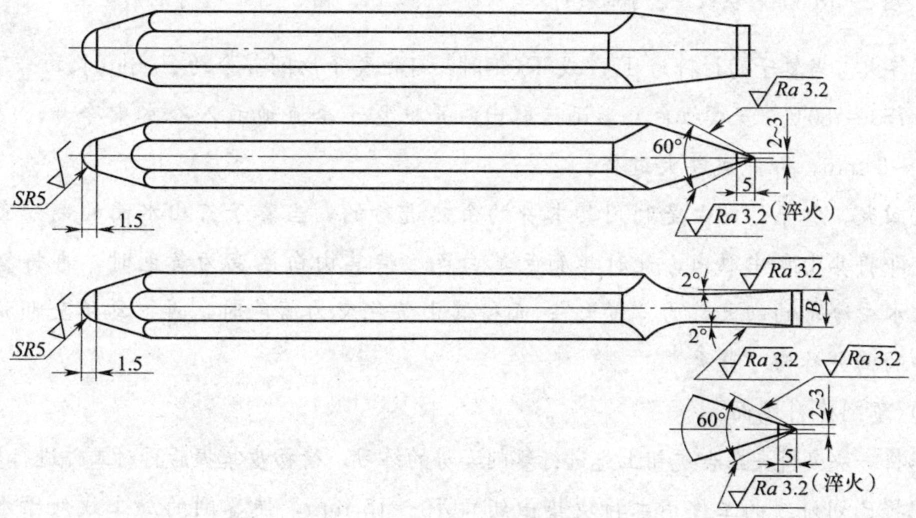

图 2—16　錾子的刃磨角度

右手拇指和食指成蟹钳状捏牢錾身，左手拇指在上，其余四指在下握紧錾柄（见图 2—17）。刃磨时，右手平稳地将錾子的楔面接触在高于砂轮中心线处，并调好刃磨位置，使刃磨的楔面与錾子几何中心平面的夹角为楔角的 1/2。刃磨时要让刃磨平面沿砂轮轴线左右平稳移动，施力均匀，并注意对錾子浸水冷却。对两楔面交替刃磨，磨至两面平整、錾刃平齐、楔角符合使用要求为止。

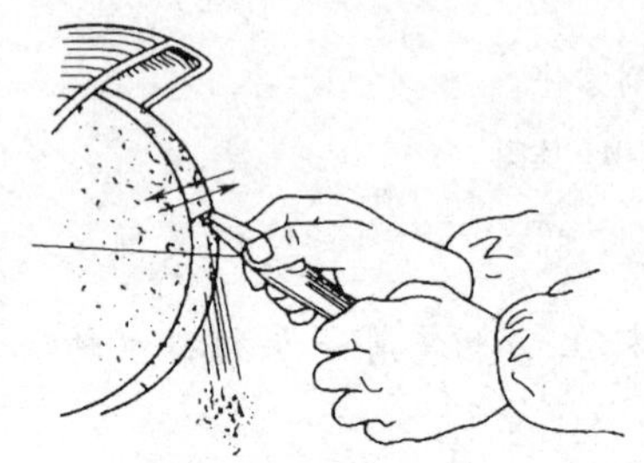

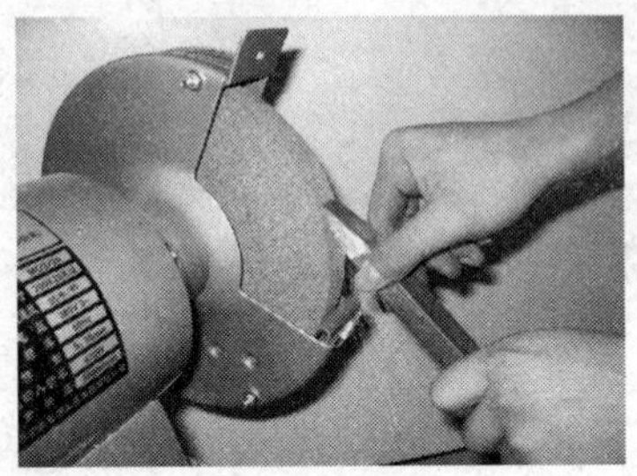

图 2—17　錾子的刃磨

刃磨过程中要用样板经常测量楔角，直到角度符合使用要求为止，如图 2—18 所示。

2）热处理方法（见图 2—19）

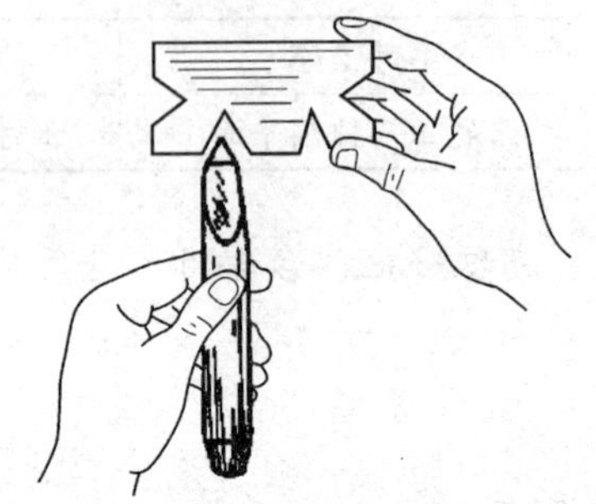

图 2—18　用样板检查錾子的楔角

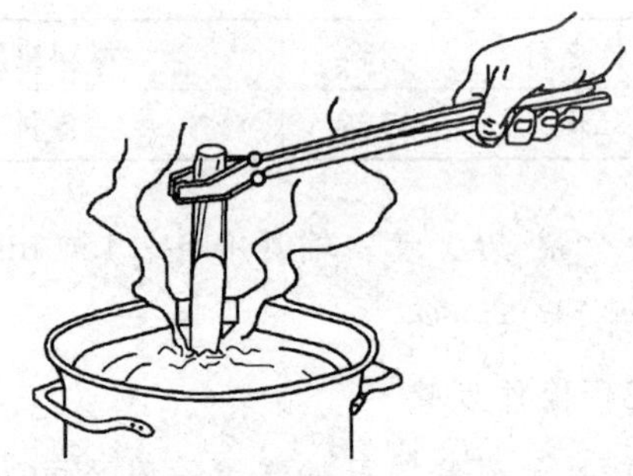

图 2—19　錾子的热处理

①淬火。当錾子的材料为 T7A 或 T8 钢时，可把錾子切削部分约 20 mm 长的一端均匀加热到 750～780℃（呈樱红色）后迅速取出，并把錾子垂直地放入冷水中冷却，浸入深度为 5～6 mm，即完成淬火过程。

②回火。錾子的回火是利用其本身的余热进行的。当錾子露出水面的部分变成黑色时，即将其由水中取出，此时其颜色是白色，待其由白色变为黄色时，再将錾子全部浸入水中冷却的回火称为“黄火”；而待其由黄色变为蓝色时，再把錾子全部放入水中冷却的回火称为“蓝火”。

3）錾削棒料端面

①将一块废料夹在台虎钳上先进行錾削姿势的练习，待初步掌握后再对工件进行錾削。

②将已划好线的工件用木衬块垫出钳口 10～15 mm，使錾削的加工线处于水平面内，夹紧在台虎钳上。

③根据毛坯材料选择圆柱端面。调整好站立位置和姿势，先起錾；錾入后，应及时调整錾子的后角，以 40～50 次/min 的锤击速度对工件的加工表面进行粗、精錾削；将錾削至终端时，掉头錾去剩余部分材料。要求錾纹整齐，并用钢直尺检查錾削面，直至达到尺寸（48±0.8）mm 的要求。

④复检，修整。

4. 注意事项

（1）要正确使用台虎钳，夹紧工件时不应在台虎钳手柄上加套管子扳紧或用锤子敲击台虎钳手柄，工件要夹在钳口中央。

（2）应自然地将錾子握正、握稳，倾斜角保持在 35°左右，眼睛视线要对着工件的錾削部位，不可对着錾子头部。

（3）左手握錾子时，小臂要平行于钳口，肘部不要下垂或抬高过多。

（4）锤子锤击力的作用方向与錾子轴线方向要一致，否则易敲到手。

（5）挥锤时锤子应向上举，而不是向后挥，挥动幅度要适当，锤击时锤子落点要准确。

（6）錾子、锤子头部出现毛刺时应及时磨去，以防伤手。

（7）起錾时，角度及力度应控制适当，避免打滑而伤手。

（8）錾屑不得用手擦或用嘴吹，应该用刷子清除。

（9）錾子、锤子放置时不得露出钳台，以免掉下伤脚。

（10）錾子、锤子不得与量具放在一起，避免损坏量具。

（11）工作前须检查锤子的手柄是否松动，如有松动应及时修复牢固。

（12）尽量保持锤子手柄的清洁，沾上油污等污物时应及时擦拭，以免使用时滑出伤人。

（13）不可戴手套或用棉纱等物裹住錾子进行刃磨，以免引发事故。

（14）在初学錾削时重点应放在掌握正确的姿势、合适的锤击速度和锤击力量上。

（15）在精錾平面时，要点是掌握錾子的正确刃磨，錾子的握正、握稳和切削角度的及时调整变化，以及锤击力量的均匀适当和及时调整变化等，使平面錾削平整。

（16）刃磨錾子时要站在砂轮机的斜侧位置，不能正对砂轮的旋转方向。

5. 评分标准

序号	项目与技术要求	配分	评分标准	实测记录	得分
1	长度尺寸（48±0.8）mm	20	超差不得分		
2	工件夹持正确	10	不符合要求酌情减分		
3	工、量具安放位置正确，排列整齐	10	不符合要求酌情减分		
4	站立位置和身体姿势正确、自然	10	不符合要求酌情减分		

续表

序号	项目与技术要求	配分	评分标准	实测记录	得分
5	握錾动作正确、自然	10	不符合要求酌情减分		
6	錾削角度掌握稳定，锤击落点准确	10	不符合要求酌情减分		
7	握锤与挥锤动作正确，稳健有力	10	不符合要求酌情减分		
8	錾削痕迹整齐	10	不符合要求酌情减分		
9	安全文明生产	10	违者每次扣2分		
合计		100			

思考与练习

一、填空题

1. 錾削工作范围主要是去除毛坯上的凸缘、________、________、________，以及分割材料、錾削平面及________等。

2. 錾子切削部分由__________面、________面和两面交线组成。经热处理后硬度达到____________HRC。

3. 錾削的主要工具是________、________、________和________。

4. 錾子一般用__________或__________制成。

5. 锤子的规格有____________、__________和____________等多种。

二、简答题

1. 錾子的几何角度有哪些？

2. 简述錾削时的锤击要领。

课题三 锉削平面

学习目标

◆ 了解锉刀的基本知识。

◆ 掌握平面锉削基本技能。

◆ 掌握锉削常用量具的使用方法。

想一想

在现代工业生产的条件下，仍有某些零件的加工需要用手工锉削来完成，例如，装配过程中对个别零件的修理、修整，以及样板、模具的加工等。你知道图 3—1 所示锉削工具的种类及规格吗？如何使用这些工具呢？

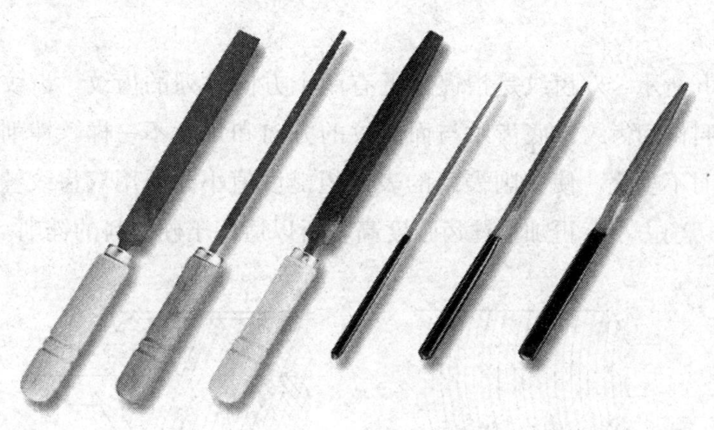

图 3—1 锉刀

锉削一般是在锯削或錾削之后再对工件进行加工的一种基本操作方法。锉削的精度可达到 0.01 mm，表面粗糙度值可达 $Ra0.8$ μm。锉削应用十分广泛，可锉削平面、曲面、沟槽和各种形状复杂的表面。锉削还可以配键、制作样板以及装配时对工件进行修整等。

一、锉刀

锉刀由碳素工具钢 T12、T13 或 T12A、T13A 制成，经热处理淬硬，其切削部分的硬度可达 62 HRC 以上。

1. 锉刀的组成

锉刀由锉身和锉柄两部分组成。锉刀各部分的名称如图 3—2 所示。锉刀面是锉削的主要工作面，锉刀舌则用来装锉刀柄。

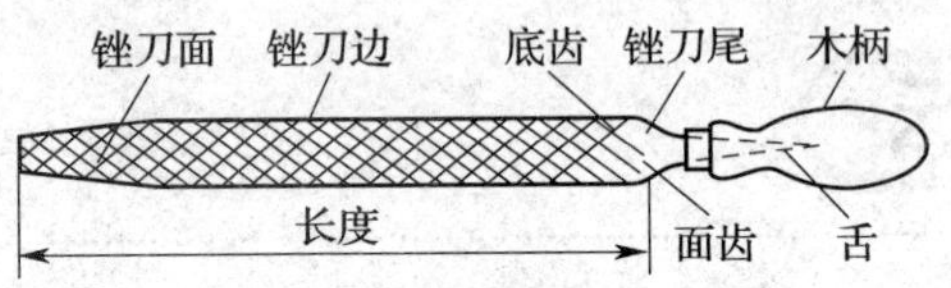

图 3—2 锉刀各部分的名称

2. 锉齿和锉纹

锉刀有无数个锉齿，锉削时每个锉齿都相当于一把錾子在对材料进行切削。锉纹是锉齿有规则排列而形成的图案。锉刀的齿纹有单齿纹和双齿纹两种，如图 3—3 所示。

（1）单齿纹

如图 3—3a 所示，单齿纹是指锉刀上只有一个方向上的齿纹，锉削时全齿宽同时参加切削，切削力大，因此常用来锉削软材料。

（2）双齿纹

如图 3—3b 所示，双齿纹是指锉刀上有两个方向排列的齿纹，齿纹浅的叫作底齿纹，齿纹深的叫作面齿纹。底齿纹与面齿纹的方向和角度不一样，锉削时能使每一个齿的锉痕交错而不重叠，使锉削表面的表面粗糙度值小。采用双齿纹锉刀锉削时，锉屑是碎断的，切削力小，再加上锉齿强度高，所以适用于硬材料的锉削。

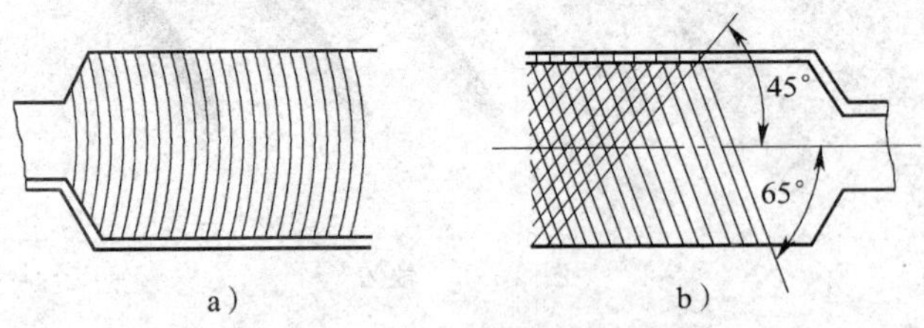

图 3—3 锉刀的齿纹

a）单齿纹 b）双齿纹

3. 锉刀的种类

锉刀按其用途不同可分为普通钳工锉、异形锉和整形锉三种。

普通钳工锉按其断面形状又可分为平锉（板锉）、方锉、三角锉、半圆锉和圆锉五种，如图 3—4 所示。

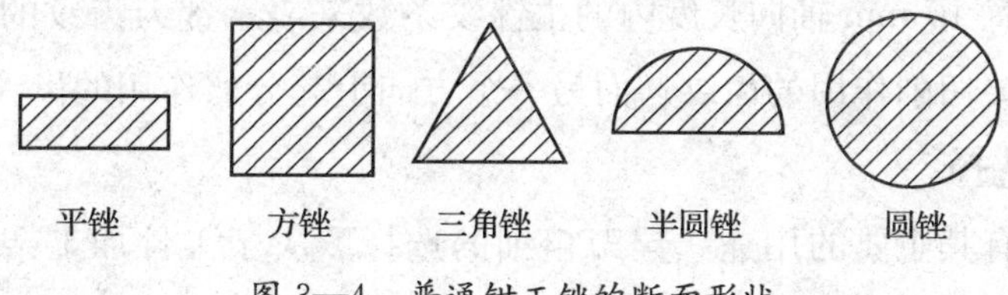

图 3—4　普通钳工锉的断面形状

异形锉有刀口锉、菱形锉、扁三角锉、椭圆锉、圆肚锉等，主要用于锉削工件上的特殊表面，如图 3—5 所示。

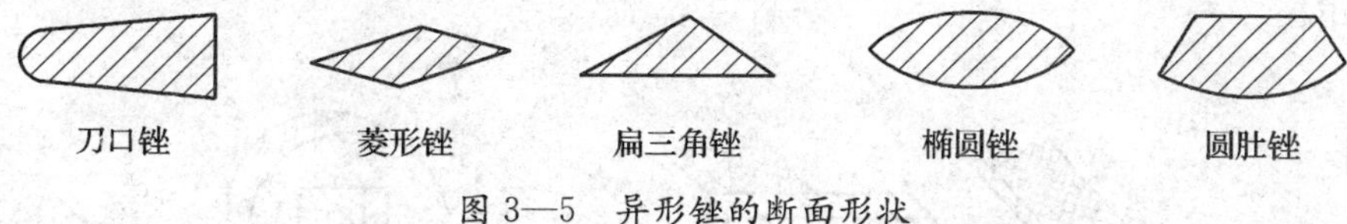

图 3—5　异形锉的断面形状

整形锉又称什锦锉，主要用于修整工件细小部分的表面，如图 3—6 所示。

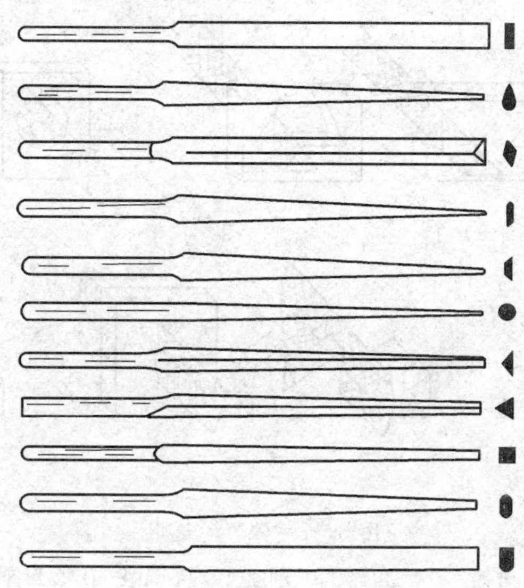

图 3—6　整形锉的断面形状

4．锉刀的规格

锉刀的规格分为尺寸规格和齿纹的粗细规格两种。

（1）锉刀的尺寸规格

不同的锉刀用不同的参数表示。方锉刀的尺寸规格以方形尺寸表示；圆锉刀的规格用直径表示；其他锉刀则以锉身长度表示。钳工常用锉刀的锉身长度有 100 mm、

125 mm、150 mm、200 mm、250 mm、300 mm、350 mm、400 mm 等几种。

（2）齿纹的粗细规格

通常以锉刀每 10 mm 轴向长度内的主锉纹条数来表示锉刀齿纹的粗细规格。主锉纹指锉刀上起主要切削作用的齿纹；而另一个方向上起分屑作用的齿纹称为辅助齿纹。

5．锉刀的选择

每种锉刀都有其主要的用途。锉刀粗细的选择取决于工件加工余量的大小、加工精度和表面质量要求的高低、工件材料的性质等。粗锉刀适用于锉加工余量大、加工精度和表面质量要求低的工件；而细锉刀适用于锉加工余量小、加工精度和表面质量要求高的工件。锉刀断面形状的选择取决于工件加工表面的形状和尺寸大小，如图 3—7 所示。

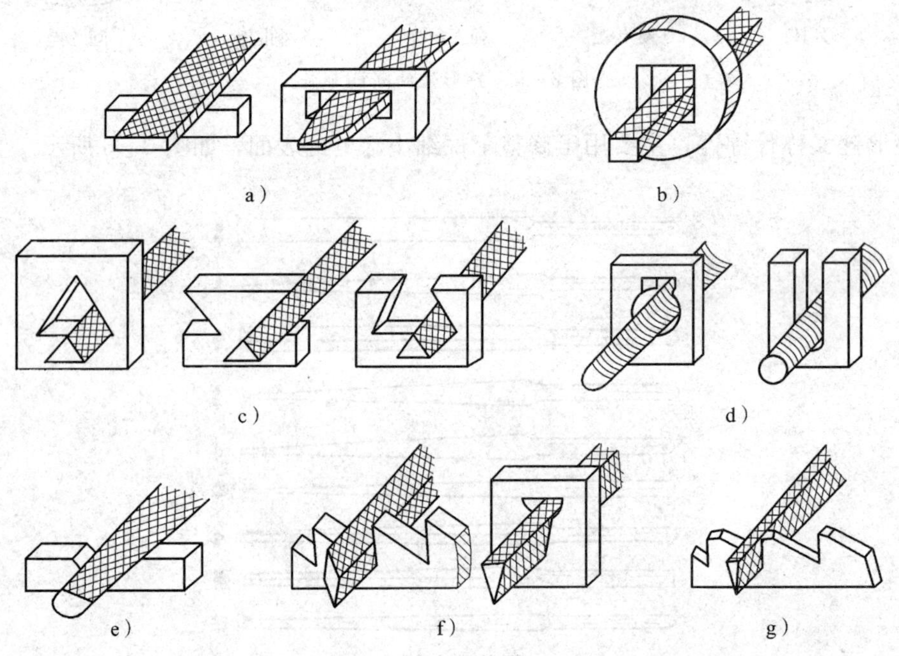

图 3—7　锉刀的选用

a）平锉　b）方锉　c）三角锉　d）圆锉　e）半圆锉　f）菱形锉　g）刀口锉

锉刀长度规格的选择取决于工件加工面的大小和加工余量的大小。加工面尺寸较大和加工余量较大时，宜选用较长的锉刀；反之，宜选用较短的锉刀。

二、锉削基本技能

1．锉刀柄的拆装

锉刀舌是用来装锉刀柄的，锉刀柄一般是木质的，在安装孔的一端应套有铁箍。锉刀柄的拆装方法如图 3—8 所示。

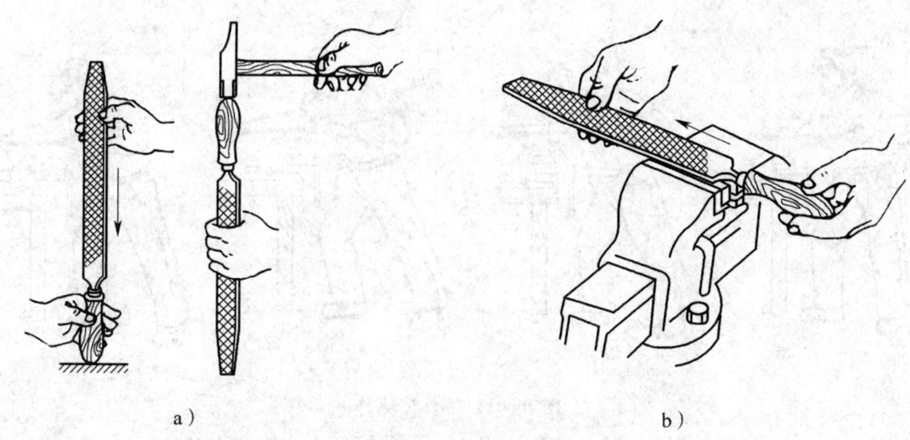

图 3—8　锉刀柄的拆装方法

a）锉刀柄的安装　b）锉刀柄的拆卸

2．锉刀的握法

平锉（大于 250 mm）的握法如图 3—9 所示。右手紧握锉刀柄，柄端顶住掌心，拇指放在柄的上部，其余四指满握手柄；左手拇指根部压在锉刀头上，中指和无名指捏住锉刀前端，食指、小指自然收拢，以协同右手使锉刀保持平衡。

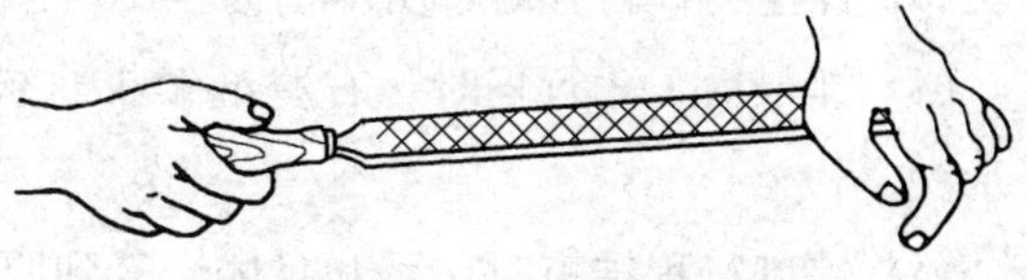

图 3—9　锉刀的握法

3．锉削站立步位和姿势

锉削时站立要自然，身体重心要落在左脚上；右膝伸直，左膝部呈弯曲状态，并随锉刀的往复运动而屈伸，如图 3—10 所示。

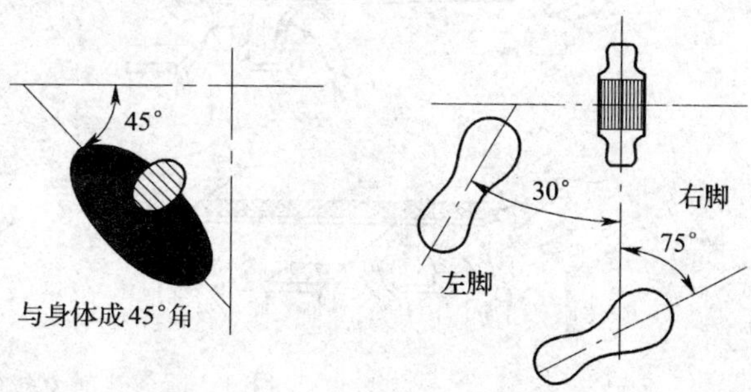

图 3—10　锉削站立步位和姿势

4．锉削动作

（1）开始时，身体向前倾斜 10°左右，右肘尽量向后收缩，如图 3—11a 所示。

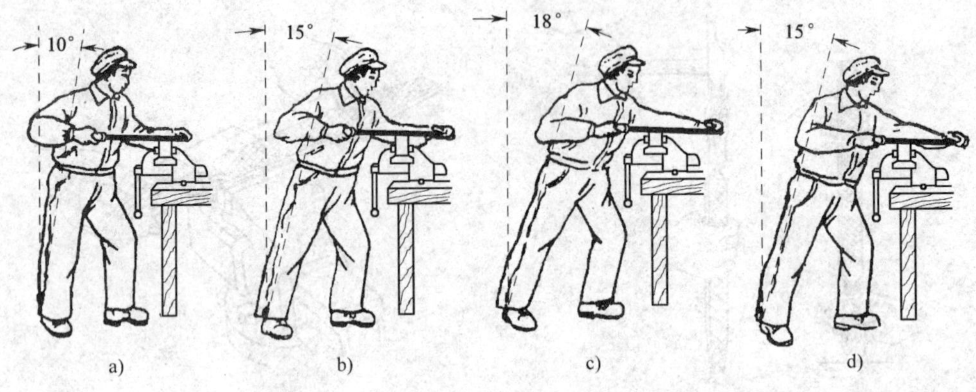

图 3—11　锉削动作

a）开始时　b）推进 1/3 时　c）推进 2/3 时　d）最后 1/3 时

（2）锉刀长度推进 1/3 行程时，身体前倾 15°左右，左膝稍有弯曲，如图 3—11b 所示。

（3）锉至 2/3 行程时，身体前倾至 18°左右，如图 3—11c 所示。

（4）锉最后 1/3 行程时，右肘继续推进锉刀，身体退回到 15°左右，如图 3—11d 所示。

（5）锉削行程结束时，手和身体恢复到原来姿势，同时将锉刀略微提起退回。

5．锉削力和锉削速度

要锉出平直的平面，必须使锉刀保持直线锉削运动。为此，锉削时右手的压力要随锉刀推动而逐渐增加，左手的压力要随锉刀推动而逐渐减小，当到达锉削行程的一半时，两手的压力要相等，使锉刀处于水平状态，回程时不加压力，以减少锉齿的磨损，如图 3—12 所示。

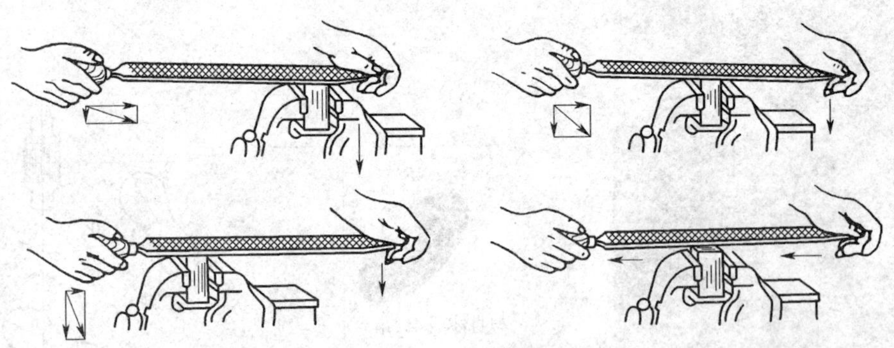

图 3—12　锉削力矩的平衡

锉削速度一般约为 40 次/min，推出时稍慢，回程时稍快，动作要自然协调。

6．平面锉削方法

平面锉削方法包括顺向锉、交叉锉和推锉等，如图 3—13 所示。

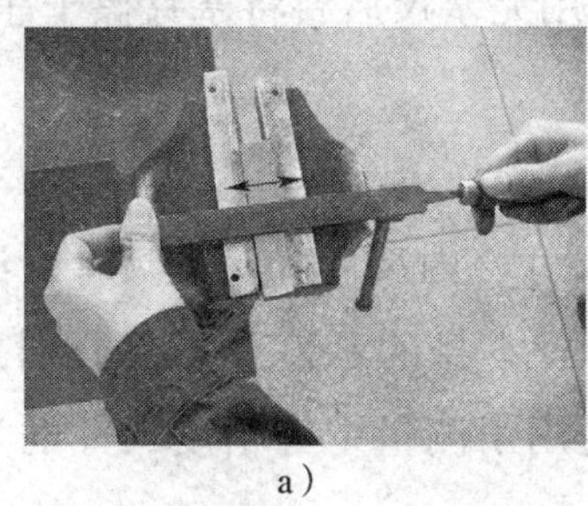
a）

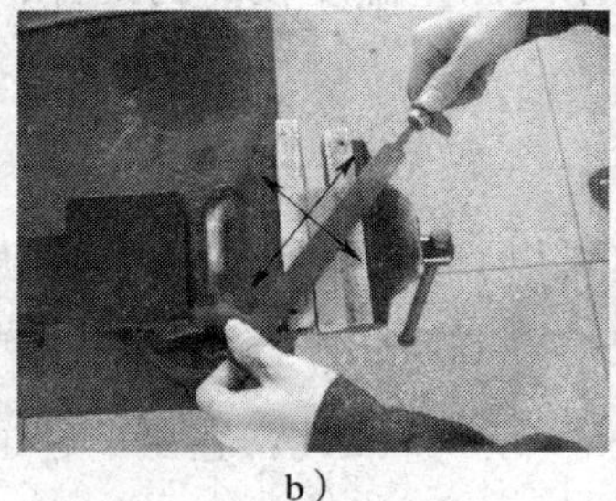
b）

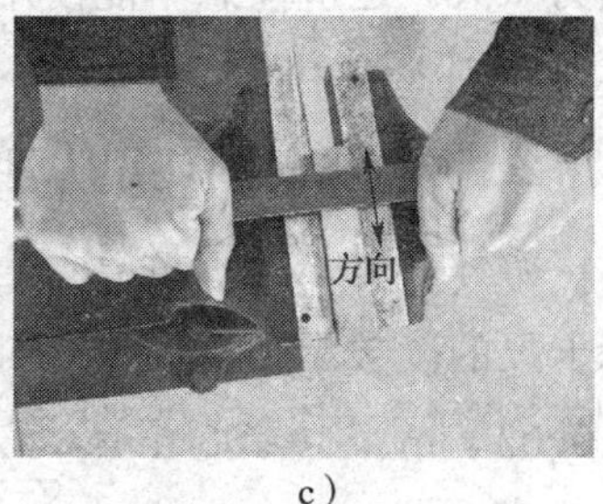

c）

图 3—13　平面锉削方法

a）顺向锉　b）交叉锉　c）推锉

（1）顺向锉

顺向锉是最普通的锉削方法。锉刀运动方向与工件夹持方向始终一致，面积不大的平面和最后锉光大都采用这种方法。顺向锉可得到整齐一致的锉痕，比较美观，因此顺向锉常用于精锉时。

（2）交叉锉

交叉锉是指从两个交叉的方向对工件表面进行锉削的方法。锉刀与工件接触面积大，容易掌握平稳。交叉锉一般用于粗锉平面时。无论是顺向锉还是交叉锉，为了使整个加工面都能均匀被锉到，一般在每次抽回锉刀时依次在横向上做适当移动。

（3）推锉

推锉是指两手对称横握锉刀，用拇指推动锉刀顺着工件长度方向进行锉削的方法。其锉削效率低，适合在加工余量较小和修正尺寸时采用。

三、锉削常用量具的使用方法

1．塞尺的使用方法

塞尺（又叫厚薄规）是用来检验两个结合面之间间隙大小的片状量规。

塞尺有两个平行的测量平面，如图 3—14 所示。其长度制成 50 mm、100 mm 或 200 mm，由若干片叠合在夹板里。厚度为 0.02～0.1 mm 的塞尺，中间每片相隔 0.01 mm；厚度为 0.1～1 mm 的塞尺，中间每片相隔 0.05 mm。

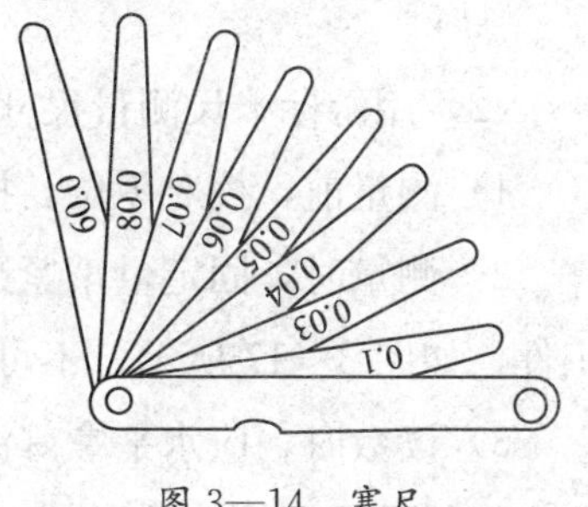

图 3—14　塞尺

使用塞尺时，根据间隙的大小，可用一片或数片重叠在一起插入间隙内。例如，用 0.3 mm 的塞尺可以插入工件的间隙，而 0.35 mm 的塞尺插不进去时，说明工件的间隙在 0.3～0.35 mm 之间。

塞尺的片有的很薄，容易弯曲和折断，测量时不能用力太大。还应注意不能使用塞尺测量温度较高的工件；用完塞尺后要将塞片擦干净，及时合到夹板中去。

2．游标卡尺的使用方法

游标卡尺是指示量具，它可以直接测量出工件的外尺寸、内尺寸和深度尺寸。游标卡尺的读数示值有 0.02 mm、0.05 mm、0.1 mm 三种，本身的示值总误差分别为 ±0.02 mm、±0.05 mm、±0.1 mm，因此，它是一种适用于测量中等精度尺寸的量具，如图 3—15 所示。

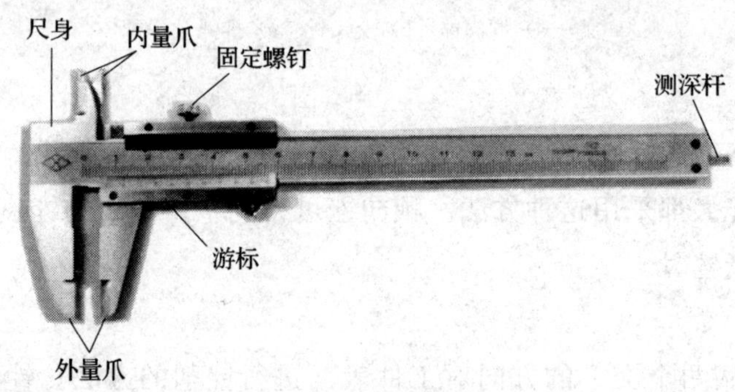

图 3—15　游标卡尺

（1）游标卡尺的读数方法（见图 3—16）

1）读出在游标零线左面尺身上的整数毫米值，图中所示为 28 mm。

2）在游标上找出与尺身刻线对齐的那一条刻线，读出尺寸的毫米值，图中所示为 0.86 mm。

3）将尺身上读出的整数和游标上读出的小数相加，即为测量值，图中所示为 28 mm+0.86 mm=28.86 mm。

图 3—16　游标卡尺的读数方法

（2）用游标卡尺测量尺寸的方法

1）测量前，校对零位，擦净量爪两测量面，检查并校对零位的准确性。

2）测量时，固定量爪紧贴工件，轻轻用力移动游标，使活动量爪的测量面也紧靠工件，如图 3—17 所示。不可处于如图 3—18 所示的歪斜位置。

3）读数时，应水平拿好游标卡尺，在光线明亮的地方，视线垂直于刻线表面，避免由于斜视造成的读数误差。

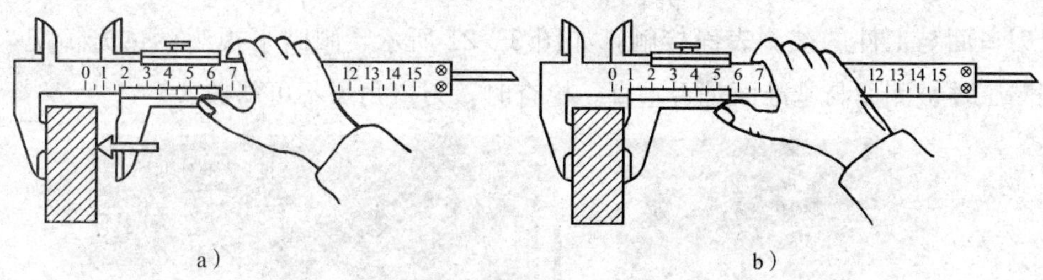

图 3—17　测量时量爪的动作

a）向工件测量表面推动游标　b）量爪测量面紧贴工件表面

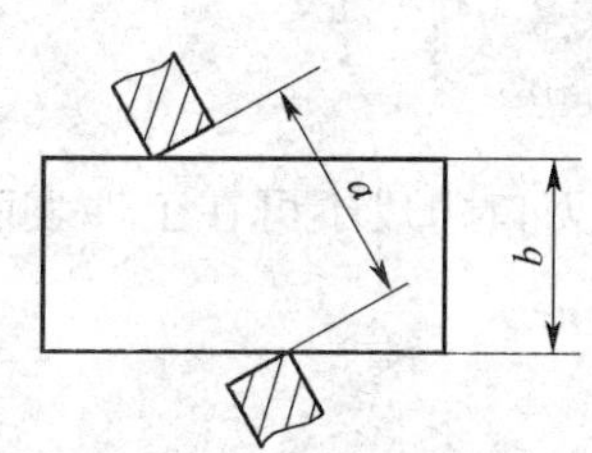

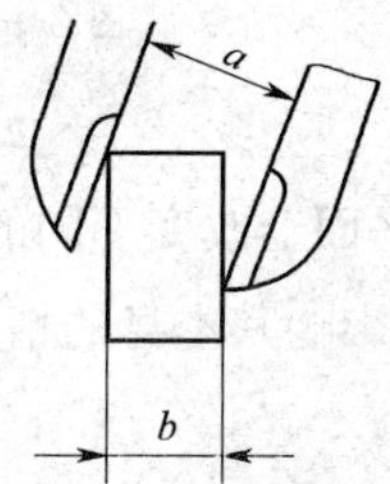

图 3—18　游标卡尺测量面与工件的错误接触示意

3．刀口角尺的使用方法

（1）使用刀口角尺检验平面度的方法

通常利用刀口角尺（或钢直尺）采用透光法来检验平面度，如图 3—19 所示。用刀口角尺在加工面的纵向、横向和对角线方向逐一进行检查，以透过光线的均匀度及强弱来判断加工面是否平直。平面度误差值可用塞尺来确定。

（2）使用刀口角尺检验垂直度的方法

1）用刀口角尺检验工件垂直度前，应先用锉刀将工件的锐边倒钝，如图 3—20 所示。

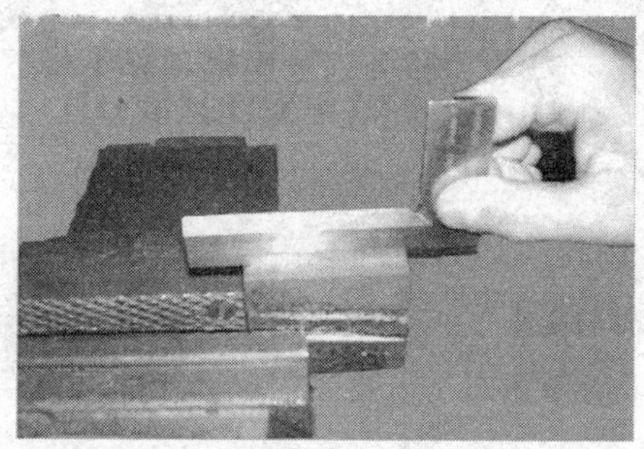

图 3—19　平面度的检验

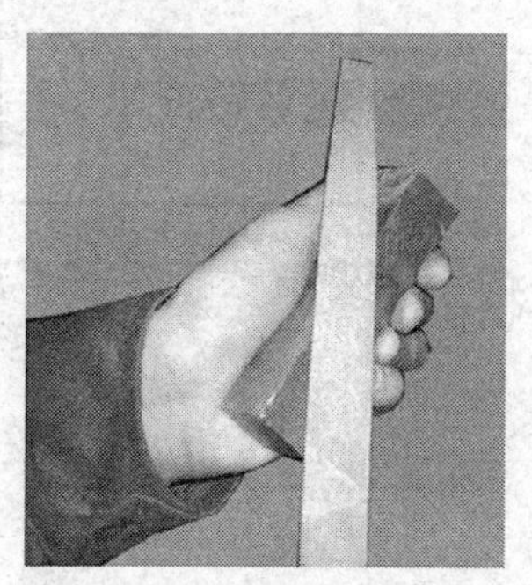

图 3—20　倒钝锐边的方法

2）先将刀口角尺的尺座测量面紧贴工件基准面，然后逐步轻轻向下移动，使刀口角尺刀口面与工件的被测表面接触，如图 3—21 所示，眼睛平视观察透光情况，以此来判断工件被测面与基准面是否垂直。检查时，刀口角尺不可斜放。

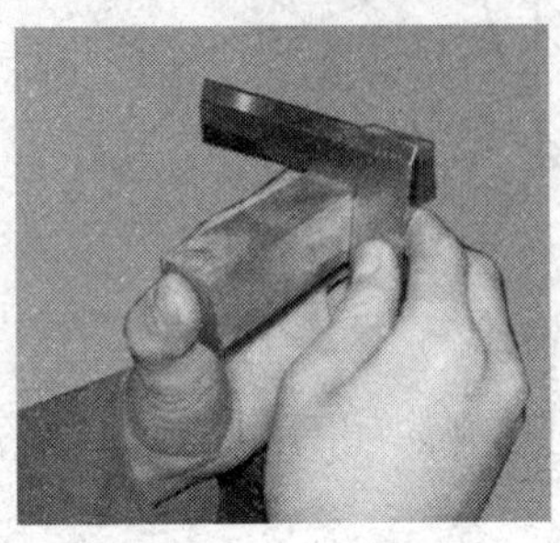

图 3—21 用刀口角尺检查工件垂直度

a）正确 b）错误

3）在同一平面上改变不同的检查位置时，刀口角尺不可在工件表面上拖动，以免磨损刀口角尺而影响其本身的精度。

锉 削 平 面

1. 工作任务

本任务要求学生锉削如图 3—22 所示的工件，使其达到图样要求。毛坯为课题二錾削端面加工完的零件。经过锉削使其达到长度尺寸为（46±0.5）mm、垂直度公差为 0.06 mm、平面度公差为 0.04 mm、表面粗糙度为 3.2 μm 的精度要求。

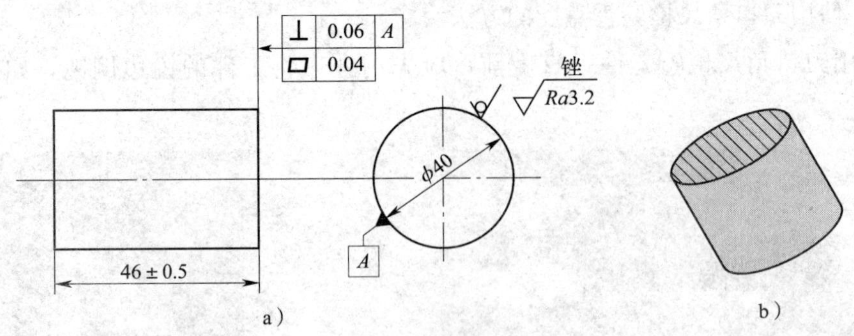

图 3—22 锉削零件

a）零件图 b）实物立体图

2. 任务分析

锉削的精度可达到 0.01 mm，表面粗糙度可达 *Ra*0.8 μm。分析图样可知，以该任务的精度要求考虑，采用锉削方法较为合适。

3. 实施步骤

(1) 准备工作

1) 工件准备。

实习件名称	材料	材料来源	下道工序	件数
圆柱体	45 钢	课题二 錾削端面	课题四 锯削棒料	1 件/人

2) 工、刃、量、辅具准备。0.02 mm/ (0～150) mm 的游标卡尺、刀口角尺、台虎钳、平锉、锉刀刷、毛刷、划针、平板、游标高度尺等。

(2) 锉削姿势练习

1) 将实习件正确装夹在台虎钳中间，锉削面高出钳口面约 20 mm。

2) 用旧的 300 mm 粗平锉，在实习件凸起的台阶上做锉削姿势练习。开始用慢动作练习，初步掌握后再做正常速度练习。要求全部采用一种握法，做顺向锉。

(3) 圆柱体工件的加工

用 300 mm 粗平锉对圆柱体的端面进行粗加工，用 250 mm 细平锉对圆柱体的端面进行精加工，使其达到平面度 0.04 mm、垂直度 0.06 mm、表面粗糙度 $Ra3.2$ μm、长度尺寸为 (46±0.5) mm 的要求。

4. 注意事项

(1) 锉刀是右手握持的工具，应放在台虎钳的右边；放在钳台上时锉刀柄不可露在钳台外面，以免掉落地上砸伤脚或损坏锉刀。

(2) 锉刀柄要装牢，没有装柄的锉刀、锉刀柄已裂开或没有锉刀柄箍的锉刀不可使用。

(3) 锉削时锉刀柄不能撞击到工件，以免锉刀柄脱落造成事故。

(4) 若锉屑嵌入锉刀齿纹内，必须及时用钢丝刷或薄铁片剔除。

(5) 工件夹持时应高出钳口约 20 mm，不可太低，以免损伤钳口。

(6) 不能用嘴吹锉屑，也不能用手擦摸锉削表面。

(7) 锉刀不可用作撬棒或锤子。

(8) 锉刀无论在使用过程中或放入工具箱时均应单独平放，不可与其他工具或工件堆放在一起，也不可与其他锉刀互相重叠堆放，以免损坏锉齿。

(9) 在粗锉时，应充分使用锉刀的有效全长，既可提高锉削效率，又可避免锉齿局部磨损。

(10) 锉刀上不可沾油或沾水。

(11) 在检查垂直度时，注意尺座紧贴基准面，从上向下移动，压力不宜太大；否则易造成尺座离开工件基准面，导致测量不准确。

(12) 锉削练习时，要保持锉削姿势正确，随时纠正不正确的姿势和动作。在加工时要防止片面性，综合考虑全部精度要求。

(13) 在测量时要先将工件的锐边倒钝，去毛刺，保证测量的准确性。

(14) 夹持工件已加工表面时应使用保护垫片，夹持较大工件时要加木垫。

5. 评分标准

序号	项目与技术要求	配分	评分标准	实测记录	得分
1	握锉姿势正确	10	不符合要求酌情减分		
2	站立步位和身体姿势正确	16	不符合要求酌情减分		
3	锉削动作协调、自然	10	不符合要求酌情减分		
4	工、量具安放位置正确，排列整齐	8	不符合要求酌情减分		
5	量具使用正确	10	不符合要求酌情减分		
6	平面度 0.04 mm	8	不符合要求酌情减分		
7	垂直度 0.06 mm	8	不符合要求酌情减分		
8	表面粗糙度 $Ra3.2\ \mu m$	8	升高一级不得分		
9	尺寸为 (46±0.5) mm	12	超差不得分		
10	安全文明生产	10	违者每次扣 2 分		
合计		100			

思考与练习

一、填空题

1. 锉削的精度可达到________mm，表面粗糙度值可达________。

2. 锉刀由碳素工具钢 T12、T13 或__________、________制成，经热处理淬硬，其切削部分的硬度可达________HRC 以上。

3. 锉刀由________和________两部分组成。

4. 锉纹是锉齿有规则排列而形成的图案，锉刀的齿纹有______纹和______纹两种。

5. 锉刀的规格分为________规格和__________规格两种。方锉刀的尺寸规格以________尺寸表示；圆锉刀的尺寸规格用________表示；其他锉刀则以________表示。

6. 锉刀齿纹粗细规格以锉刀每 10 mm 轴向长度内的________条数来表示。

7. 锉削速度一般约为____________，推出时____________，回程时________，动作要自然协调。

8. 平面的锉削方法有________锉、__________锉、__________锉三种。

二、简答题

1. 简述游标卡尺的读数方法。

2. 使用刀口角尺时应该注意哪几点？

课题四

锯削棒料

学习目标

◆ 了解手锯的使用方法。
◆ 掌握锯削基本操作技能。
◆ 掌握长度尺寸、平面度、垂直度的检测方法。
◆ 能规范使用手锯锯削棒料。

想一想

将材料或工件分割开的方法有很多，而手工加工中使用最广泛、最常见的方法是锯削（见图4—1）。锯削需要使用哪些工具？其基本操作方法是什么？锯削时有哪些安全注意事项？

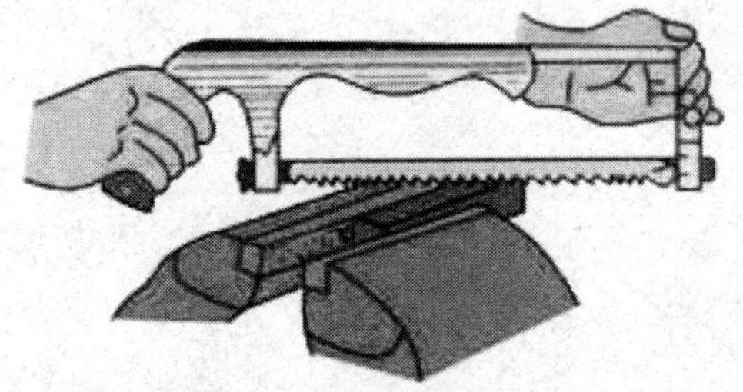

图4—1 锯削加工

用手锯对材料或工件进行切断或切槽的加工方法称为锯削。手锯可以用来锯断各种原材料或半成品、锯掉工件上多余部分或在工件上锯槽等。

一、手锯

手锯主要由锯弓和锯条组成，如图4—2所示。

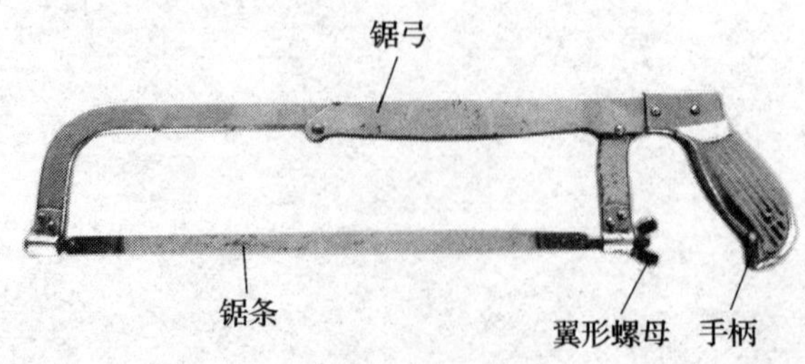

图4—2 手锯

1. 锯弓

锯弓的作用是装夹并张紧锯条，且便于双手操作。锯弓分为固定式和活动式两种，手锯各部分的名称如图 4—3 所示。

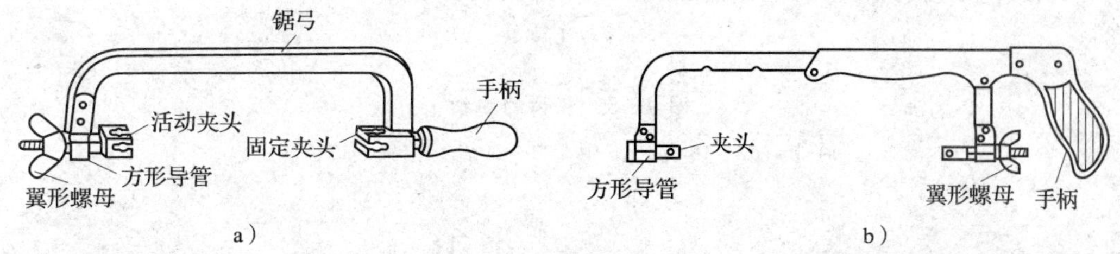

图 4—3 手锯各部分的名称

a）固定式 b）活动式

2. 锯条

锯条是用来直接锯削材料或工件的刃具。锯条一般由碳素工具钢冷轧制成，经热处理淬硬后才能使用。锯条的长度以两端安装孔的中心距来表示。常用的锯条长度为 300 mm。

（1）锯齿的切削角度

锯条切削部分由许多均匀分布的锯齿组成，每一个锯齿如同一把錾子，都具有切削作用。锯齿的切削角度如图 4—4 所示，其中，前角 $\gamma_o=0°$，后角 $\alpha_o=40°$，楔角 $\beta_o=50°$。

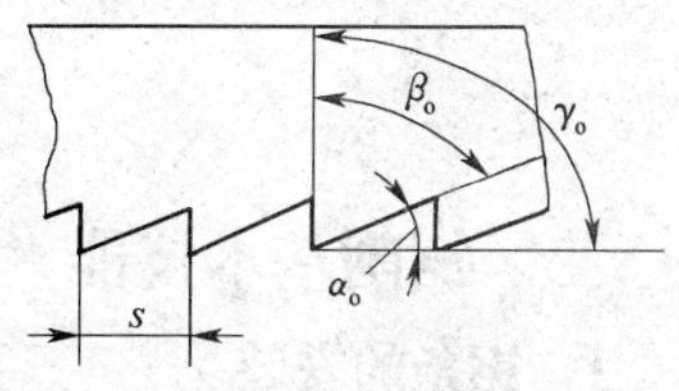

图 4—4 锯齿的切削角度

（2）锯齿的粗细

锯齿的粗细以锯条每 25 mm 长度内的齿数来表示。一般分为粗、中、细三种。锯齿粗细规格及应用见表 4—1，锯齿的粗细如图 4—5 所示。

表 4—1 锯齿粗细规格及应用

粗细程度	每 25 mm 长度内的齿数	应 用
粗	14～18	锯削软钢、黄铜、铝、铸铁、纯铜、人造胶质材料
中	22～24	锯削中等硬度钢、厚壁的钢管和铜管
细	32	锯削薄片金属、薄壁管子
细变中	32～20	一般企业中用，易于起锯

（3）锯路

制造锯条时，将全部锯齿按一定规律左右错开，并排成一定的形状，称为锯路，如图 4—6 所示。锯路的作用是减小锯缝对锯条的摩擦，使锯条在锯削时不被锯缝夹住或折断。

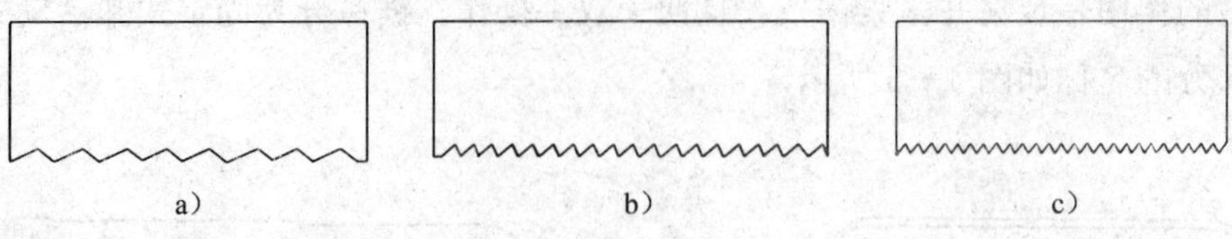

图 4—5 锯齿的粗细

a）粗，14～18 齿 b）中，22～24 齿 c）细，32 齿

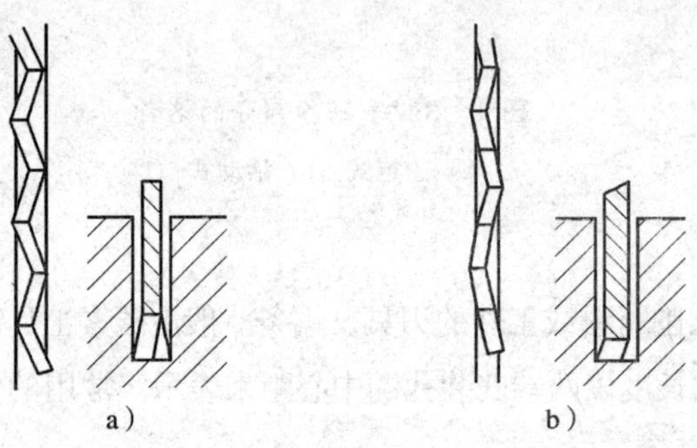

图 4—6 锯路

a）锯齿制成交叉形 b）锯齿制成波浪形

二、锯削基本技能

1．锯条的安装

安装锯条时应保证齿尖向前，将锯条两端的安装孔装于锯弓两端支柱上，通过翼形螺母调节及紧固，如图 4—7 所示。

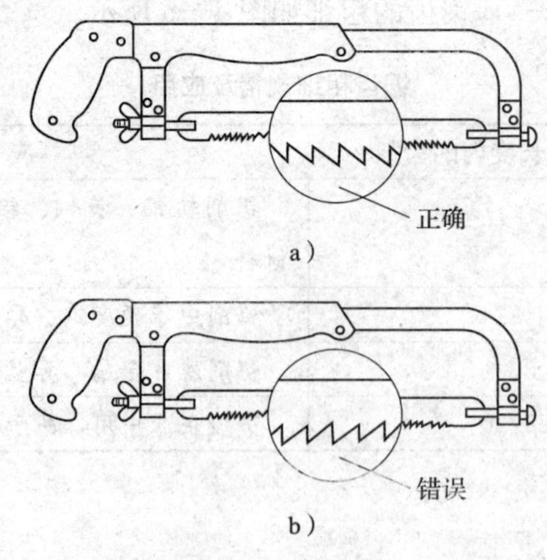

图 4—7 锯条的安装

2．手锯的握法

手锯的正确握法：右手满握锯弓手柄，左手控制锯弓方向，拇指在弓背上，食指、中指、无名指扶在锯弓前端，如图 4—8 所示。

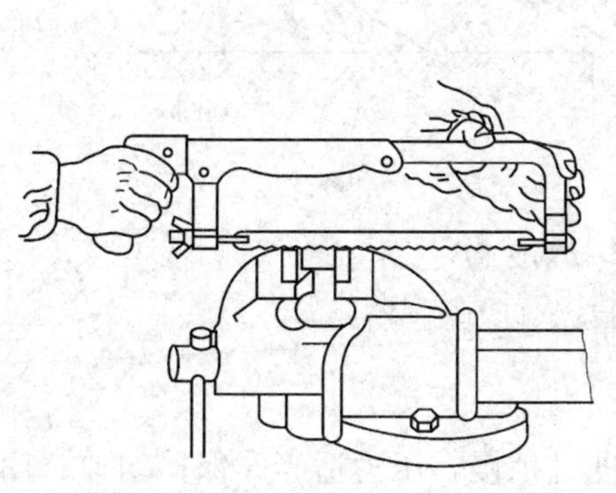

图 4—8　手锯的握法

3．锯削姿势

锯削的站立步位和身体摆动姿势如图 4—9 所示。

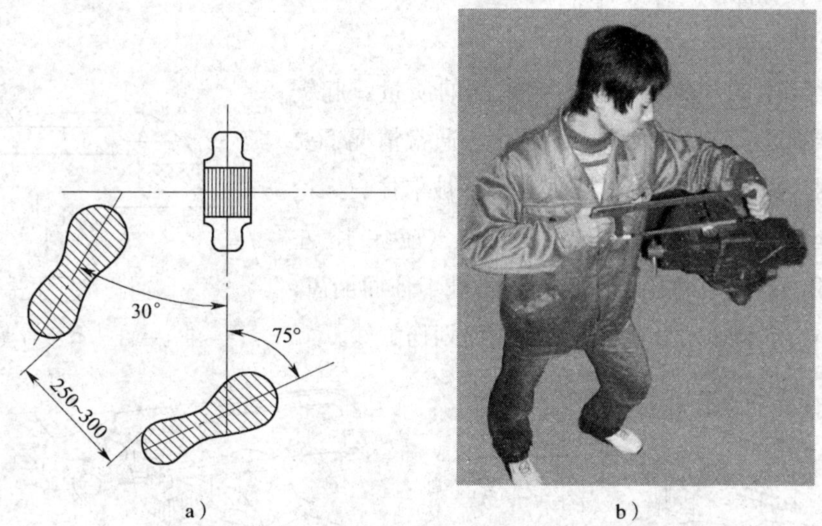

图 4—9　锯削的站立步位和身体摆动姿势

a）站立步位　b）身体摆动姿势

4．锯削方法

（1）锯削时锯弓的运动方式

锯削时锯弓的运动方式有两种：一种是直线运动，这种方式适合初学者，常用于有锯削尺寸要求的工件，要求初学者认真掌握；另一种是小幅度的上下摆动式运动，即推进时左手上翘，右手下压，回程时右手上抬，左手自然跟回，如图 4—10 所示。

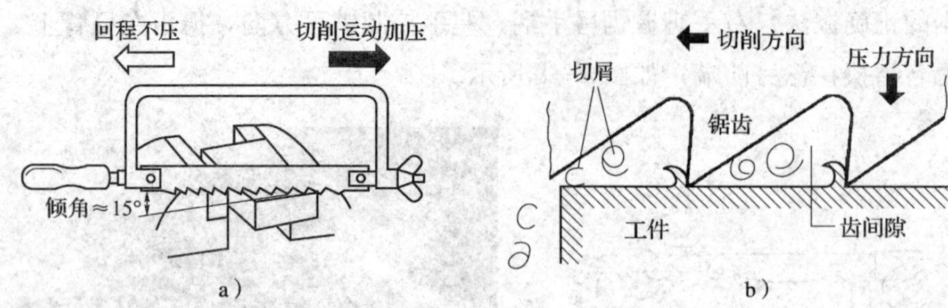

图 4—10　运动方式和切削方向

a）直线运动　b）上下摆动式运动

（2）锯削的速度

锯削的速度一般控制在 20～40 次/min。推进时稍慢，压力适当，保持匀速；回程时不施加压力，速度稍快。

（3）工件的夹持

工件伸出钳口不应过长，锯缝离开钳口侧面约 20 mm。锯缝线要与钳口侧面平行，夹紧要牢靠，如图 4—11 所示。

（4）起锯

起锯是锯削的开头，直接影响锯削的质量。起锯分为近起锯和远起锯，如图 4—12 所示。通常情况下要采用远起锯，因为使用这种方法锯齿不易被卡住。无论用远起锯还是近起锯，起锯的角度要小（应在 15°左右）。起锯角太大，切削阻力大，锯齿易被卡住而崩齿；起锯角太小，不易切入材料，容易跑锯而划伤工件。

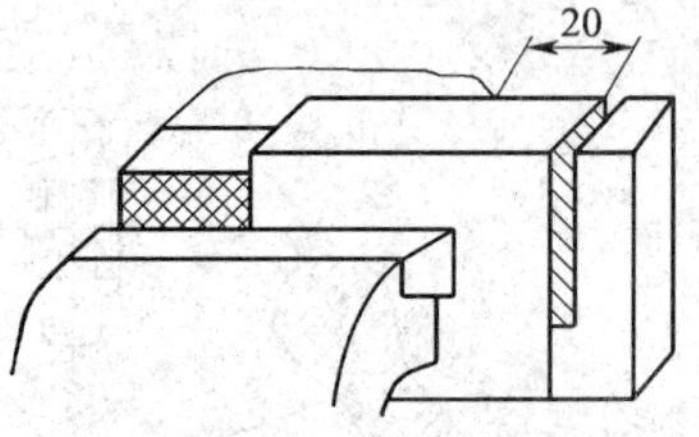

图 4—11　工件的夹持

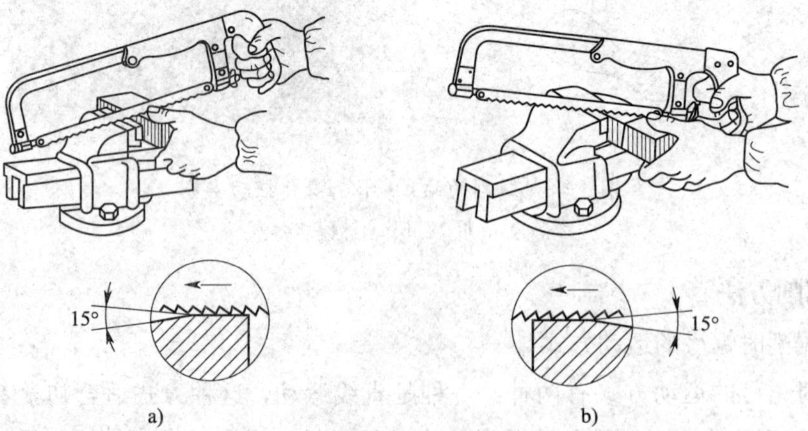

图 4—12　起锯

a）远起锯　b）近起锯

为使起锯顺利，可用左手拇指对锯条进行靠导，如图 4—13 所示。此时可向后拉手锯做倒向起锯，锯到槽深 2～3 mm 后，锯条不会滑出槽外，左手拇指可离开锯条，扶正锯弓逐渐使锯痕成为水平，然后往下正常锯削。正常锯削时应使锯条的全部有效齿在每次行程中都参加切削。

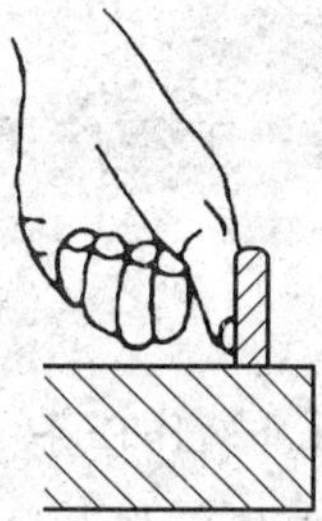

图 4—13　用左手拇指靠导起锯

三、常见锯削故障原因分析

1．锯条折断原因

（1）工件未夹紧，锯削时工件有松动。

（2）锯条装得过松或过紧。

（3）锯削压力过大或锯削方向突然偏离锯缝方向。

（4）强行纠正歪斜的锯缝，或更换新锯条后仍在原锯缝过猛地锯下。

（5）锯削时锯条中间局部磨损，当拉长锯削时被卡住而引起折断。

（6）中途停止使用时，手锯未从工件中取出而碰断。

2．锯齿崩裂的原因

（1）锯条选择不当，如锯薄板料、管子时用粗齿锯条。

（2）起锯时起锯角太大。

（3）锯削运动突然摆动过大或锯齿有过猛的撞击。当锯条局部几个齿崩裂后，应及时在砂轮机上进行修整，即将相邻的 2～3 齿磨低成凹圆弧，并把已断的齿根磨光。如不及时处理，会使崩裂齿后面的各齿相继崩裂。

3．锯缝产生歪斜的原因

（1）装夹工件时，锯缝线未能与铅垂线方向一致。

（2）锯条安装太松或相对锯弓平面扭曲。

（3）使用锯齿两面磨损不均匀的锯条。

（4）锯削压力过大使锯条左右偏摆。

（5）锯弓未扶正或用力歪斜，使锯条背偏离锯缝中心平面，而斜靠在锯削断面的一侧。

四、锯削安全注意事项

（1）锯条要装得松紧适当，锯削时不要突然用力过猛，以免锯条折断后弹出伤人。

（2）工件装夹要牢固，在工件即将被锯断时要用左手扶住工件，防止断料掉下伤脚。

（3）工件即将锯断时应减小压力，避免使工件突然断开，造成身体前冲发生事故。

（4）操作时要避免用力过大，以防手撞到工件或台虎钳上受伤。

锯削棒料

1. 工作任务

本任务要求学生锯削如图 4—14 所示的工件，使其达到图样要求，并保证锯痕整齐。

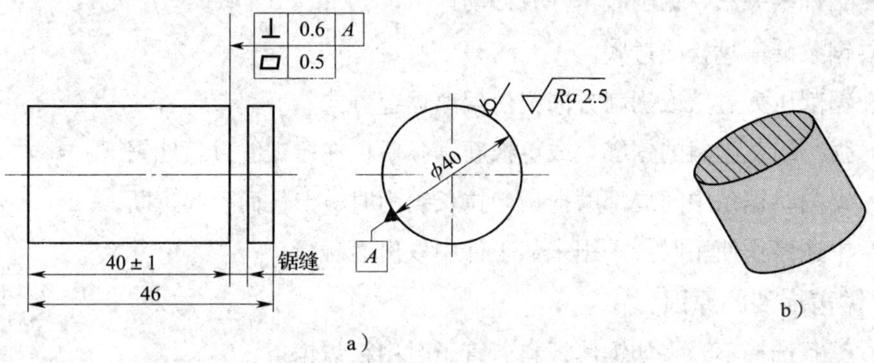

图 4—14 锯削棒料

a）零件图 b）实物立体图

2. 任务分析

分析如图 4—14 所示的图样可知，该任务要求加工课题三锉削所得零件的另一端面使其达到图样要求，根据工件尺寸要求及加工精度要求，采用锯削方法最为合适。

3. 实施步骤

（1）准备工作

1）工件准备。

实习件名称	材料	材料来源	下道工序	件数
圆柱体	45 钢	课题三 锉削平面	课题五 四方体零件的锉削	1 件/人

2）工、刃、量、辅具准备。150 mm 的钢直尺、活动式锯弓、台虎钳各一个，直角尺一把，粗齿锯条若干，游标高度尺。

（2）操作步骤

1）将粗齿锯条的齿尖朝前（锯弓的固定拉杆方向）安装在锯弓上，调节好松紧程度。

2）在废料上先进行锯削姿势的练习，待初步掌握后再对工件进行锯削。

3）将已划好线的工件装夹在台虎钳的左面，应使锯缝离开钳口侧面约 20 mm，锯缝线要与钳口侧面保持平行。

4）调整好站立位置和姿势，右手握持锯弓，左手拇指按住锯削位置，用远起锯方法开始锯削。锯条吃入一定深度后，应双手握持锯弓以每分钟往复 40 次左右的速度进行锯削加工，直至加工完毕。

5）去除毛刺和飞边。

6）用钢直尺检测锯削面长度尺寸是否为（40±1）mm，用直角尺检测锯削面是否达到平面度 0.5 mm、垂直度 0.6 mm 的要求，并保证锯痕整齐。

4. 注意事项

（1）注意正确装夹工件，工件不能露出钳口过长或过短，以免锯削时锯伤台虎钳，并要保证起锯方法和起锯角度正确，以免一开始锯削就造成废品和锯条损坏。

（2）锯削速度不可过快，以免产生较大的切削热，缩短锯条使用寿命。锯削时，常会出现摆动姿势不自然、摆动幅度过大等错误姿势，应及时纠正。

（3）要适时注意锯缝的平直情况，及时纠正。

（4）在锯削钢件时可加些机油，以减小锯条与锯削断面的摩擦，并能冷却锯条，延长锯条的使用寿命。

（5）工件将锯断时压力要小，避免压力过大使工件突然断开，手向前冲造成事故。一般工件将锯断时，要用左手扶住工件断开部分，避免工件掉下砸伤脚。

（6）锯削后，应将锯弓上的翼形螺母适当放松，并妥善放好。

5. 评分标准

序号	项目与技术要求	配分	评分标准	实测记录	得分
1	工件长度尺寸（40±1）mm	20	超差不得分		
2	⊥ 0.6 A	10	不符合要求酌情减分		
3	▱ 0.02	10	不符合要求酌情减分		
4	工件装夹方法正确	10	不符合要求酌情减分		
5	工、量具放置位置正确，排列整齐	5	不符合要求酌情减分		
6	握锯方法正确、自然	10	不符合要求酌情减分		
7	锯削姿势正确	10	不符合要求酌情减分		
8	锯削断面纹路整齐	6	不符合要求酌情减分		
9	锯条安装正确	6	不符合要求酌情减分		
10	表面粗糙度 $Ra25\ \mu m$	3	升高一级不得分		
11	安全文明生产	10	违者每次扣 2 分		
	合计	100			

思考与练习

一、填空题

1. 手锯由________和________组成。锯条的长度以__________来表示。

2. 锯条锯齿的切削角度中，前角 γ_o＝________，后角 α_o＝________，楔角 β_o＝________。锯齿的粗细是以锯条每________长度内的齿数表示的。

3. 锯路的作用是______________________________________。

二、简答题

1. 起锯的方法有哪几种？注意事项是什么？起锯角度应以多大为宜？

2. 锯削安全注意事项有哪些？

3. 造成锯条折断的不当操作有哪些？

课题五 四方体零件的锉削

学习目标

- 了解四方体零件各表面的锉削顺序。
- 掌握常用量具的使用方法。
- 掌握对称度的测量方法。
- 能使用千分尺、万能角度尺测量工件。
- 进一步提高锯削、錾削、锉削基本技能。

想一想

在汽车零件修理过程中，经常要在材料上确定加工位置、加工界线，能正确分析加工工艺并达到尺寸要求。你知道如图 5—1 所示的零件在加工时用到了哪些加工方法和工具？如何使用这些工具？

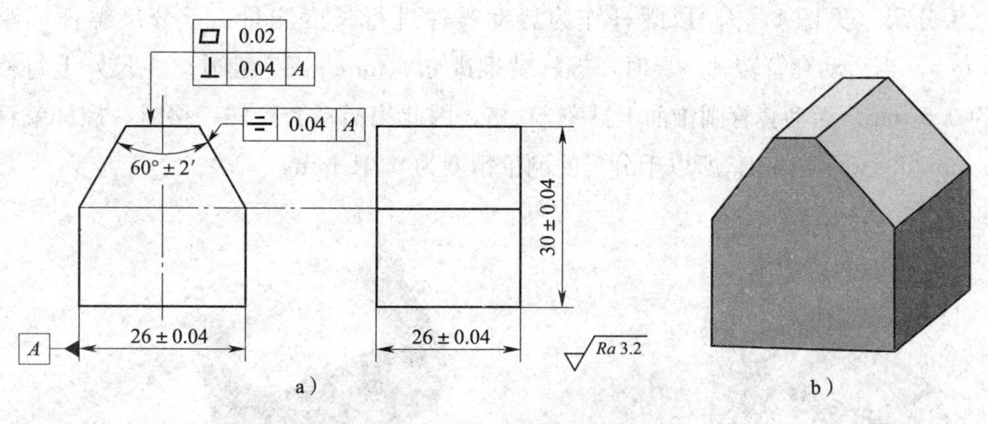

图 5—1 锉削零件

a）零件图 b）实物立体图

一、四方体零件各表面的锉削顺序

锉削四方体零件各表面时必须按照一定的顺序进行，才能快速、准确地达到规定的尺寸精度和相对位置精度要求。其一般原则如下：

(1) 选择最大的平面作为基准面并锉平（达到规定的平面度要求）。

(2) 先锉大平面后锉小平面。以大面控制小面，能使测量准确、修整方便。

(3) 先锉平行面后锉垂直面，即在达到规定的平行度要求后，再加工相关面以保证垂直度：一方面便于控制尺寸；另一方面平行度比垂直度的测量方便，同时在保证垂直度时，可以进行平行度、垂直度两项误差的测量比较，减小累计误差。

二、常用量具的使用方法

1. 万能角度尺的使用方法

(1) 2′万能角度尺的刻线原理

2′万能角度尺尺身刻线每格为1°，游标共30格，等分29°，游标每格为29°/30＝58′，尺身1格和游标1格之差为1°－58′＝2′，所以它的测量精度为2′。

(2) 万能角度尺的读数方法

与游标卡尺相似，先读出游标零刻度前面的整度数，再看游标哪条刻线与尺身刻线对齐，读出角度“′”的数值，最后两者相加就是测量角度的值。测量前应将测量面擦干净，直尺调好后将卡块紧固螺钉拧紧。测量时应先将基尺贴靠在工件测量基准面上，然后缓慢移动游标，使直尺紧靠在工件表面再读出读数，如图5—2所示。

测量不同角度时，主要是利用万能角度尺的直尺和角尺部分进行调整。

2. 千分尺的使用方法

(1) 千分尺的刻线原理

千分尺（见图5—3）以螺杆作为运动零件进行长度测量。千分尺螺杆螺距为0.5 mm，当活动套管转动一周时，螺杆就推进0.5 mm。固定套管（主尺）上每格刻度为0.5 mm，活动套管圆锥面上共刻50格，因此当活动套管转一格时，螺杆就移动0.5 mm/50＝0.01 mm。所以千分尺的测量精度为0.01 mm。

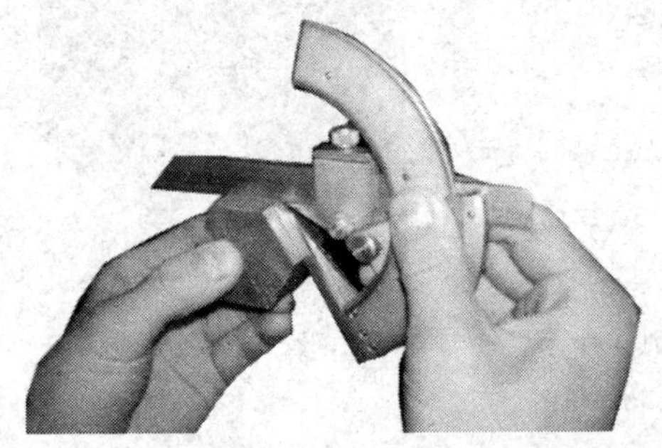

图5—2 测量角度的方法

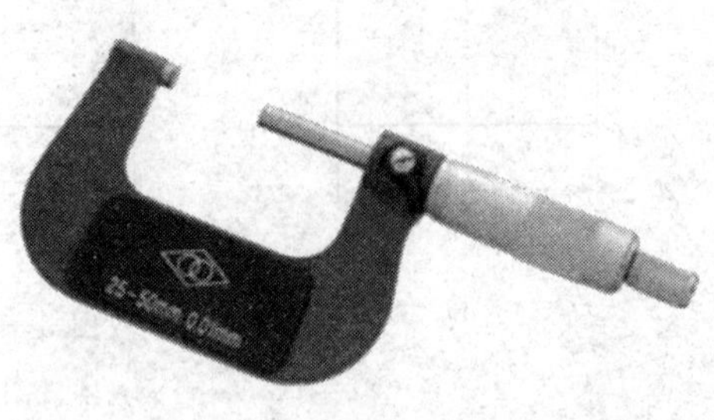

图5—3 千分尺

（2）千分尺的读数方法

先看清内套筒露出的数值（毫米或半毫米）是多少，然后再看外套管的刻线与内套筒的横刻线所对齐的数值，最后将两个数值相加就是被测工件的测量值。

（3）千分尺的使用和保养

1）测量前应检查千分尺零位的准确性，如图 5—4 所示。

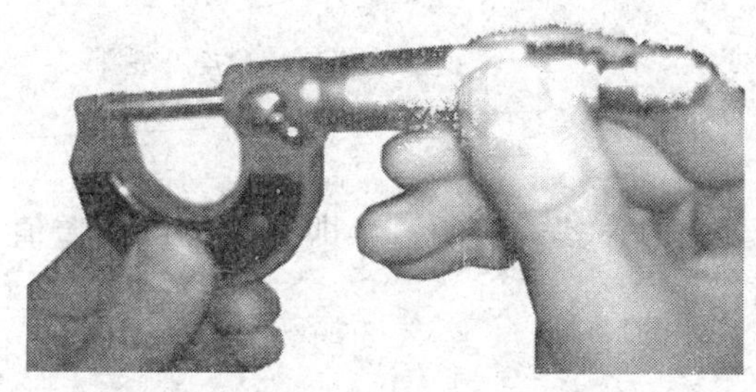

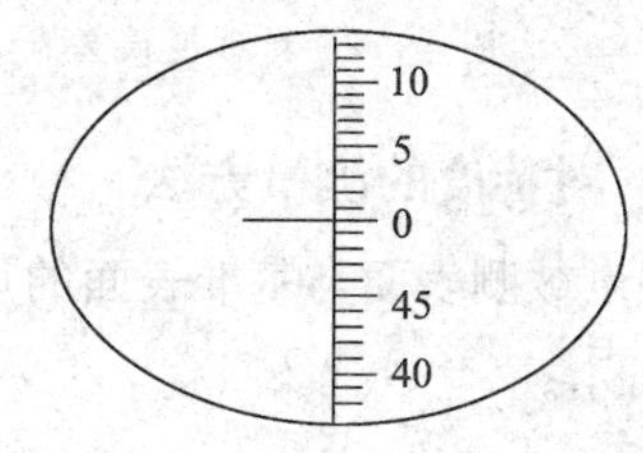

图 5—4　检查千分尺的零位

2）测量时，千分尺的测量面和零件的被测表面应擦拭干净，以保证测量准确。

3）可单手或双手握持千分尺对工件进行测量。单手握测时旋转力要适当，一般应先转动活动套管，当测量面刚接触工件表面时再改用棘轮，以控制一定的测量力，这样才能得到正确的读数，如图 5—5 所示。

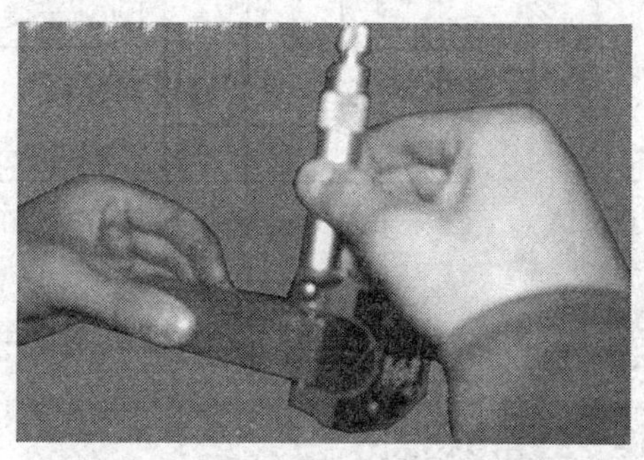

图 5—5　千分尺的测量方法

4）千分尺用完后应擦净，并将测量面涂油防锈。千分尺应定期送到计量部门进行精度鉴定。

二、对称度的测量方法

1．对称度的概念

对称度误差是指被测表面的对称平面与基准表面的对称平面间的最大偏移距离 Δ，如图 5—6 所示。

2．对称度公差带

对称度公差带是指相对基准中心表面对称配置的两个平行平面之间的区域，两平行平面间的距离即为公差值 t，如图 5—7 所示。

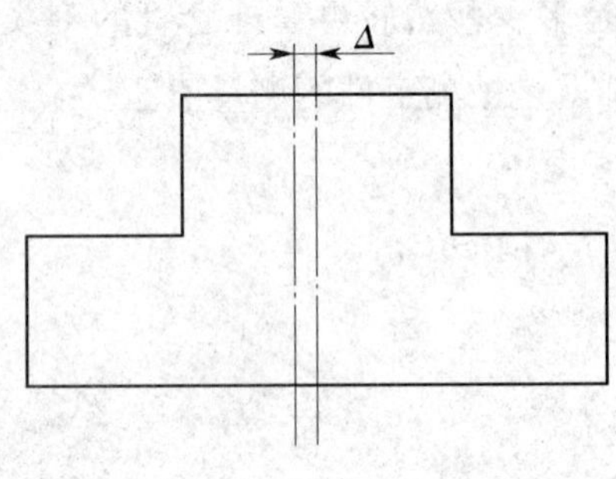

图 5—6　对称度误差

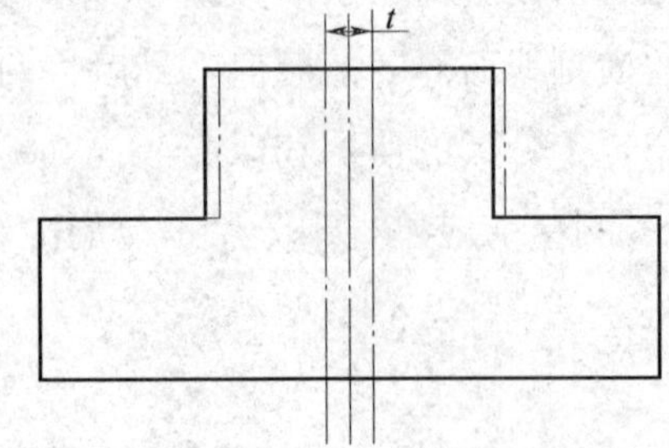

图 5—7　对称度公差带

3．对称度的测量方法

测量被测表面与基准表面的尺寸 A 和 B，其差值的一半即为对称度误差值，如图 5—8 所示。

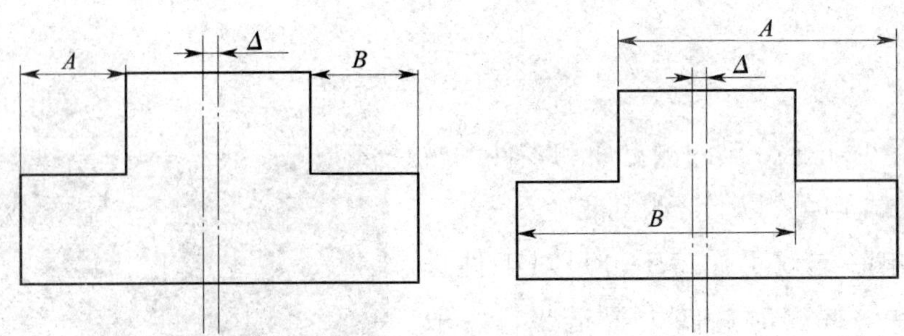

图 5—8　对称度测量

1. 工作任务

本任务要求学生加工如图 5—1 所示的工件，使其达到图样要求。

2. 任务分析

分析图样可知，该任务是综合运用锯削、锉削技能将原料加工至达到图样要求，并能正确使用量具来保证位置公差要求。

3. 实施步骤

(1) 准备工作

1) 工件准备。

实习件名称	材料	材料来源	下道工序	件数
四方体	45 钢	课题四　锯削棒料	课题六　简单立体划线	1 件/人

2）工、刃、量、辅具准备。0.02 mm/（0～150）mm 的游标卡尺、25～50 mm 千分尺、刀口角尺、万能角度尺各一把；此外还需台虎钳、锯弓、锯条、平锉、锉刀刷、毛刷、划针、平板、游标高度尺等。

（2）操作步骤

1）将课题四的圆柱体加工成如图 5—1 所示的形状，必须先进行四方体的加工。以圆柱体的端面作为基准，划 30 mm×26 mm 的四方体加工线。用锯削或錾削的方法把圆柱体的多余材料去除，如图 5—9 所示。

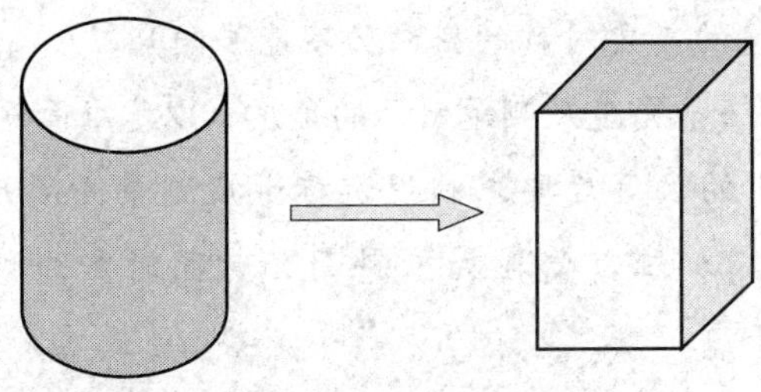

图 5—9　去除余料

2）加工四方体

①如图 5—10 所示，粗、精锉基准面 1 面。粗锉用 300 mm 粗平锉，精锉用 250 mm 细平锉，使其达到平面度公差 0.02 mm、表面粗糙度 $Ra3.2\ \mu m$ 的要求。

②按四方体工件加工顺序（见图 5—10），结合划线，依次对各面进行粗、精锉削。首先，粗、精锉基准面 1 面的对面 2 面。用游标高度尺划出相距为 26 mm 的平面加工线，先粗锉，留 0.15 mm 左右的精锉余量，再精锉达到图样要求。

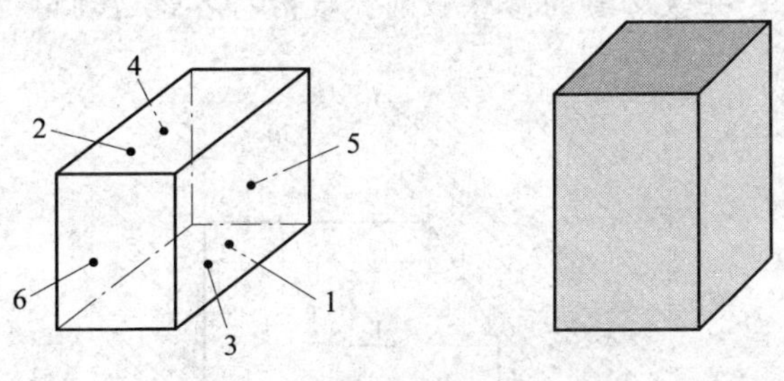

图 5—10　四方体工件加工顺序

③粗、精锉基准面 1 面的邻面 3 面。用直角尺和划针划出平面加工线，先粗锉，留 0.15 mm 左右的精锉余量，再精锉达到图样要求（垂直度用直角尺检查）。

④粗、精锉基准面一面的另一邻面四面。用游标高度尺划出相距三面 26 mm 的平面加工线，先粗锉，留 0.15 mm 左右的精锉余量，再精锉达到图样要求。

⑤粗、精锉端面基准的对面。用游标高度尺划出相距对面 30 mm 的平面加工线，先粗锉，留 0.15 mm 左右的精锉余量，再精锉达到图样要求（垂直度用直角尺检查）。

⑥全部精度复检，并做必要的修整锉削。最后将各锐边均匀倒角至 C1 mm（复检尺寸精度采用千分尺，复检垂直度用平板与垂直立柱）。

3）工件对称面的加工。如图 5—1 所示，在加工完四方体后，再加工工件对称斜面。

①如图 5—11 所示，先加工斜面 1（注意在加工斜面 1 时以 A 面为基准，先去除一面的余料，并且为了测量的需要对称的斜面 2 不能去角）。

②先粗锉斜面 1，用万能角度尺测量斜面的角度（以基准面测量是 30°），留 0.15 mm 左右的精锉余量。斜面 1 的位置度要求利用游标卡尺测量高度尺寸达 15 mm，这时斜面 1 的加工不是最后的精加工，要在加工斜面 2 时同时加工修整才能达到对称度要求。

③加工斜面 2，去除斜面 2 的余料后粗加工，用万能角度尺测量斜面的角度，留 0.15 mm 左右的精锉余量。

④精锉斜面 1、2，必须同时保证斜面 1、2 的尺寸和位置度要求，最关键的是要保证对称度的要求，这也是本任务的难点之一。测量斜面 1 时，30°和尺寸 L 及斜面 1 的平面度控制得好坏是保证对称度的关键。方法一是加工斜面 1 的同时翻转 180°，万能角度尺上的角度、紧固螺钉不动，以基准 A 的对面为第二基准组合测量斜面 2，边修锉边互换测量，最终使尺寸 M 和角度符合图样要求。方法二是用如图 5—11 所示的样板直接测量达到图样要求。

⑤全部精度复检，并做必要的修整锉削。最后将各锐边均匀倒角至 C1 mm。

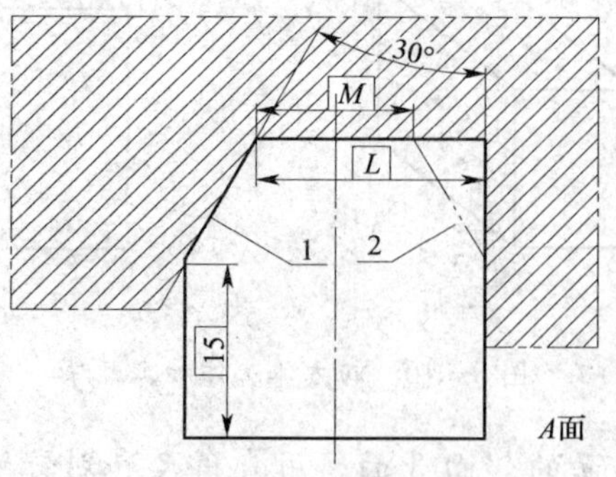

图 5—11　用样板测量对称度的方法

4. 注意事项

(1) 本课题是综合技能训练，是锉削、锯削、錾削的综合练习，所以各种姿势动作应完全规范化；在加工时要防止片面性，综合考虑全部精度要求。

(2) 综合课题的测量尤为重要，要知道工件的质量是靠测量来保证的。要注意测量时的准确性，避免因毛刺或者测量力影响测量的结果。

(3) 夹持工件已加工表面时要使用保护垫片。

(4) 使用万能角度尺时，测量角度要取正确，紧固螺钉必须拧紧，用时要轻拿轻放，以免测量角发生变动，并要经常校对测量角的准确性。

(5) 游标卡尺、千分尺使用时测量力要适当，并要经常保养，定期送计量部门进行精度鉴定。

5. 评分标准

序号	项目与技术要求	配分	评分标准	实测记录	得分
1	(26±0.04) mm（2处）	20	超差不得分		
2	(30±0.04) mm	10	超差不得分		
3	⏥ 0.02	8	超差不得分		
4	⊥ 0.04 A	8	超差不得分		
5	60°±2′	18	超差不得分		
6	⌯ 0.04 A	8	超差不得分		
7	锯削（錾削）、锉削姿势正确	10	不符合要求酌情扣分		
8	表面粗糙度 $Ra3.2\ \mu m$	8	升高一级不得分		
9	安全文明生产	10	违者每次扣2分		
合计		100			

思考与练习

一、填空题

1. 要想锉出平直的表面，必须使锉刀保持______的锉削运动。

2. 起锯是锯削的开头，起锯的方法有______起锯和______起锯两种。一般情况下要采用______起锯，起锯角______，并控制在______左右为宜。

二、简答题

1. 量具的种类有哪些?

2. 简述千分尺的刻线原理。

3. 画出千分尺刻度为46.28 mm的示意图。

课题六 简单立体划线

学习目标

- ◆ 了解立体划线工具的类型和使用方法。
- ◆ 掌握划线基准的选择原则。
- ◆ 能对简单形体进行立体划线。

想一想

立体划线（见图 6—1）是指同时在工件几个不同方向的表面上划线，才能明确工件加工界线。

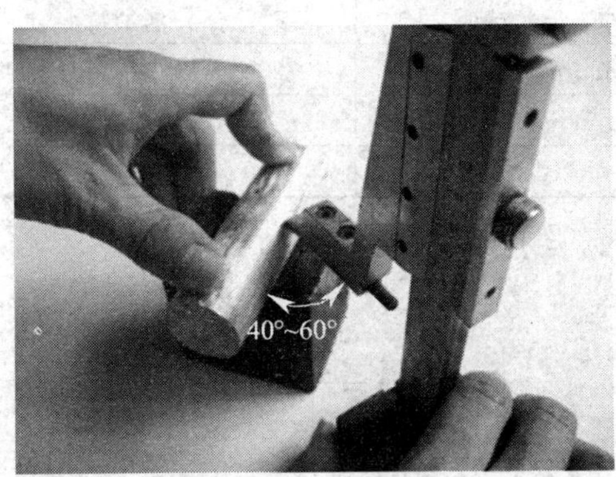

图 6—1　立体划线

若要在如图 6—2 所示的工件上钻孔，要通过什么划线工具确定孔的位置？该怎样划线？应遵守什么规则？

课题一中已经讲解了平面划线的方法和工具，本课题主要讲解立体划线的方法。

一、划线基准的选择原则

（1）划线基准和设计基准应重合，即基准要统一。

（2）以精度高且加工余量少的形面作为划线基准。

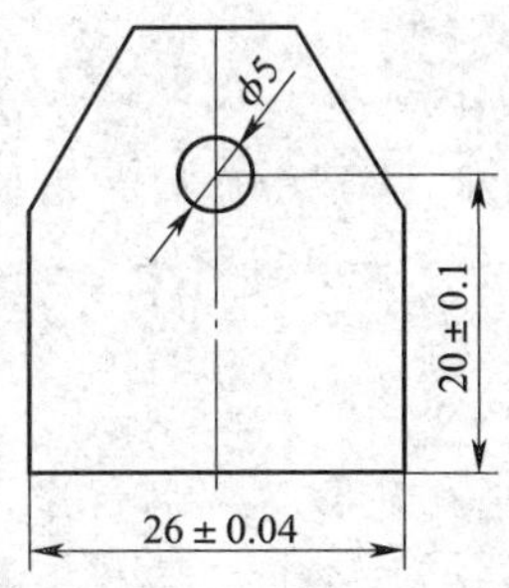

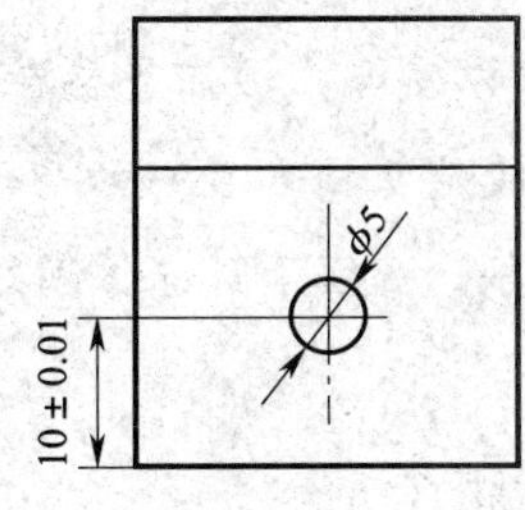

图 6—2　零件图

(3) 当毛坯在尺寸、形状、位置上存在误差和缺陷时，可将所选的基准位置进行适当调整（借料），使加工面留有必要的加工余量，并使其误差和缺陷能在加工后排除。

二、立体划线工具

立体划线工具除了平面划线的一般常用工具外，还包括以下几种：

1. 方箱

方箱采用铸铁制成，表面经磨削或刮削加工，相邻表面互相垂直，并制有 V 形槽，如图 6—3 所示，用于夹持工件，并能翻转位置划出工件上的垂直线。方箱一般附有夹持装置。

图 6—3　方箱

2. V 形架

V 形架用于安放圆柱形工件、划出中心线、找出中心等，如图 6—4 所示。通常由两个等高 V 形架一起使用。

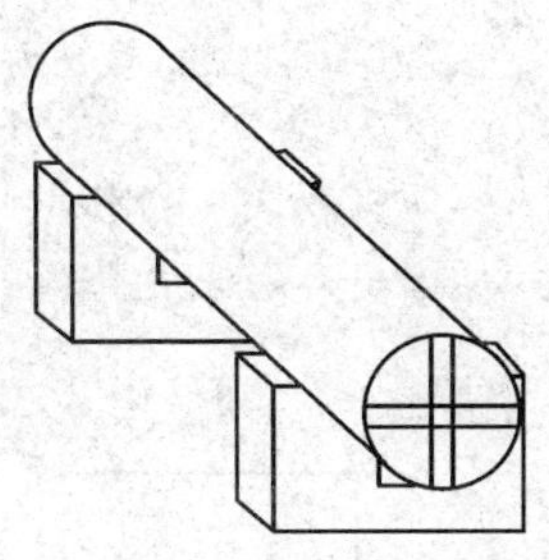

图 6—4　V 形架

1. 工作任务

本任务要求学生用划线工具在如图 6—2 所示的工件上划出孔加工线。

2. 任务分析

分析图 6—2 可以发现，该任务要在工件的两个方向上划出线条。需要在工件几个互成不同角度（一般是互相垂直）的表面上划线后才能明确表示加工界线的，称为立体划线。要完成任务，必须了解立体划线工具及其使用方法，掌握划线方法。

3. 实施步骤

(1) 工艺步骤

1）工、量具的准备（平板、游标高度尺、靠铁）。

2）检查来料，选择基准，对划线表面涂色。

3）按图样要求用游标高度尺划出两孔的中心线（正反两面都划出）。

4）根据图样上的要求复检所划的线，确认无误后，在孔中心打上样冲眼，转到下一任务。

(2) 操作步骤

1）将工件表面涂色并放在平板上。划尺寸为 20 mm 的中心线（反面也划出），如图 6—5 所示。

2）划出垂直方向的中心线（反面也划出），如图 6—6 所示。

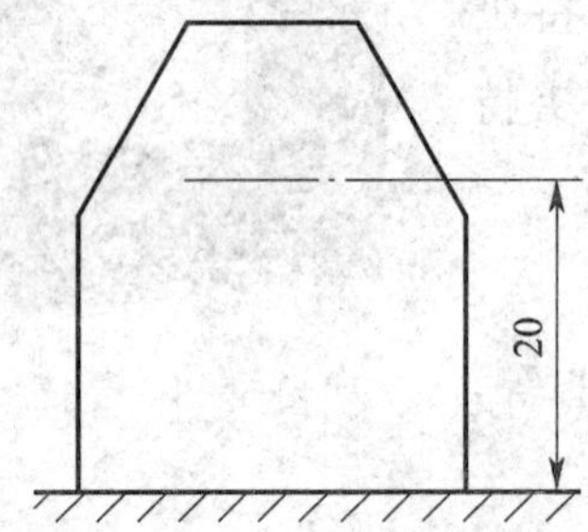

图 6—5 划出尺寸为 20 mm 的中心线

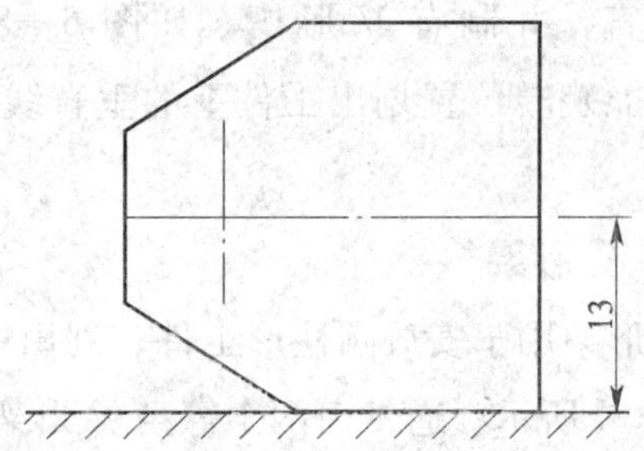

图 6—6 划出垂直方向的中心线

3）在平板上划出侧面尺寸为 10 的中心线（反面也划出），如图 6—7 所示。

4）划出垂直方向的中心线（反面也划出），如图 6—8 所示。

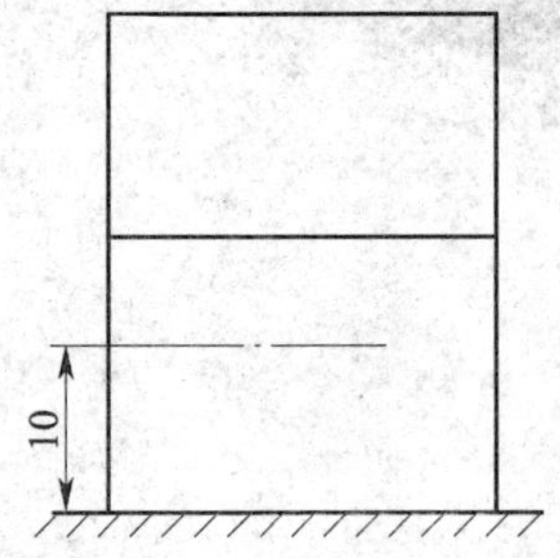

图 6—7 划出侧面尺寸为 10 mm 的中心线

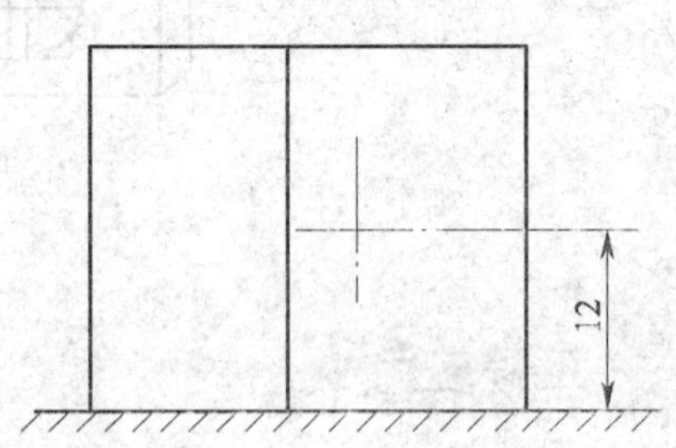

图 6—8 划出垂直方向的中心线

5）复查。

6）在中心位置打上样冲眼。

4. 注意事项

（1）划线前先要对图样进行分析。

（2）熟练掌握划线工具的使用方法，划线动作要做到正确、自然。

（3）划线时，游标高度尺底座要紧贴平板平面移动；划线压力要一致，使划出的线条准确、清晰、均匀。

（4）保证样冲眼位置准确。

（5）工、量具摆放整齐、合理。

5. 评分标准

序号	项目与技术要求	配分	评分标准	实测记录	得分
1	涂色薄而均匀	10	总体评定，酌情扣分		
2	线条清晰、无重线	24	线条不清晰或有重线每处扣3分		
3	尺寸及线条位置公差0.5 mm	24	每处超差扣3分		
4	样冲眼位置正确	12	冲偏一处扣3分		
5	工具使用正确，操作姿势正确	20	发现一处不正确扣2分		
6	安全文明操作	10	违者每次倒扣2分		
合计		100			

思考与练习

一、填空题

1. 需要在工件几个＿＿＿＿＿＿（一般是互相垂直）的表面上划线后才能明确表示加工界线的，称为立体划线。

2. 当毛坯在尺寸、形状、位置上存在误差和缺陷时，可将所选的基准位置进行适当调整（借料），使加工面留有必要的＿＿＿＿＿＿，并使其误差和缺陷能在加工后排除。

3. 方箱采用铸铁制成，表面经磨削或刮削加工，相邻表面＿＿＿＿＿＿，并制有＿＿＿＿＿＿槽，用于夹持工件。

二、简答题

1. 划线基准的选择原则是什么？

2. 大型工件的划线方法有哪些？

课题七 钻孔加工

学习目标

- 了解麻花钻的结构与切削角度。
- 掌握麻花钻的刃磨方法。
- 掌握钻床及附件的功用与使用。
- 掌握钻削用量的选择。
- 能够使用钻床进行钻孔操作。
- 掌握手电钻钻孔的方法。

想一想

汽车制造和维修都离不开钻孔加工。任何一种机器，没有孔是无法装配在一起的。选择适当的方法对孔进行加工是钳工的重要工作之一。你知道如图 7—1 所示的孔是如何加工出来的吗？在金属材料上加工孔会用到哪些工具？

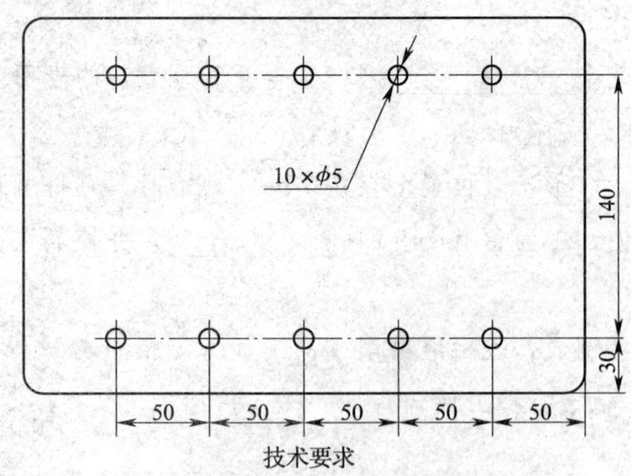

图 7—1 零件图

用钻头在实体材料上加工出孔的操作称为钻孔加工。钻孔只能加工要求不高的孔或作为孔的粗加工。

一、麻花钻

1. 标准麻花钻的结构

麻花钻是最常用的一种钻头，一般用高速钢制成，淬硬后为 62～68 HRC。其结构由柄部、颈部、工作部分组成，如图 7—2 所示。

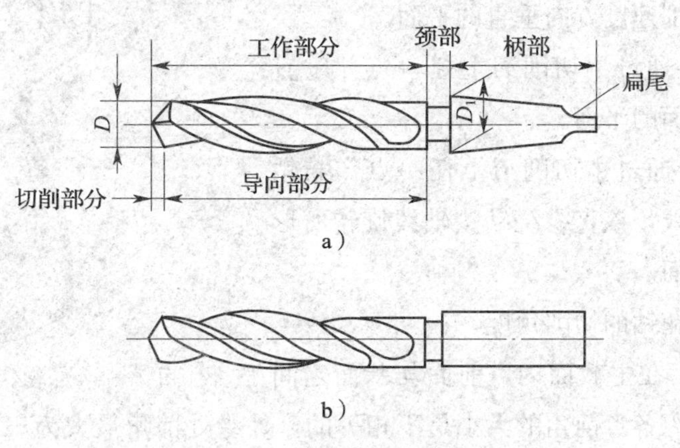

图 7—2　麻花钻的结构

a）锥柄　b）柱柄

（1）柄部

柄部是钻头夹持部分，用以夹持定心和传递动力，有锥柄和柱柄两种。一般直径小于 13 mm 的钻头做成柱柄，直径大于 13 mm 的做成锥柄。

（2）颈部

颈部是磨制钻头时供砂轮退刀用的。一般钻头的规格、材料和商标刻在颈部。

（3）工作部分

工作部分由导向部分和切削部分组成。

1）导向部分。用来保持麻花钻工作时的正确方向。导向部分有两条螺旋槽，其作用是形成切削刃、容纳和排除切屑，便于切削液沿着螺旋槽流入。同时导向部分的外缘是两条棱带，它的直径略有倒锥。这样既可以引导钻头切削时的方向，使它不致偏斜，又可以减少钻头与孔壁的摩擦。

2）切削部分。由两条主切削刃、一条横刃、两条副切削刃、两个前面、两个后面和两个副后面组成，如图 7—3 所示。

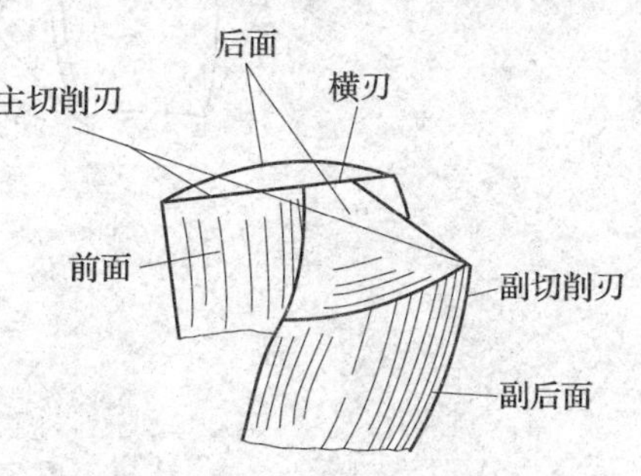

图 7—3　麻花钻的切削部分

2．标准麻花钻的切削角度

（1）辅助平面

如图 7—4 所示为麻花钻的辅助平面。

1）切削平面。由该点的切削速度方向与该点切削刃的切线所构成的平面。

2）基面。切削刃上任一点的基面是通过该点，而又与该切削速度方向垂直的平面。

3）主截面。通过主切削刃上任一点并垂直于切削平面和基面的平面。

4）柱截面。通过主切削刃上任一点作与钻头轴线平行的直线，该直线绕钻头轴线旋转所形成的圆柱面的切面。

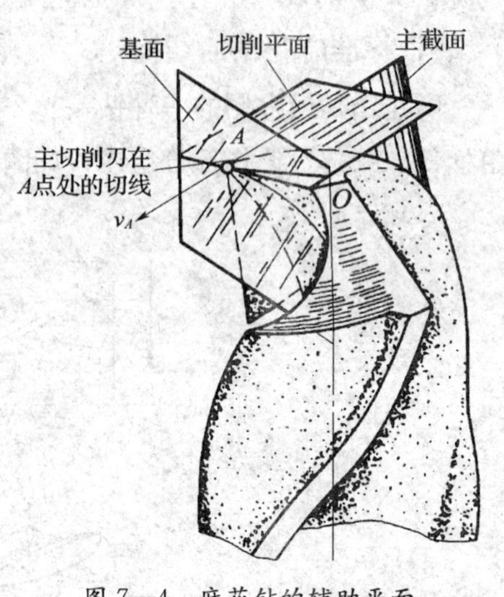

图 7—4　麻花钻的辅助平面

（2）标准麻花钻的切削角度

1）前角 γ_o。在主截面内，前面与基面之间的夹角。主切削刃各点前角的大小是不相等的，外缘处前角最大为＋30°，自外缘向中心逐渐减小，接近横刃处的前角为－30°，如图 7—5 所示。

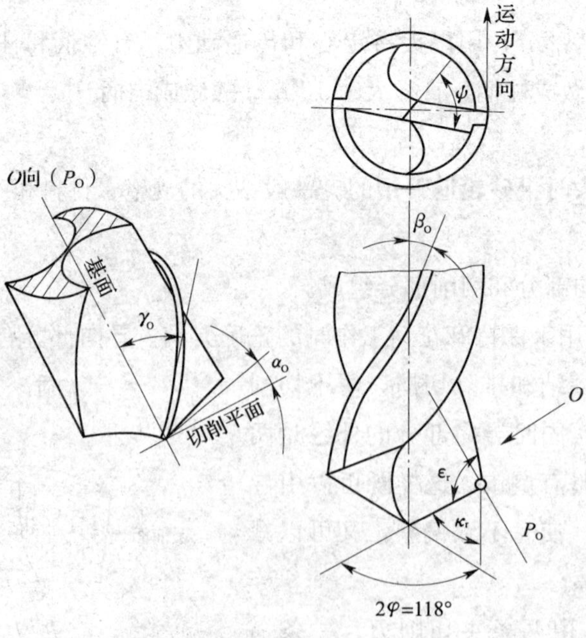

图 7—5　麻花钻的角度

2）后角 α_o。在柱截面内，后面与切削平面之间的夹角。主切削刃各点后角的大小是不相等的，外缘处后角较小，自外缘向中心逐渐增大，如图 7—6 所示。

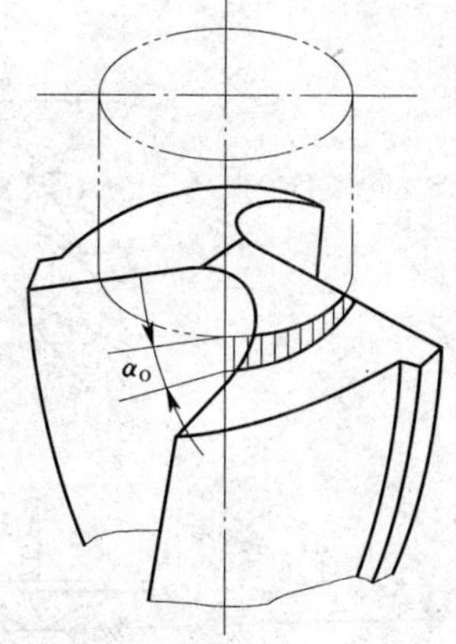

图 7—6　麻花钻的后角

3）顶角 2φ：两主切削刃在其平行平面上的投影之间的夹角。标准麻花钻顶角为 $2\varphi=118°+2°$，这时两主切削刃呈直线，如图 7—5 所示。

4）横刃斜角 ψ：横刃与主切削刃在钻头端面内的投影之间的夹角。一般为 50°～55°，如图 7—5 所示。

3．麻花钻的刃磨

（1）砂轮机的选择

需要选择一个安装有粒度为 60# 或 80# 的氧化铝砂轮的砂轮机。

（2）砂轮机的启动

按下砂轮机的启动按钮，使砂轮转动。

（3）两手握法

右手握住钻头的头部，左手握住柄部，如图 7—7 所示。

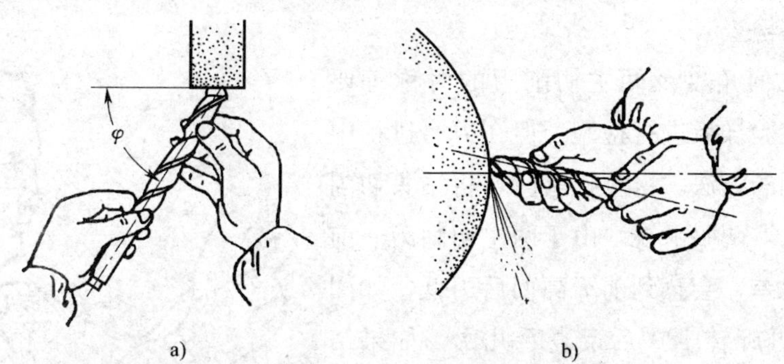

图 7—7　钻头刃磨时手的握法及与砂轮的相对位置

钻头与砂轮的相对位置：钻头轴线与砂轮圆柱母线在水平面内的夹角等于钻头顶角的一半，被刃磨部分的主切削刃处于水平位置。

（4）刃磨（见图 7—8）

操作者应站在砂轮侧面，身体与砂轮成 45°角，将主切削刃在略高于砂轮水平中心面处先接触砂轮，右手缓慢地使钻头绕其轴线由下向上转动，同时施加适当的刃磨压力，这样可使整个后面都磨到。左手配合右手做缓慢的同步下压运动，刃磨压力逐渐加大，这样便于磨出后角，如图 7—8b 所示，其下压的速度及其幅度随要求的后角大小而变；为保证外缘近中心处磨出较大后角，还应做适当的右移运动。刃磨时两手动作的配合要协调、自然。按此不断反复，两后面经常轮换，直到达到刃磨要求。

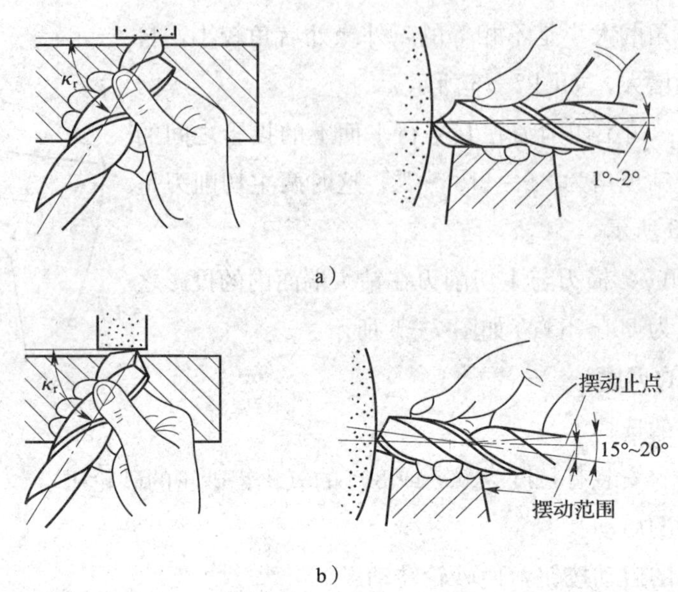

图 7—8　麻花钻的刃磨

a）刃磨顶角　b）刃磨后角

（5）刃磨检查

钻头的几何角度及两主切削刃的对称等要求，可利用检验样板进行检验，但在刃磨过程中经常采用目测的方法。目测检验时，将钻头切削部分向上竖立，两眼平视，由于两主切削刃一前一后会产生视差，会感到前刃高而后刃低，如图 7—9 所示；再旋转 180°后反复看几次，如果结果一样，就说明对称了。钻头外缘处的后角要求，可对外缘处靠近刃中部分后刀面的倾斜情况直接目测。近中心处的后角要求，可通过控制横刃斜角的合理数值来保证。

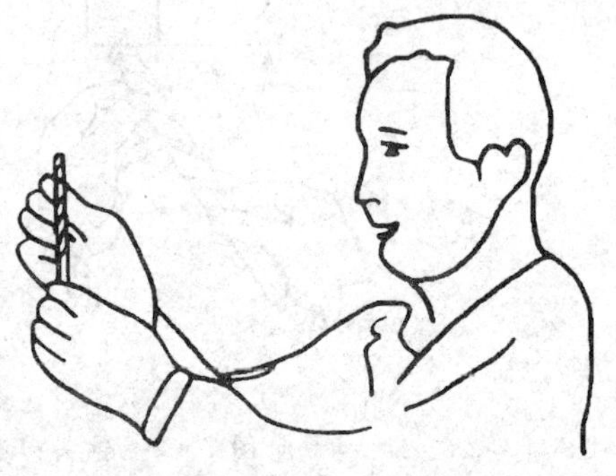

图 7—9　麻花钻的目测检查

标准麻花钻在刃磨后必须达到以下两点：一是两主切削刃长度相等且对称，二是横刃斜角 ψ 为 50°～55°。

（6）注意事项

1）砂轮机在使用过程中，如发现砂轮表面不平整或有较大跳动时，必须加以修正。

2）刃磨钻头时动作要做到正确自然，保证钻头几何形状和角度正确，并经常用水冷却。

二、钻床与附件的种类及应用

钻孔常用的钻床主要有台钻、立钻、摇臂钻三种，如图 7—10 所示。其中台钻常用于加工小型工件上直径小于 12 mm 的小孔；立钻一般用来加工中、小型工件上的孔；摇臂钻床主要用于加工大型或多孔的工件。

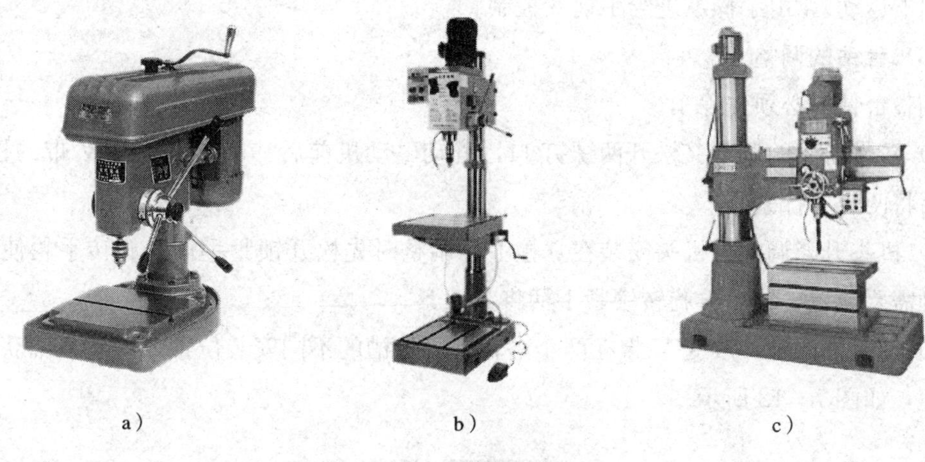

a） b） c）

图 7—10 钻床

a）台钻 b）立钻 c）摇臂钻

1．台钻的组成及操作

（1）台钻的结构及作用

台式钻床简称台钻，是一种小型钻床，主要由工作台、电动机、机头、立柱和底座等部分组成。其结构如图 7—11 所示。

1）机头。机头 3 装在立柱 10 上，用锁紧手柄 7 进行锁紧。主轴箱右侧为进给手柄 6。主轴下端的螺母 4 供更换或卸下钻夹头时使用。

2）立柱。截面为圆形，它的顶部是机头的升降机构。当机头靠旋转摇把 1 升到所需高度后，应将锁紧手柄 7 旋紧，将机头锁住。

3）电动机。松开螺钉 11，可推动电动机托板带动电动机前后移动，借以调节 V 带的松紧。

4）底座。底座 8 中间有一条 T 形槽，用来装夹工件或夹具，四角有安装用的螺栓孔。

5）电气部分。操作转换开关，可使主轴正、反转或停车。

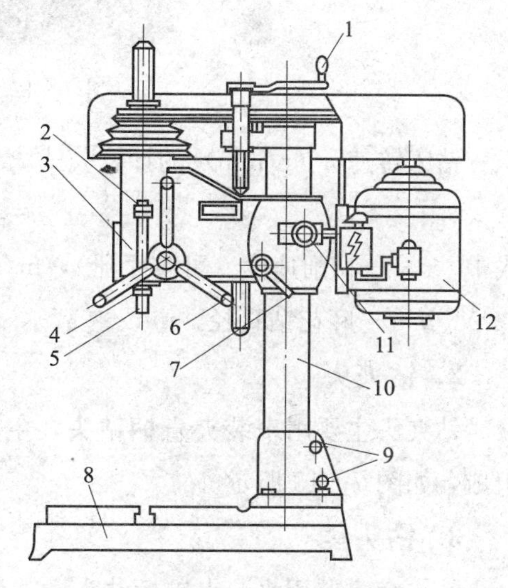

图 7—11 台钻示意图

1—旋转摇把 2—主轴 3—机头 4—螺母 5—主轴头部 6—进给手柄 7—锁紧手柄 8—底座 9—螺栓 10—立柱 11—螺钉 12—电动机

（2）传动系统

操纵电气转换开关能使电动机正转起动或停止。电动机的旋转动力分别由装在电动机和主轴箱上的五级 V 带轮（塔轮）和 V 带传给主轴。主轴的进给运动（即钻头沿轴线向下运动），由手操纵进给手柄 6 控制。

（3）台钻的调整

调整台钻时必须先停车。

1）V 带松紧的调整。松开两螺钉 11，推动电动机前后移动，来调整 V 带的松紧，调整后将两螺钉拧紧。

2）机头升降调整。机头安装在立柱上，调整时先松开锁紧手柄，旋转手轮使机头升降到需要位置，然后再旋转锁紧手柄将其锁紧。

3）转速的调整。改变 V 带在两个塔轮五级轮槽的不同安装位置，可使主轴获得五级转速，如图 7—12 所示。

图 7—12 台钻转速的调整

钻床转速 n（r/min）的计算公式为：

$$n=1\,000v/\pi d$$

式中 v——切削速度（可查手册），m/min；

d——麻花钻直径，mm。

2. 钻夹头

钻夹头主要用来装夹直柄钻头，主要由夹头体、夹头套、钥匙、夹爪和内螺纹圈组成，如图 7—13 所示。

3. 钻头套

钻头套主要用来装夹锥柄钻头，共分有五号，如图 7—14 所示。

1 号钻头套：内锥孔为 1 号莫氏锥度，外圆锥为 2 号莫氏锥度。

2 号钻头套：内锥孔为 2 号莫氏锥度，外圆锥为 3 号莫氏锥度。

3 号钻头套：内锥孔为 3 号莫氏锥度，外圆锥为 4 号莫氏锥度。

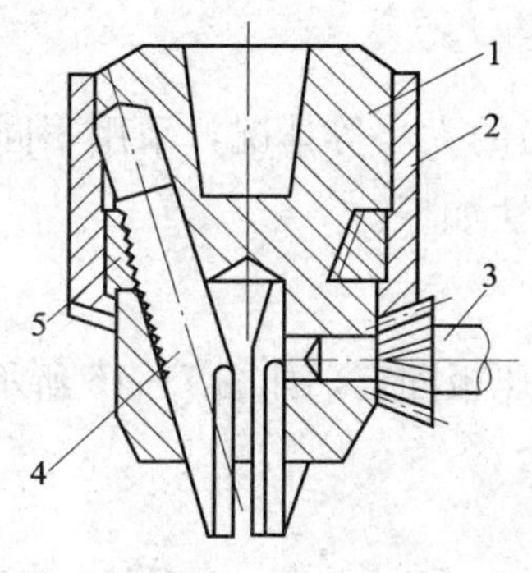

图 7—13　钻夹头

1—夹头体　2—夹头套

3—钥匙　4—夹爪　5—内螺纹圈

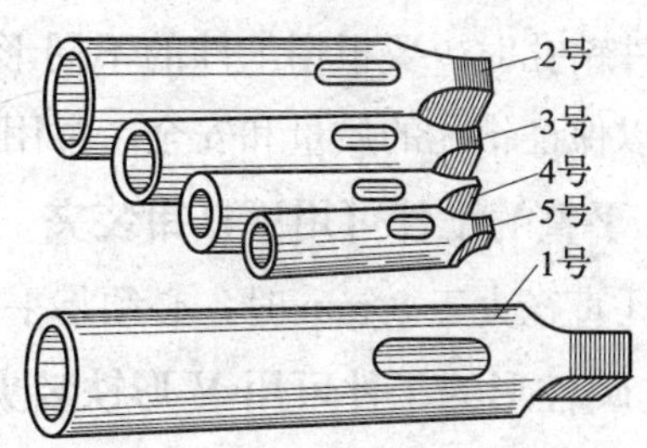

图 7—14　钻头套

4 号钻头套：内锥孔为 4 号莫氏锥度，外圆锥为 5 号莫氏锥度。

5 号钻头套：内锥孔为 5 号莫氏锥度，外圆锥为 6 号莫氏锥度。

三、钻削用量的选择

1．钻削用量（见图 7—15）

（1）切削速度

切削速度是指钻孔时钻头直径上一点的线速度。

（2）进给量

进给量是指主轴每转一圈钻头对工件沿主轴轴线的相对移动量。

（3）切削深度

切削深度是指已加工表面与待加工表面之间的垂直距离。

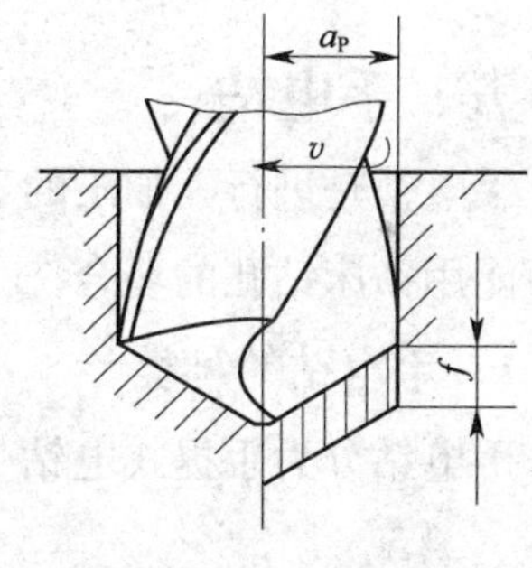

图 7—15　钻削用量

2．钻削用量的选择

（1）切削深度的选择

直径小于 30 mm 的孔一次钻出；直径为 30 mm 以上的孔可分两次钻削。

（2）进给量的选择

当孔的精度要求较高和表面粗糙度值要求较小时，应取较小的进给量。当钻深孔时，钻头较长，刚度和强度较差时，应取较小的进给量。

（3）钻削速度的选择

当钻头的直径和进给量确定后，钻削速度应按钻头的寿命选取合理的数值（可查有关手册）。

四、工件的装夹方法

工件钻孔时，要根据工件的不同形状以及钻削力的大小等情况，采用不同的装夹方法，以保证钻孔的质量和安全。常用的基本装夹方法如下：

1．平整的工件可用平口钳装夹

钻孔直径大于 8 mm 时，必须将平口钳用螺栓、压板固定，如图 7—16 所示。

2．圆柱形的工件可用 V 形铁装夹（见图 7—17）

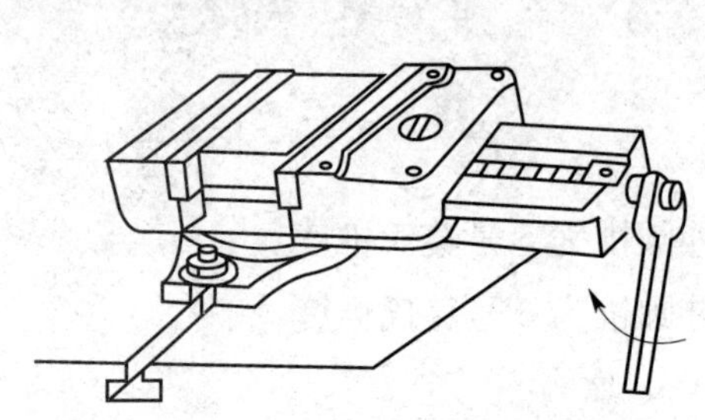

图 7—16　平口钳装夹工件

图 7—17　V 形铁装夹工件

五、手电钻

手电钻是进行孔加工的手提式电动工具，主要应用在受工件形状或加工部位的限制不能用钻床钻孔的场合。

1．手电钻的种类

手电钻分为手提式电钻（见图 7—18a）和手枪式电钻（见图 7—18b）两种类型。

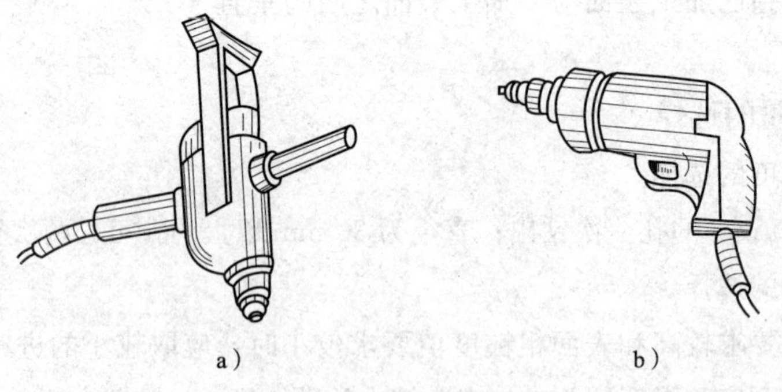

图 7—18　手电钻

a）手提式电钻　b）手枪式电钻

2．手电钻的结构

手电钻主要由钻夹头和机体两部分组成。钻夹头用来装夹直柄钻头，机体用来安装各种电气元件、变速按钮和电源开关等。

3. 手电钻的规格

手电钻的电源电压分单相（220 V、36 V）和三相（380 V）两种。

（1）单相电压的手电钻规格有 6 mm、10 mm、13 mm、19 mm、23 mm 五种。

（2）三相电压的手电钻规格有 13 mm、19 mm、23 mm 三种。

在使用时根据不同情况进行选择。

薄板材料的孔加工

1. 工作任务

在本任务中要求学生使用手电钻进行如图 7—1 所示工件的钻削加工，达到图样精度要求。

2. 任务分析

分析图 7—1 可知，要在薄板（$\delta=4$ mm）工件上钻 10 个 $\phi5$ mm 的孔，精度要求不高，故可用手电钻钻孔。

3. 实施步骤

（1）工量具的准备

5 mm 钻头、钻夹头钥匙、木板、手电钻、砂轮机、高度游标尺、游标卡尺。

（2）图样分析

如图 7—1 所示，需在薄板工件上钻 10 个 $\phi5$ mm 的孔，表面粗糙度 $Ra25$ μm，并保证孔距的精度。因精度要求不高，可用手电钻直接钻出。

（3）划线

按图样要求划出各孔的中心线，并用样冲在各孔中心位置上冲出样冲眼。

（4）钻头装夹

将刃磨好的 5 mm 钻头插入手枪式电钻钻夹头的三卡爪内，其夹持长度不能小于 15 mm，并用钻夹头钥匙按顺时针方向拧紧（取下钻夹头钥匙），如图 7—19 所示。

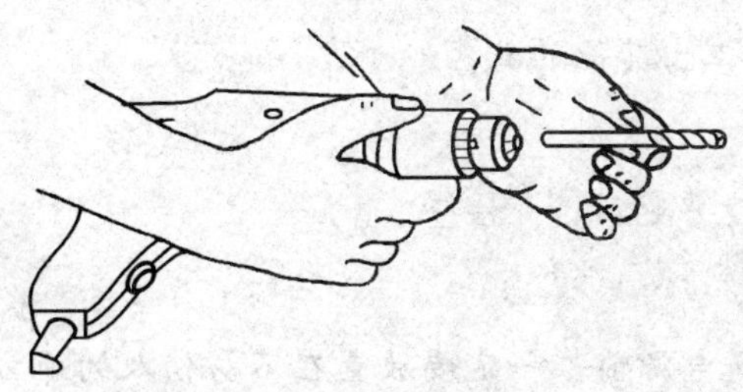

图 7—19　钻头装夹

(5) 固定工件

将工件平放在木板上，并将四周固定。

(6) 钻孔

1) 右手握手电钻柄部，左手用力压电钻上部，将钻头尖抵在样冲眼凹坑内，使钻头与被加工平面垂直，如图 7—20 所示。

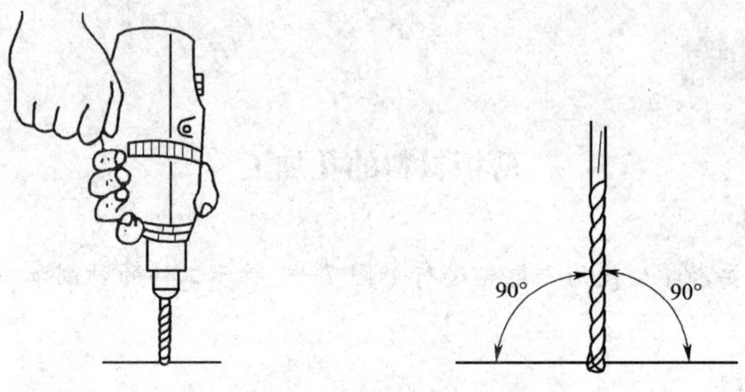

图 7—20　用手电钻垂直向下钻孔

2) 启动手电钻，并朝向钻孔的方向均匀用力（始终保持钻头与被加工平面垂直），如图 7—21 所示。

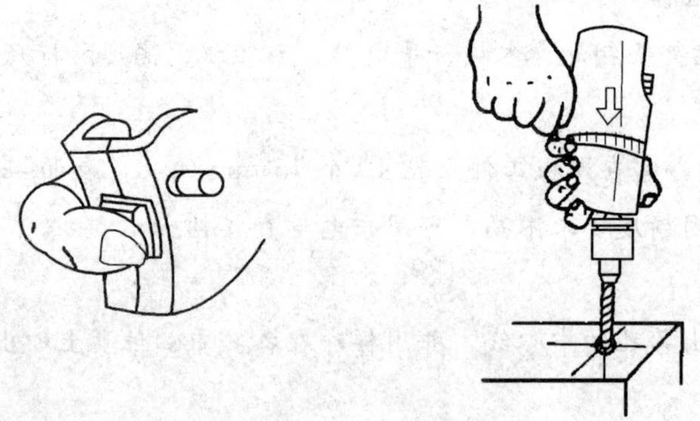

图 7—21　启动手电钻钻孔

3) 孔将要钻通时要减小压力，直到钻通。

4) 按同样的方法加工出其他的孔。

(7) 修整和检查

钻孔后孔口要用锉刀去毛刺，并检查。

4. 注意事项

(1) 手电钻在未接通电源前，一定要放置在不易伤人的地方。

(2) 用钻夹头装夹钻头时要用钻夹头钥匙，不可用手锤敲击。

(3) 手电钻使用前，须开机空转 1 min，检查转动部分是否正常。如有异常，应排除故障后再使用。

(4) 开动手电钻前，应检查是否有钻夹头钥匙插在钻轴上。

5. 评分标准

序号	项目与技术要求	配分	评分标准	实测记录	得分
1	工件安装正确	10	酌情扣分		
2	麻花钻安装正确	10	酌情扣分		
3	钻削姿势正确	10	酌情扣分		
4	起钻和钻孔方法正确	10	酌情扣分		
5	孔径及表面粗糙度达到要求	20	每一处超差扣 6 分		
6	尺寸达到要求	30	每一处超差扣 6 分		
7	安全文明操作	10	违者每次扣 2 分		
合计		100			

立体工件的孔加工

1. 工作任务

在本任务中要求学生使用麻花钻在台钻上进行如图 7—22 所示工件的钻削加工，达到图样精度要求。

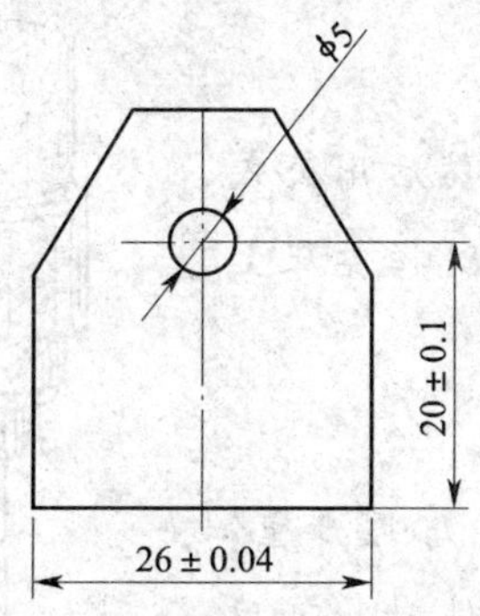

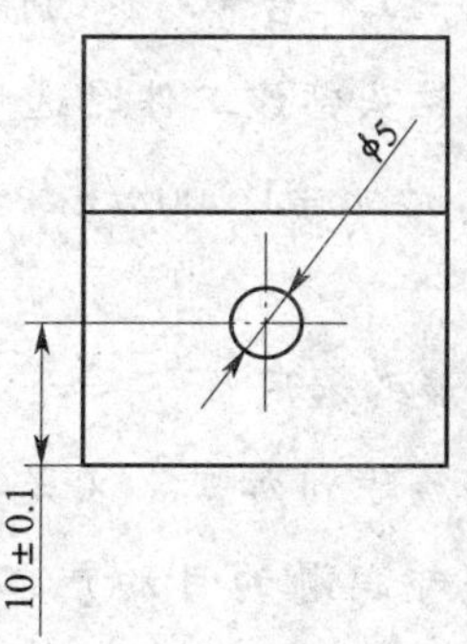

图 7—22 零件图

2. 任务分析

分析图 7—22 可知，要在长方体工件上钻 2 个 ϕ5 mm 的孔，可以选择台钻、摇臂钻或手电钻加工，但考虑到加工顺序和工件的装夹，采用台钻加工最合适。

3. 实施步骤

（1）工量具的准备

ϕ3 mm、ϕ5 mm 钻头、平口钳、钻夹头钥匙、台钻、砂轮机、游标高度尺、平板、游标卡尺。

（2）图样分析

如图 7—22 所示，需在工件上钻 2 个 ϕ5 mm 的孔，表面粗糙度值为 Ra12.5 μm，保证 2 个孔到基准的尺寸精度和空间相互位置。因精度要求不高，可在台钻上用麻花钻直接钻出。

（3）在工件钻孔位置上划线（见图 7—23）

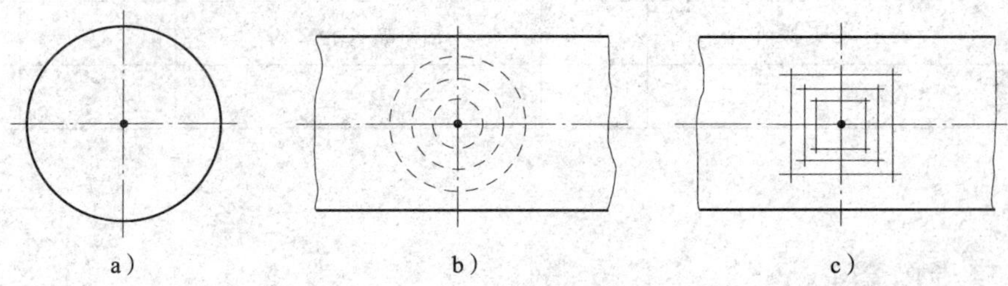

图 7—23　划线钻孔的方法

a）划孔的中心线和圆周线　b）划同心检验圆　c）划检验方格

划出检验同心圆或检验方格，主要用来检查起钻时孔的位置。

（4）钻头和工件的装夹

先将钻夹头装到主轴上，再将钻头装到钻夹头上，并用钻夹头钥匙将钻头夹紧，如图 7—24 所示。

（5）钻床、工作台和转速的调整

用高速钢钻头钻该工件时选用 v=16 m/min，然后用公式求出钻床转速 n。n=1 000v/πd≈1 019（r/min），选择钻床上相近的转速。

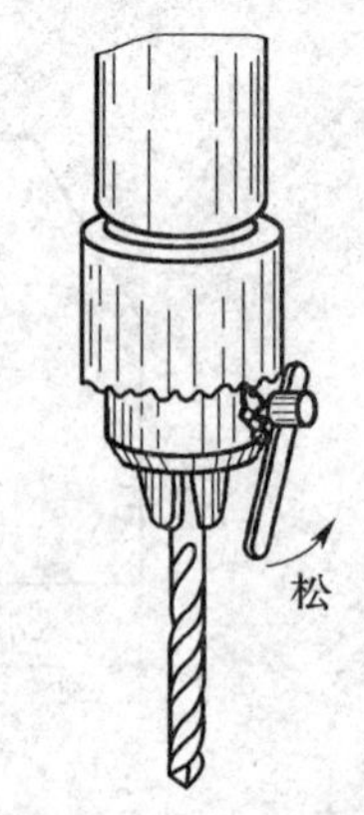

图 7—24　钻头装夹

（6）切削液的选用

钻孔一般属于粗加工，又是半封闭状态加工，摩擦严重，散热困难，冷却润滑的目的应以冷却为主。钻钢件时，可用 3%～5%的乳化液；钻铸铁时，可用 5%～8%的乳化液连续加注或不加注切削液；孔的精度要求较高和表面粗糙度值要求很小时，应选用主要起润滑作用的切削液，如菜油、猪油等。

(7) 用 $\phi3$ mm 钻头定心起钻

起钻时进给力小，先使钻头对准钻孔中心起钻一浅坑，观察位置是否正确，否则要不断校正。若偏移量较小，可在起钻的同时用力将工件向偏移的反方向推；若偏移量较大，可将偏移方向的一端抬高或在校正方向上打几个样冲眼，也可用油槽錾錾出几条槽，以减小该处的切削阻力，达到校正的目的，如图 7—25 所示。

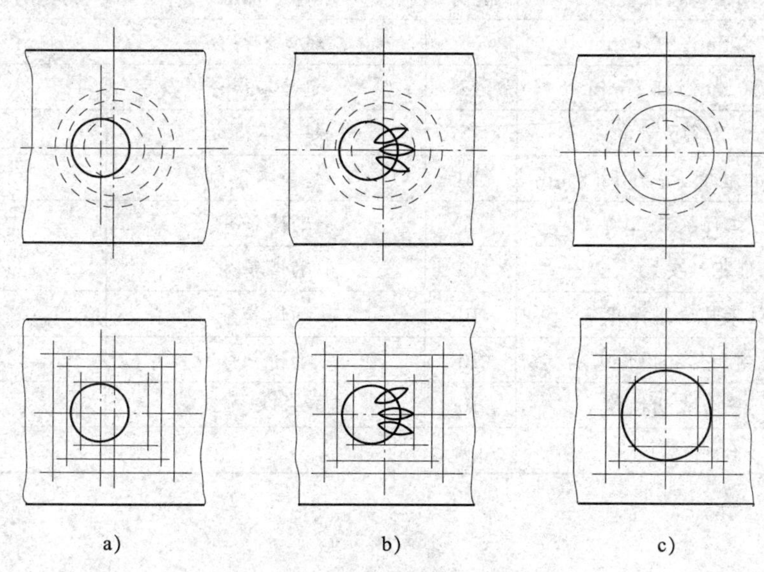

图 7—25　用錾槽校正起钻偏位的孔

(8) 手动进给钻孔

当起钻达到钻孔位置要求后，可夹紧工件，卸下 $\phi3$ mm 钻头，换上 $\phi5$ mm 钻头完成钻孔，并用毛刷加注乳化液。正常钻削时进给力不应使钻头产生弯曲；钻小直径孔或深孔时，进给力要小，并经常退钻排屑；将要钻穿时，进给力要减小。

(9) 钻另一个孔

钻孔完毕，退出钻头，按上述方法再加工另一面上的 $\phi5$ mm 孔。

(10) 钻孔完毕

关闭钻床电动机，卸下工件，根据图样上的要求复检，分析出孔位置误差的大小和方向。

4. 注意事项

(1) 用钻夹头装夹钻头时要用钻夹头钥匙，不可用手锤敲击。

(2) 操作钻床时不可戴手套，袖口必须扎紧；女生必须戴工作帽。

(3) 保证样冲眼位置准确，工件必须夹紧，孔将钻穿时要尽量减小进给力。

(4) 开动钻床前，应检查是否有钻夹头钥匙或斜铁插在钻轴上。

（5）钻孔时不可用手或用嘴吹来清除切屑，必须用毛刷清除。

（6）钻孔时操作者头部不准与主轴靠得太近；停车时应让主轴自然停止，不可用手刹住。

（7）必须在停车状态下装拆工件、检验工件和变换主轴转速。

5. 评分标准

序号	项目与技术要求	配分	评分标准	实测记录	得分
1	20 mm±0.1 mm	15	超差不得分		
2	10 mm±0.1 mm	15	超差不得分		
3	2×ϕ5 mm	15	超差不得分		
4	表面粗糙度 Ra 为 12.5 μm	10	超差不得分		
5	工件安装正确	5	酌情扣分		
6	麻花钻安装正确	10	酌情扣分		
7	钻床转速选择正确	10	酌情扣分		
8	起钻和钻孔操作正确	10	酌情扣分		
9	安全文明操作	10	违者每次扣 2 分		
合计		100			

思考与练习

一、填空题

1. 麻花钻由________、________和________组成。

2. 切削部分由两条__________、一条______、两条________、两个______面、两个________面和两个________面组成。

3. 当孔的精度要求较高和表面粗糙度值要求较小时，应取______的进给量。当钻深孔时，钻头较长，刚度和强度较差时，应取________的进给量。

4. 台钻用来加工小型工件上直径不大于______的孔，主要由______、________、________、______和______组成。

5. 钻夹头主要用来装夹________钻头，主要由______、______、____和内螺纹圈组成。

6. 手电钻分为__________和__________两种类型。

7. 手电钻主要由______和________两部分组成。

8. 手电钻的电源电压分________和________两种。

二、简答题

1. 什么是前角、后角、顶角和横刃斜角?
2. 标准麻花钻的刃磨要求是什么?
3. 砂轮的种类有哪几类? 分别适用于什么刀具?
4. 什么叫钻孔?
5. 钻孔的特点是什么?
6. 怎么选择钻削用量?
7. 手电钻主要应用在什么场合?
8. 使用手电钻时有哪些注意事项?

课题八 扩孔与锪孔加工

学习目标

- 了解扩孔钻的特点及种类。
- 掌握扩孔钻切削用量的选择方法。
- 能刃磨扩孔钻并进行扩孔。
- 了解锪孔的形式、作用及锪孔钻的种类、特点。
- 掌握锪孔切削用量的确定及锪孔方法。
- 能用麻花钻改磨锪钻。

想一想

汽车在制造和装配过程中有很多孔的精度要求较高，为了获得精度较高的孔，经常在已加工好的孔的基础上，通过专用工具——扩孔钻，对孔进行进一步加工，使孔达到所需精度。你知道如图 8—1 所示的孔是怎么加工的吗？如何达到精度要求呢？

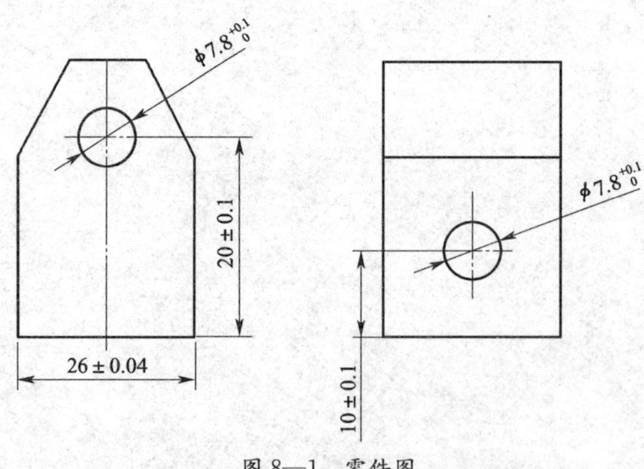

图 8—1　零件图

一、扩孔

1．扩孔与特点

（1）扩孔

用扩孔钻对工件上已有孔进行扩大加工的操作。

（2）特点

1）切削深度较钻孔时大大减小，切削阻力小，切屑易排出。

2）避免了横刃切削所引起的不良影响。

3）扩孔钻刀齿多，导向性好，切削稳定。

4）加工质量较高（尺寸精度达到IT10～IT9，表面粗糙度 Ra 为 12.5～3.2 μm）。

2．切削用量

（1）切削深度 a_p 如图 8—2 所示，有：

$$a_p = (D-d)/2$$

式中　D——加工孔径；

d——底孔直径。

（2）进给量为钻孔的 1.5～2 倍。

（3）切削速度为钻孔的 1/2。

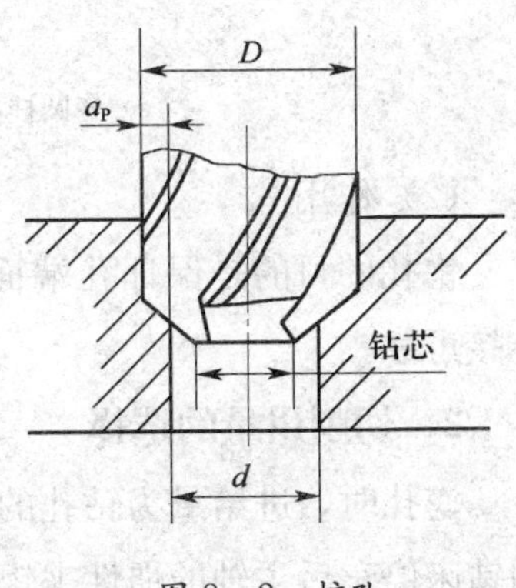

图 8—2　扩孔

3．扩孔钻

由于扩孔条件大大改善，所以扩孔钻的结构与麻花钻相比有了较大区别。

其结构特点是：

（1）因中心不参与切削，没有横刃，切削刃只做成靠边缘的一段。

（2）因扩孔产生的切屑体积小，不需大容屑槽，从而扩孔钻可以加粗钻芯，提高刚度，使切削平稳。

（3）由于切屑槽较小，扩孔钻可做出较多刃齿，增强导向作用。一般整体式扩孔钻有 3～4 个齿。

（4）因切削深度较小，切削角度可取较大值，使切削省力。扩孔钻多用于大量生产中。

将麻花钻刃磨成扩孔钻的方法：在标准麻花钻的基础之上刃磨后面减小后角、刃磨外缘处前面减小外缘处的前角。

二、锪孔

1．锪孔与特点

（1）锪孔

锪孔是指用锪钻在孔口表面加工出一定形状的方法。常见锪孔的应用如图 8—3 所示。

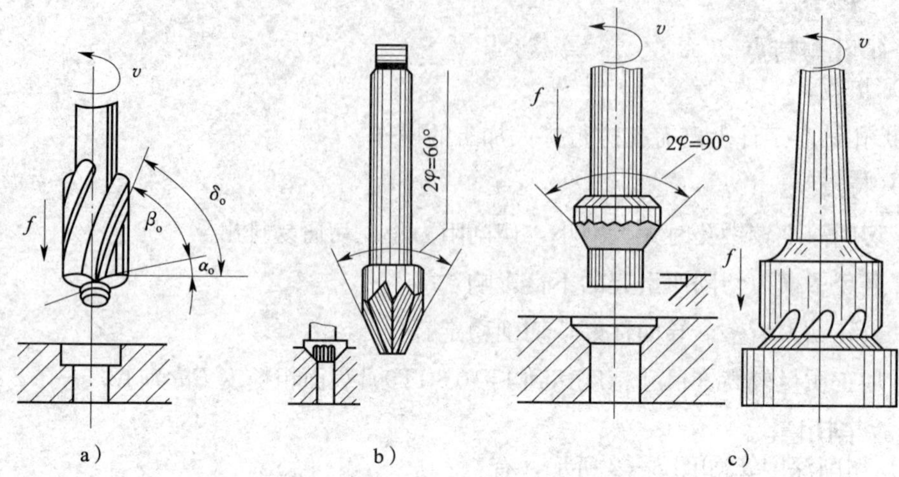

图 8—3　锪孔的应用

a）锪圆柱埋头孔　b）锪锥形埋头孔　c）锪孔口凸台平面

（2）作用

锪孔的目的是保证孔端面与孔中心线的垂直度，以使与孔连接的零件位置正确、连接可靠。

2．切削用量的选择

锪孔时，进给量为钻孔的 2～3 倍，切削速度为钻孔的 1/3～1/2。精锪时，可以利用钻床停车后主轴的惯性来锪孔，以减小振动而获得光滑表面。

3．用麻花钻改制锪钻

尽量选用较短的钻头来改磨锥形锪钻，顶角为 90°，并修磨前面，减小前角，以防止扎刀和振动；同时减小后角，防止出现多角形，如图 8—4 所示。

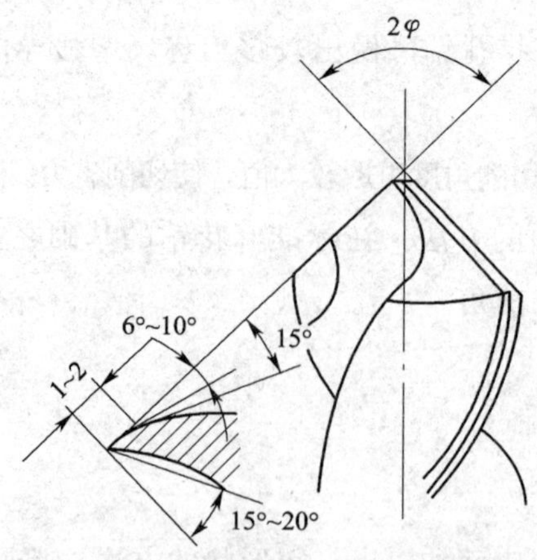

图 8—4　麻花钻改制锥形锪钻

工件的扩孔

1. 工作任务

本任务主要是将上一任务中的孔扩大到 ϕ7.8 mm，使其达到图样要求。毛坯是上一任务转下来的材料。工件图如图 8—1 所示。

2. 任务分析

上一任务已经讲解了钻孔的基本方法和切削用量的选择方法，本任务重点解决扩孔时的应用。如图 8—1 所示，在原有孔的基础上将孔扩大。为了完成任务，必须了解扩孔的特点，会刃磨扩孔钻，能用麻花钻改制的扩孔钻进行扩孔。

3. 实施步骤

(1) 工量具的准备，如 ϕ7.8 mm 麻花钻、砂轮机、台钻、钻夹头、平口钳、台虎钳和 ϕ6 mm 圆锉刀。

(2) 将标准麻花钻刃磨成扩孔钻，主要是刃磨后面以减小后角，刃磨前面以减小外缘处的前角，防止扎刀。

(3) 分析出上一任务孔位置的误差大小和方向，然后用圆锉刀修整中心距。

(4) 转速调整（切削速度为钻孔时的一半），将 V 带调整到钻床最低转速的位置。

(5) 钻头和工件的装夹。钻头柄部装夹在钻夹头上，工件装夹在平口钳上（保证工件的上平面与主轴轴线垂直）。

(6) 用 ϕ7.8 mm 扩孔钻进行扩孔，孔径不能大于 ϕ7.9 mm，并保证孔的位置精度和表面粗糙度。

(7) 根据图样上的要求复检。

4. 注意事项

(1) 正确使用砂轮机和钻床。

(2) 扩孔时的切削速度要低。

5. 评分标准

序号	项目与技术要求	配分	评分标准	实测记录	得分
1	砂轮的选择正确	5	酌情扣分		
2	动作姿势正确、自然	5	酌情扣分		
3	刃磨时要冷却	10	酌情扣分		

续表

序号	项目与技术要求	配分	评分标准	实测记录	得分
4	两主切削刃对称度 0.1 mm	10	超差不得分		
5	工件安装正确	10	酌情扣分		
6	麻花钻安装正确	10	酌情扣分		
7	钻床转速选择正确	10	酌情扣分		
8	20 mm±0.1 mm	10	超差不得分		
9	10 mm±0.1 mm	10	超差不得分		
10	2×$\phi 7.8^{+0.1}_{0}$ mm	10	超差不得分		
11	安全文明操作	10	违者每次扣 2 分		
	合计	100			

工件的锪孔

1. 工作任务

本任务主要是用锪孔钻对上一任务中的两孔孔口倒 C1 的角，使其达到图样要求。毛坯是上一任务转下来的材料，工件如图 8—5 所示。

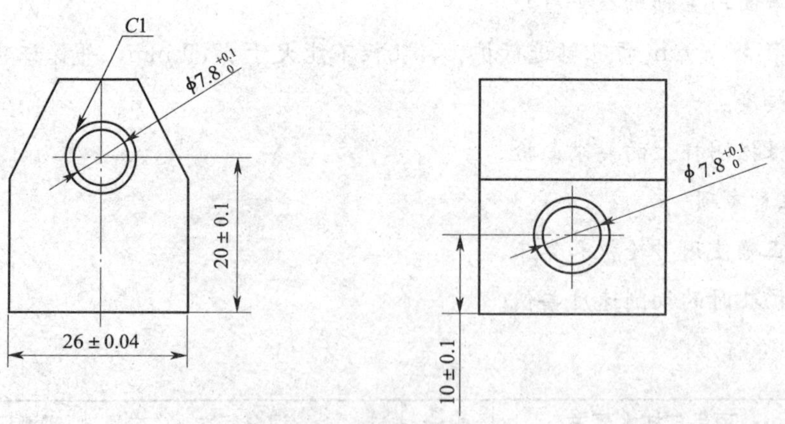

图 8—5　零件图

2. 任务分析

为了保证铰刀能顺利进入工件孔内进行铰孔，就必须对已有孔进行孔口倒角。为了完成任务，要了解标准麻花钻改磨成锪孔钻的方法，并掌握锪孔方法。

3. 实施步骤

(1) 工量具的准备

ϕ10 mm 麻花钻、砂轮机、台钻、钻夹头、平口钳、台虎钳和 ϕ6 mm 圆锉刀。

(2) 锥形锪钻的刃磨

在标准麻花钻的基础之上，修磨后面减小后角，并将顶角磨成 90°；修磨前面，减小外缘处前角。

(3) 钻床转速的调整

切削速度为钻孔的 1/3～1/2，将 V 带调整到钻床最低转速的位置。

(4) 锪钻和工件的装夹

用钻夹头装夹锪钻，用平口钳装夹工件，保证工件上平面与主轴轴线垂直。

(5) 锪 $C1$ 的锥孔。

(6) 根据图样上的要求复检。

4. 注意事项

(1) 正确使用砂轮机。

(2) 刃磨锪钻时动作要做到正确、自然，并保证锪钻几何形状和角度正确。

(3) 用钻夹头装夹钻头时要用钻夹头钥匙，不可用手锤敲击。

(4) 锪孔时的切削用量要选择正确。

5. 评分标准

序号	项目与技术要求	配分	评分标准	实测记录	得分
1	砂轮的选择正确	5	酌情扣分		
2	动作姿势正确、自然	5	酌情扣分		
3	刃磨时要冷却	10	酌情扣分		
4	$C1$ 倒角角度正确	30	一处扣 10 分		
5	两主切削刃对称度 0.1 mm	10	超差不得分		
6	工件安装正确	10	酌情扣分		
7	锪钻安装正确	10	酌情扣分		
8	钻床转速选择正确	10	酌情扣分		
9	安全文明操作	10	违者每次扣 2 分		
合计		100			

思考与练习

一、填空题

1. 切削深度a_p是已加工表面与待加工表面之间的______距离。

2. 用麻花钻刃磨成扩孔钻：在标准麻花钻的基础之上刃磨后面______后角、刃磨外缘处前面______外缘处的前角。

3. 扩孔钻可做出较多刃齿，增强_______作用。一般整体式扩孔钻有_______个齿。

4. 用锪钻对孔口表面加工出一定形状的方法，称为_______。

5. 锪孔的目的是保证孔端面与孔中心线的______，以使与孔连接的零件位置正确、连接可靠。

6. 锪孔时，进给量为钻孔的______倍，切削速度为钻孔的______。精锪时，可以利用钻床______后主轴惯性来锪孔，以减小振动而获得光滑表面。

二、简答题

1. 什么是扩孔？

2. 扩孔有何特点？

3. 扩孔钻的结构特点有哪些？

4. 什么是锪孔？

5. 锪孔时的切削用量怎么选择？

6. 锪孔钻有哪几种类型？

课题九 铰孔加工

学习目标

- 了解铰削的作用及铰刀的种类及结构。
- 掌握铰削切削用量的确定及切削液的选用。
- 能够按正确的操作规程进行铰孔，并达到图样要求。

想一想

当对加工出来的孔有较高的加工精度要求时，直接用麻花钻就很难达到要求了，这时就要采用另一种加工形式——铰孔，对孔进行进一步加工，使孔达到所需的精度要求。你想知道如图 9—1 所示高精度要求的孔是如何加工的吗？

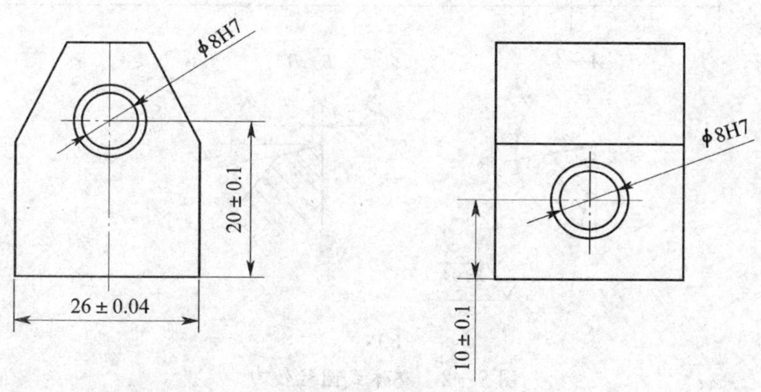

图 9—1　零件图

一、铰孔

1. 铰孔

用铰刀从工件孔壁上切除微量金属层，以提高其尺寸精度和减小表面粗糙度值的方法，称为铰孔。

2．铰削的特点

由于铰刀的刀齿数量多、切削量小，故切削阻力小、导向性好、加工精度高（一般可达 IT9～IT7 级），表面粗糙度可达 $Ra1.6\ \mu m$。

二、整体圆柱铰刀

1．铰刀的组成

铰刀由柄部、颈部和工作部分组成，如图 9—2 所示。其中，工作部分由切削部分和校准部分组成。

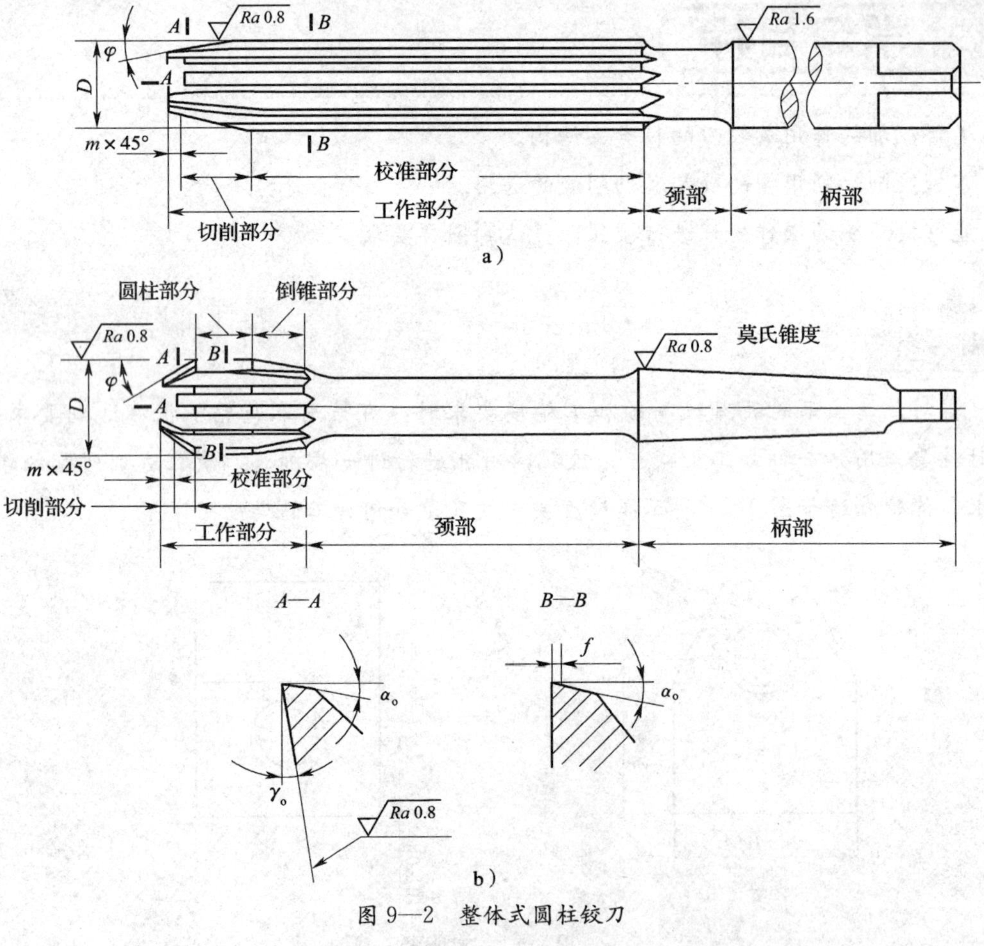

a）

b）

图 9—2 整体式圆柱铰刀

a）手用铰刀 b）机用铰刀

（1）切削部分

切削部分主要起切削作用。

（2）校准部分

校准部分有棱边，主要起导向、修光、保证孔径等作用。

2．整体圆柱铰刀的分类

（1）手用铰刀（见图 9—2a）

切削部分较长，这样定心作用好，铰削时轴向力较小。

校准部分较长，有倒锥，倒锥量较小，这样可以避免铰刀的后面摩擦孔壁，导向性好。

齿距在圆周上是不均匀分布的，这样可以防止刀痕重叠、产生振痕。

（2）机用铰刀（见图 9—2b）

切削部分较短。

校准部分较短，有倒锥，倒锥量较大，为了减小摩擦和防止孔口扩大，其导向性主要由机床保证。

齿距在圆周上是均匀分布的，因为机用铰刀是连续切削，不存在刀痕重叠现象。

三、其他类型的铰刀

1．可调节手铰刀

可调节手铰刀的铰刀直径可以在一定范围内调节，常用来铰削非标准孔，如图 9—3 所示。

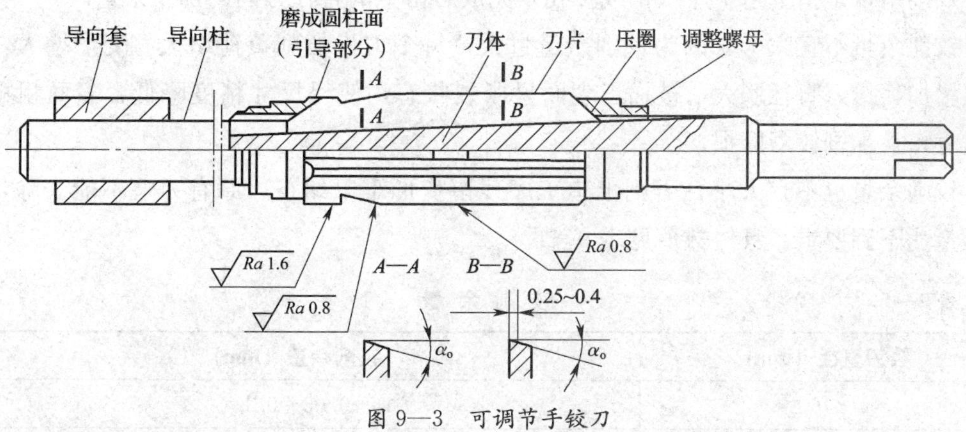

图 9—3　可调节手铰刀

2．锥铰刀（见图 9—4）

铰削尺寸较小的圆锥孔时，可先按小端直径并留取圆柱孔精铰余量钻出圆柱孔，然后用锥铰刀铰削即可。对尺寸和深度较大的锥孔，为减小铰削余量，铰孔前可先钻出阶梯孔，然后再用铰刀铰削。铰削过程中要经常用相配的锥销来检查铰孔尺寸（以手推进，头部露出 5～8 mm），如图 9—5 所示。

3．螺旋槽手铰刀

铰削有键槽的孔时，应采用螺旋槽手铰刀，否则刀刃会与键槽边干涉，而使铰削无法进行。同时，螺旋槽手铰刀可以控制切屑流出的方向，如图 9—6 所示。

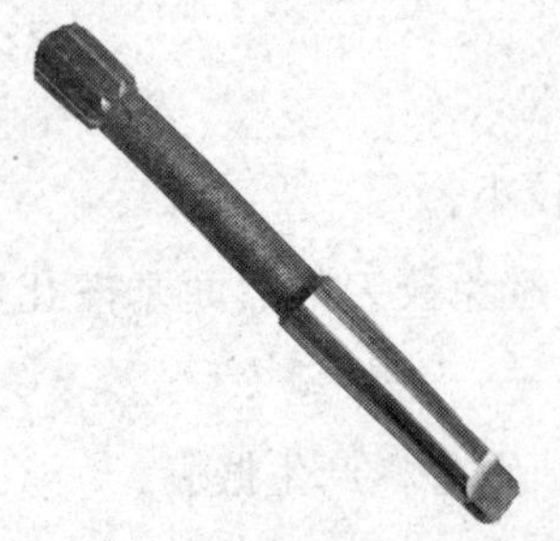
图 9—4　锥铰刀

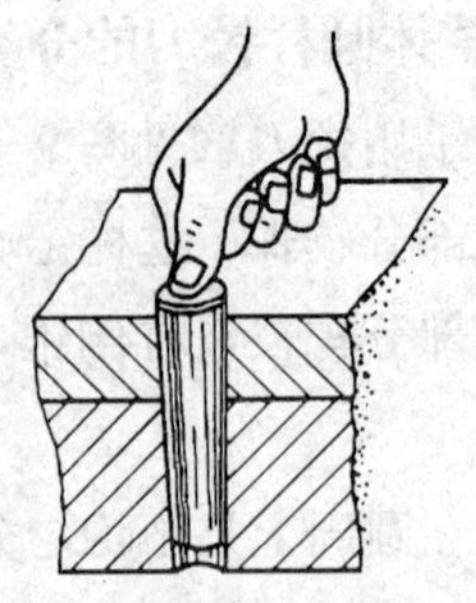
图 9—5　用锥销检查孔尺寸

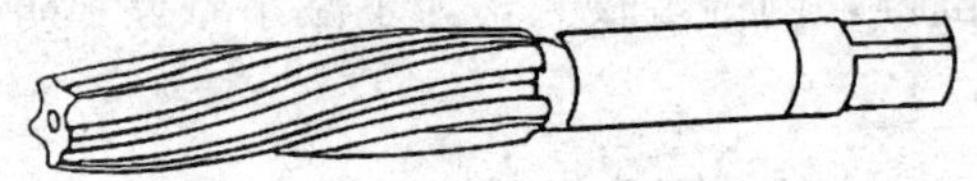
图 9—6　螺旋槽手铰刀

四、铰削用量

铰削用量包括铰削余量（$2a_p$）、切削速度（v）和进给量（f）。

1．铰削余量（$2a_p$）

铰削余量是指上道工序（钻或扩孔）完成后留下的直径方向的加工余量。

铰削余量不宜太大，因为铰削余量过大，每个刀齿切削负荷增大，变形增大，切削热增加，铰刀直径胀大，被加工表面呈撕裂状态，使得尺寸精度降低、表面粗糙度值增大，且加剧铰刀磨损。

铰削余量也不宜太小，否则上道工序残留变形难以纠正，原有刀痕不能去除，铰削质量达不到要求。具体数值见表 9—1。

表 9—1　　铰削余量

铰刀直径（mm）	铰削余量（mm）
≤6	0.05～0.1
6～18	一次铰：0.1～0.2 二次铰、精铰：0.1～0.15
18～30	一次铰：0.2～0.3 二次铰、精铰：0.1～0.15
30～50	一次铰：0.3～0.4 二次铰、精铰：0.15～0.25

2．机铰切削速度（v）

确定机铰的切削速度时，为了得到较小的表面粗糙度值，必须避免产生刀瘤，减少切削热及变形，因而应采取较小的切削速度。

用高速钢铰刀铰钢件时，v=4～8 m/min；铰铸铁时，v=6～8 m/min；铰铜件时，v=8～12 m/min。

3．机铰进给量（f）

进给量要适当，过大铰刀易磨损，也影响加工质量；过小则很难切下金属材料，对材料形成挤压，使其产生塑性变形和表面硬化，最后形成刀刃撕去大片切屑，增大表面粗糙度值，加快铰刀磨损。

机铰钢件及铸件时，f=0.5～1 mm/r；机铰铜、铝件时，f=1～1.2 mm/r。

五、铰削操作方法

（1）在手铰起铰时，可用右手沿铰孔轴线方向施加进刀压力，左手转动铰刀。正常铰削时，两手用力要均匀、平稳地旋转，不得有侧压力，同时适当加压，使铰刀均匀地进给，以保证铰刀正确引进和获得较小的表面粗糙度值，并避免孔口成喇叭形或将孔径扩大。

（2）手铰时，要变换每次的停歇位置，以防止铰刀在同一处停歇而造成的振痕。

（3）铰刀铰孔或退出铰刀时，铰刀均不能反转，以防止刃口磨钝以及切屑嵌入刀具后面与孔壁间，将孔壁划伤。

（4）机铰时，应使工件一次装夹进行钻、铰工作，以保证铰刀中心线与钻孔中心线一致。铰毕后，要铰刀退出后再停车，以防孔壁拉出痕迹。

六、铰孔时的冷却润滑

铰削时必须选用适当的切削液来减少摩擦并降低刀具和工件的温度，防止产生积屑瘤，并避免切屑细末黏附在铰刀刀刃上及孔壁和铰刀的刃带之间，从而减小加工表面粗糙度值与孔的扩大量。铰削切削液见表 9—2。

表 9—2　　**铰削切削液**

加工材料	切　削　液
钢	1. 10%～20%乳化液 2. 30%工业植物油加 70%的浓度为 3%～5%的乳化液 3. 工业植物油
铸铁	1. 不用 2. 煤油（会引起孔径缩小） 3. 3%～5%乳化液
铝	1. 煤油 2. 5%～8%乳化液
铜	5%～8%乳化液

工件的铰孔

1. 工作任务

本任务主要是将 $\phi7.8$ mm 的孔铰削成 $\phi8H7$。毛坯是锪孔任务转下来的材料，工件如图 9—1 所示。

2. 任务分析

分析图样可知，为了完成任务，就必须掌握铰刀的结构、切削余量的选择、铰孔的方法及孔精度的保证、检查方法。

3. 实施步骤

(1) 工量具及切削液的准备，如 $\phi8H7$ 手用铰刀、铰杠、机油、游标卡尺和台虎钳。

(2) 工件和铰刀的装夹

将工件夹在台钳上，孔的轴线要与钳口平面垂直。

铰刀夹在铰杠上，铰刀柄部的方榫装在铰杠的方孔中并拧紧。

(3) 用手铰刀进行铰孔

注意铰刀只能正转，不能反转，铰孔时两手用力要均匀。

(4) 根据图样上的要求复检。

4. 注意事项

(1) 选择对应精度的铰刀。

(2) 工件必须夹紧，进给力要小。

(3) 退刀时铰刀要正转，不能反转。

5. 评分标准

序号	项目与技术要求	配分	评分标准	实测记录	得分
1	铰削余量选择正确	15	酌情扣分		
2	动作姿势正确、自然	5	酌情扣分		
3	切削液的选择合理	5	酌情扣分		
4	铰削方法正确	20	一处扣 5 分		
5	退刀方法正确	15	超差不得分		
6	$\phi8H7$	15	酌情扣分		
7	$Ra1.6$ μm	15	酌情扣分		
8	安全文明操作	10	违者每次扣 2 分		
合计		100			

思考与练习

一、填空题

1. 铰削的特点：由于铰刀的刀齿数量_____，切削量_____，故切削阻力_____，导向性______，加工精度高，一般可达______级，表面粗糙度达______。

2. 铰刀由_________、_________和________组成。其中工作部分由________和__________组成。

3. 铰削用量包括__________、________和________。

4. 铰削余量是指上道工序（钻或扩孔）完成后留下的______方向的加工余量。

二、简答题

1. 什么是铰孔？

2. 铰削余量为何不能太大也不能太小？

课题十 螺纹加工

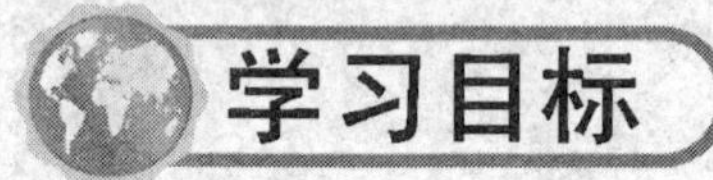

学习目标

- ◆ 了解螺纹加工工具的结构特点、类型及使用方法。
- ◆ 掌握攻螺纹前底孔直径和深度的计算方法手攻螺纹的方法及要点。
- ◆ 掌握套螺纹前圆杆直径的计算、套螺纹方法与要点，以及螺纹卡规的使用。
- ◆ 能够正确进行攻螺纹、套螺纹操作。

想一想

在汽车组装中，有一种十分常见的连接方式——螺纹连接。它是依靠螺纹连接件将需要连接的部分连接起来的。由于其具有可重复性，所以在汽车连接中被广泛使用。你知道如图 10—1 所示的螺纹是如何加工的吗？

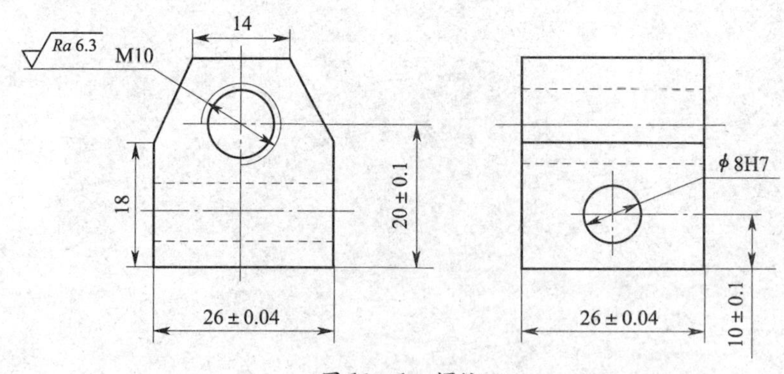

图 10—1　螺纹

螺纹加工是金属切削的重要内容之一。螺纹的加工方法是多种多样的，比较精密的螺纹一般在车床等专用设备上加工，而钳工只能加工三角螺纹（米制三角螺纹、英制三角螺纹、管螺纹），可称作攻螺纹和套螺纹。

一、攻螺纹

用丝锥在工件上加工内螺纹的方法叫攻螺纹，如图 10—2 所示。攻螺纹所用工具有丝锥和铰杠。

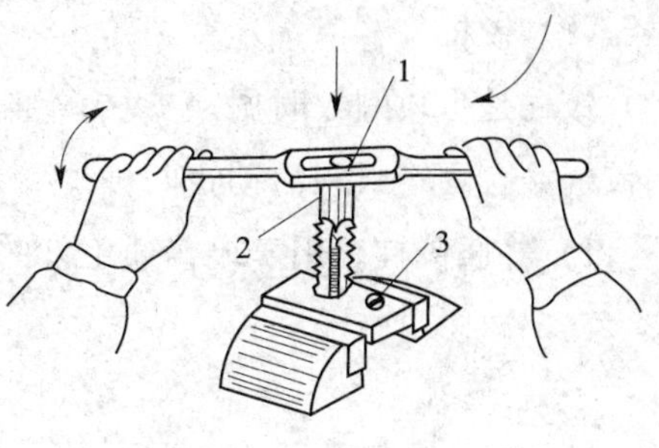

图 10—2　手攻螺纹

1—铰杠　2—丝锥　3—工件

1．攻螺纹用的工具

(1) 丝锥

丝锥分为手用丝锥和机用丝锥，如图 10—3 所示。机用丝锥一般用于车床上攻螺纹，一次攻制成形。它的结构与手用丝锥相似，只是在柄部多了一条环形槽。

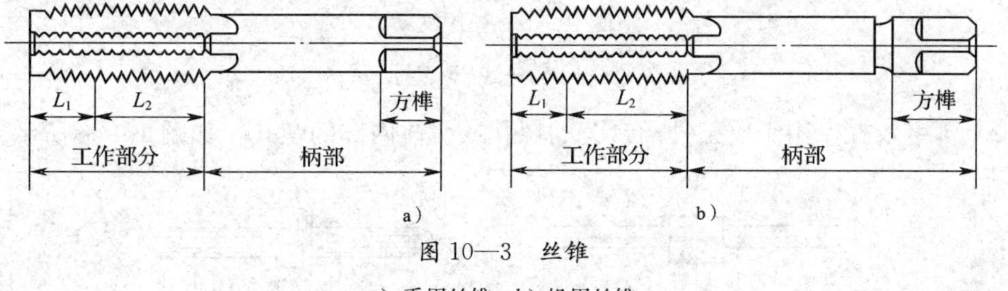

图 10—3　丝锥

a) 手用丝锥　b) 机用丝锥

丝锥由柄部和工作部分组成。柄部是攻螺纹时夹持的部分，起传递转矩的作用。工作部分由切削部分 L_1 和校准部分 L_2 组成，切削部分起切削作用；校准部分有完整的牙型，用来修光和校准已切出的螺纹，并引导丝锥沿轴向前进。

攻螺纹时，为了减小切削力和延长丝锥的使用寿命，一般将整个切削工作量分配给几支丝锥承担。通常 M6～M24 丝锥每组两支，称为头锥、二锥；M6 以下及 M24 以上的丝锥每组有 3 支，称为头锥、二锥、三锥，在攻螺纹时依次使用，如图 10—4 所示。细牙丝锥为两支一组。

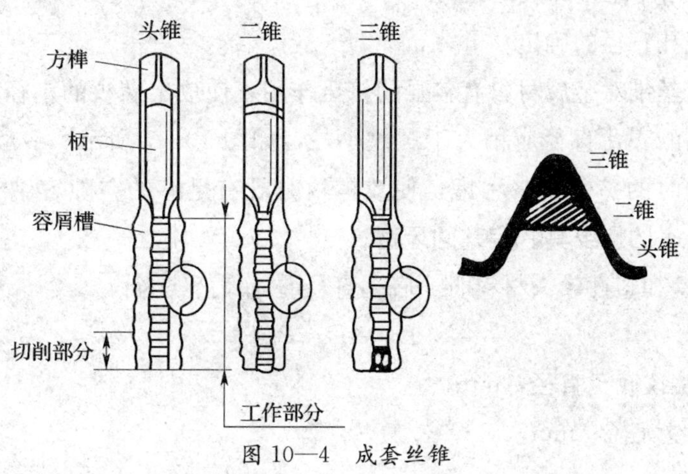

图 10—4　成套丝锥

（2）铰杠

铰杠是手攻螺纹时用来夹持丝锥的工具。铰杠分为普通铰杠和丁字铰杠两类，每类铰杠又有固定式和活动式两种。

1）普通铰杠。用于攻普通工件的内螺纹，如图 10—5 所示。

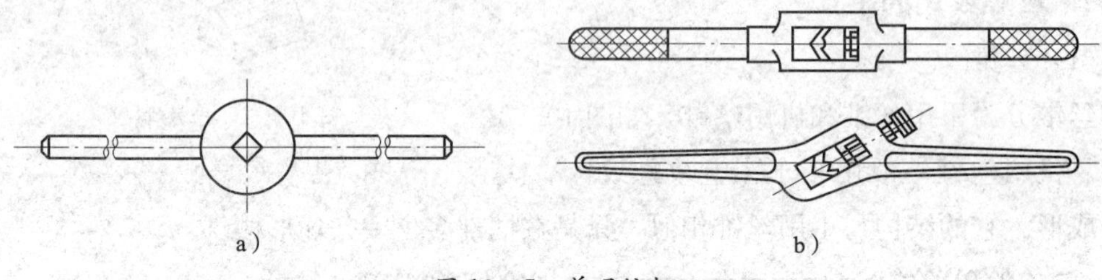

图 10—5　普通铰杠

a）固定式　b）活动式

2）丁字铰杠。用于攻工件凸台旁的螺孔或机体内部的螺孔，如图 10—6 所示。

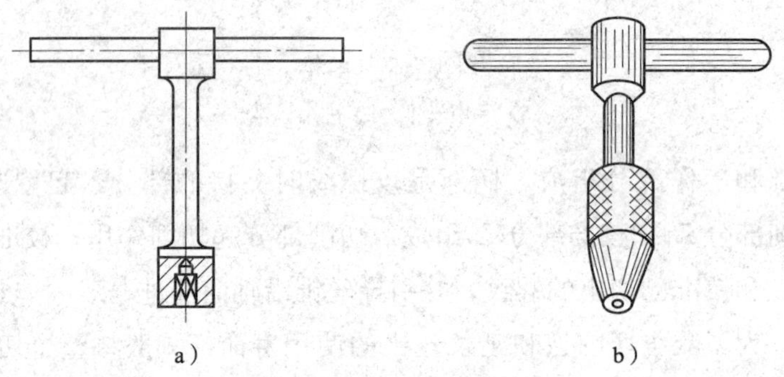

图 10—6　丁字铰杠

a）固定式　b）活动式

2．螺纹底孔直径和深度的确定

（1）螺纹底孔直径的确定

攻螺纹时，丝锥对金属材料有较强的挤压作用，使攻出螺纹的小径小于底孔直径，因此攻螺纹之前的底孔直径应稍大于螺纹小径，如图 10—7 所示。一般应根据工件材料的塑性和钻孔时的扩张量来考虑，使攻螺纹时既有足够的空隙容纳被挤出的材料，又能保证加工出来的螺纹具有完整的牙型。

1）攻制钢件和塑性较大材料时，底孔直径的计算公式为：

$$D_{底}=D-P$$

式中　$D_{底}$——螺纹底孔直径，mm；

D——螺纹大径，mm；

P——螺距，mm。

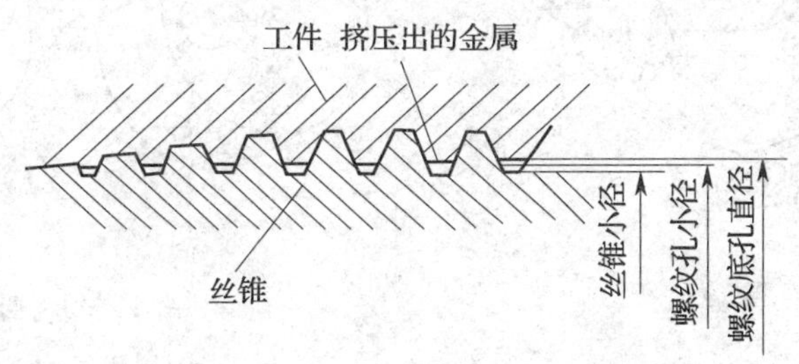

图 10—7　攻螺纹时的挤压现象

2）攻制铸铁件和塑性较小材料时，底孔直径的计算公式为：

$$D_{底}=D-(1.05\sim1.1)P\quad（一般情况下取 1.1）$$

式中　$D_{底}$——螺纹底孔直径，mm；

D——螺纹大径，mm；

P——螺距，mm。

（2）螺纹底孔深度的确定

攻盲孔螺纹时，由于丝锥切削部分不能攻出完整的螺纹牙型，所以钻孔深度要大于螺纹的有效长度。钻孔深度的计算公式为：

$$H_{深}=h_{有效}+0.7D$$

式中　$H_{深}$——底孔深度，mm；

$h_{有效}$——螺纹有效长度，mm；

D——螺纹大径，mm。

二、套螺纹

用板牙在外圆柱面上（或外圆锥面）切削出外螺纹的加工方法称为套螺纹，如图 10—8 所示。套螺纹的工具有圆板牙及板牙架。

1．套螺纹用的工具

（1）圆板牙

圆板牙是加工外螺纹的工具，有封闭式、开槽式两种结构，如图 10—9 所示。圆板牙一般用于切削螺纹直径小于 16 mm、螺距小于 2 mm 的三角螺纹。

（2）板牙架

板牙架是用来夹持圆板牙的工具，如图 10—10 所示。

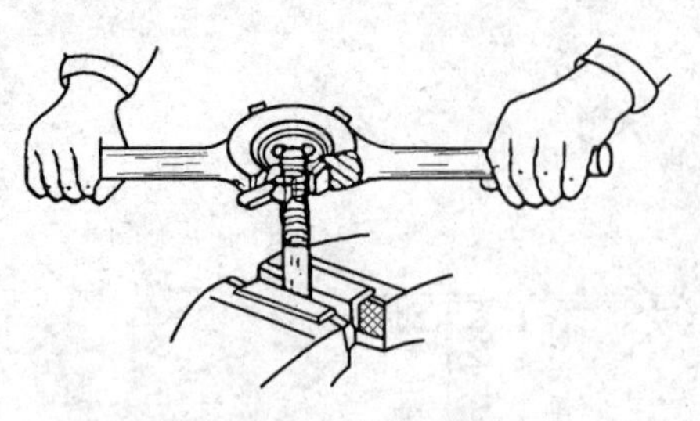

图 10—8　套螺纹

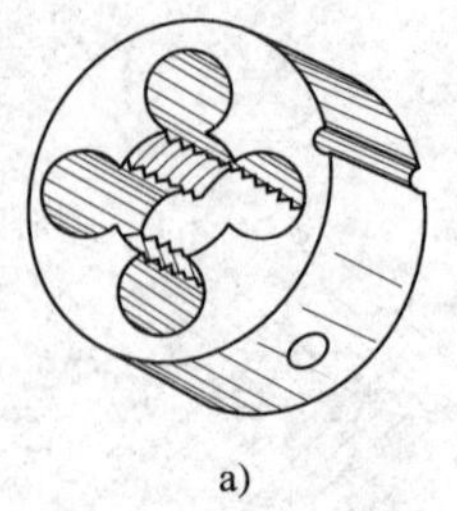

a)

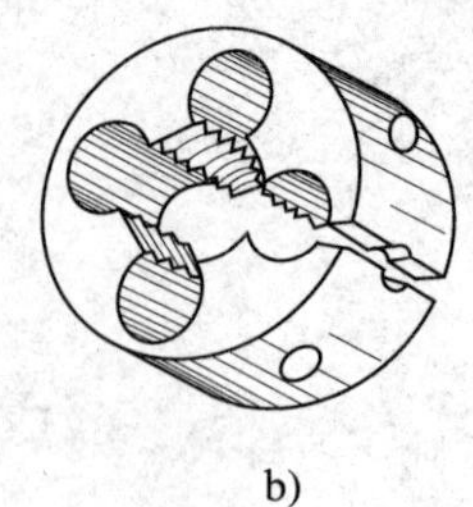

b)

图 10—9　圆板牙

a）封闭式　b）开槽式

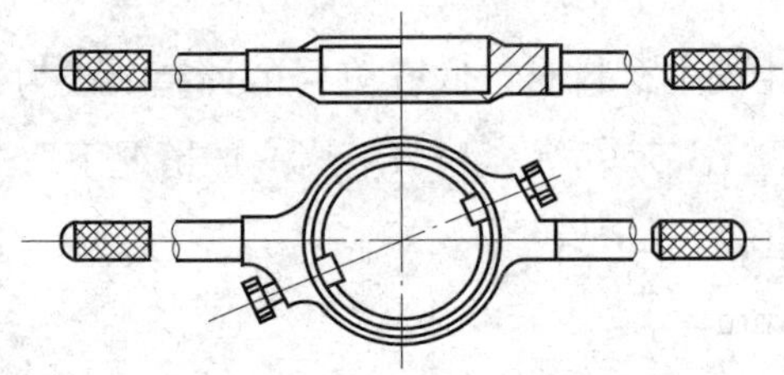

图 10—10　板牙架

2．套螺纹前圆杆直径的确定

套螺纹时，金属材料因受板牙的挤压而产生变形，牙顶将被挤得高一些，所以套螺纹前圆杆直径应稍小于大径（一般应小 0.2～0.3 mm）。

圆杆直径的经验公式为：

$$d_{杆}=d-0.13P$$

式中　$d_{杆}$——圆杆直径，mm；

d——螺纹大径，mm；

P——螺距，mm。

3 工程应用

手攻 M10 的螺纹

1．工作任务

本任务要求学生使用手用丝锥加工如图 10—1 所示的 M10 内螺纹，使其达到图样要求。

2．任务分析

分析图 10—1 可知，该螺纹的加工精度不是很高，可以采用车削加工、手用丝锥加工等方法。但考虑到汽车专业的特征，选择手用丝锥加工的方法。为了完成任务，应该了解丝锥的构造、底孔直径的确定方法，掌握攻制螺纹的方法和螺纹塞规的使用方法。

3. 任务准备

(1) 工、量具准备

如 M10 丝锥、ϕ5 钻头、ϕ8.5 钻头各一支，铰杠、直角尺、游标卡尺、螺纹塞规、毛刷各一把，机油若干。

(2) 图样分析

如图 10—1 所示，需在工件上攻 1 个 M10 的螺纹孔，表面粗糙度达到 $Ra6.3\ \mu$m。

4. 实施步骤

(1) 钻底孔

底孔直径可根据攻螺纹底孔直径的公式求出

$$D_{底}=D-P=10\ \text{mm}-1.5\ \text{mm}=8.5\ \text{mm}$$

(2) 底孔孔口倒角，如图 10—11 所示。

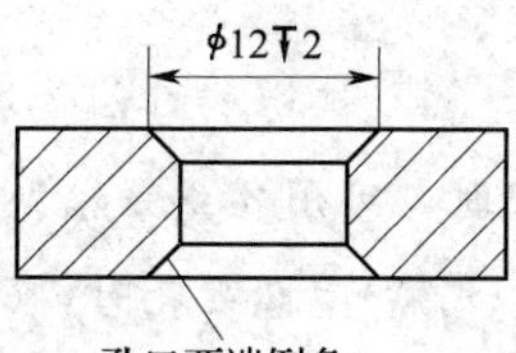

图 10—11　底孔孔口倒角

(3) 将工件平放并装夹在台虎钳上，工件的装夹位置应尽量使螺纹孔中心线处于垂直位置，便于操作时判断丝锥轴线是否垂直于工件的平面。

(4) 把 M10 的丝锥方榫装在铰杠孔内，并保证丝锥与铰杠平面垂直，以便于手攻螺纹操作。

(5) 攻螺纹

1) 起攻时，把丝锥放在孔口中，可一手用手掌按住铰杠中部沿丝锥轴向施加压力，另一手配合做顺向旋进；或两手握住铰杠两端均匀施压，并将丝锥顺向旋进。起攻时要保证丝锥中心线与孔中心线重合，如图 10—12 所示。

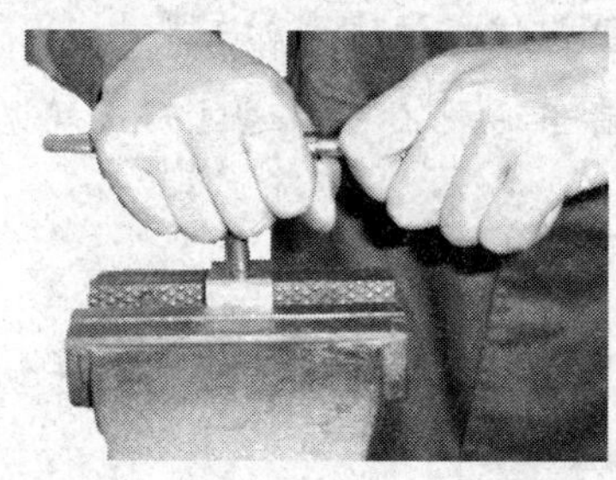
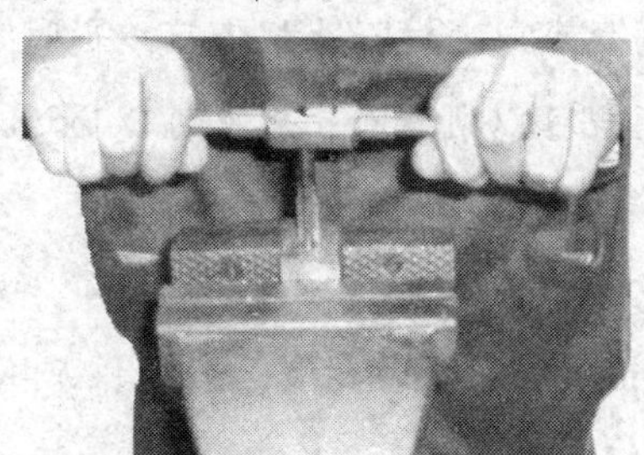

图 10—12　起攻方法

2) 当丝锥攻入 1～2 圈时，应及时检查丝锥与工件表面的垂直度，并不断校正至符合要求，用直角尺检查丝锥与工件表面的垂直度为 0.30 mm，并应在与丝锥的前后左右方向上进行检查，如图 10—13 所示。一般在攻入 3～4 圈后，丝锥的位置已基本确定，不能再强行纠正。

3) 当丝锥的切削部分全部进入工件后，则不能再对丝锥施加压力，而靠丝锥自然旋进切削，否则螺纹牙型将被破坏。攻螺纹时，两手用力均匀，经常正转 1/2～1 圈后，再倒转 1/4～1/2 圈进行断屑和排屑，以避免因切屑阻塞而使丝锥卡死，注意不要在同一位置倒转，如图 10—14 所示。

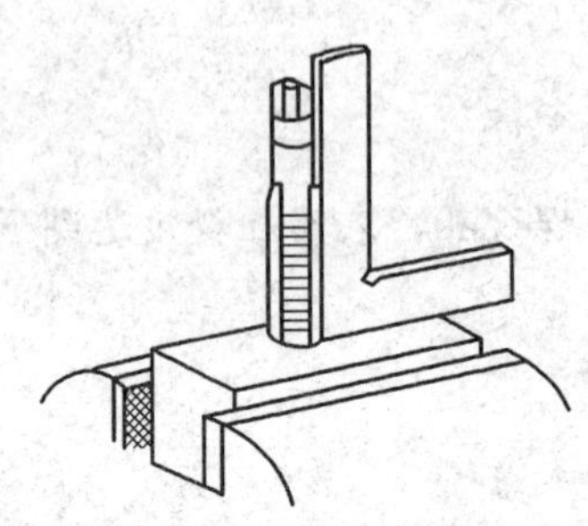

图 10—13　检查攻螺纹时丝锥的垂直度

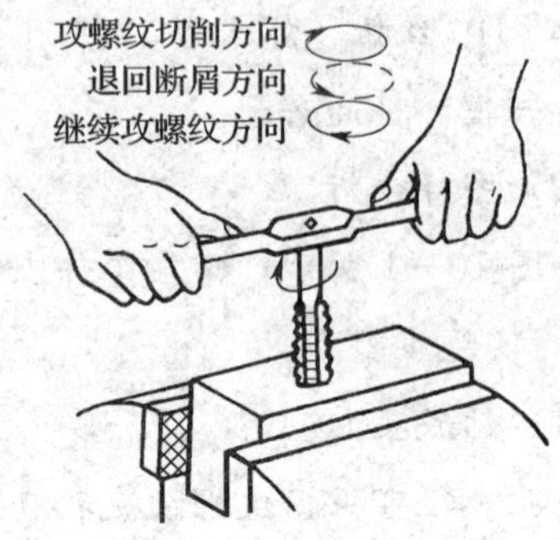

图 10—14　攻螺纹

4）攻螺纹时，必须以头锥、二锥顺序攻削至图样标准尺寸。在较硬的材料上攻螺纹时，可用各丝锥轮换交替进行，以减小切削刃部的负荷，防止丝锥折断。

5）攻螺纹孔时，需要加注切削液（攻钢件时加机油；当螺纹质量要求较高时加工业植物油）以减小切削阻力，减小螺纹孔的表面粗糙度值，也利于排屑，同时也提高丝锥的使用寿命。

6）退出丝锥时，先用铰杠平稳反向转动，当能用手旋动丝锥时，停止使用铰杠，防止铰杠带动丝锥退出，产生摇摆、振动并损坏螺纹表面质量。

(6) 攻螺纹完毕后，将工件从台虎钳上卸下，并用 M10 螺纹塞规检查螺纹是否达到要求。用螺纹塞规检验：

1）当通规可以通过而止规不可以通过，说明该螺纹达到加工要求。

2）当通规可以通过而止规也可以通过或者当通规不可以通过而止规也不可以通过说明该螺纹未达到加工要求。

5. 注意事项

(1) 在钻螺纹底孔时，要选好螺纹底孔钻头，然后再进行钻底孔并倒角，并注意做到安全操作。

(2) 攻螺纹时必须根据成组丝锥的数目顺序攻至标准尺寸。

(3) 起攻时，要从两个方向进行垂直度的及时校正，这是保证攻螺纹质量的重要一环。

(4) 起攻正确时，攻螺纹要控制两手用力均匀和掌握好用力程度，这是攻螺纹的基本功之一，必须用心掌握。

(5) 工件材料过硬或丝锥用钝后要及时修磨，防止丝锥断在孔中。

(6) 攻螺纹时丝锥要经常倒转以断屑和清屑，防止丝锥卡住或折断。

(7) 攻螺纹后孔口要倒角去毛刺，以免影响测量精度。

(8) 攻螺纹时，要加注切削液，以提高螺纹质量和丝锥使用寿命。

(9) 使用后的丝锥要及时去除积屑瘤，并上油，妥善保管。

6. 评分标准

序号	项目与技术要求	配分	评分标准	实测记录	得分
1	工件孔口倒角正确	10	超差不得分		
2	工件装夹是否正确	10	不正确酌情扣分		
3	螺纹无乱牙、滑牙现象	10	出现一处扣 10 分		
4	螺纹中心线与工件平面垂直度为 0.3 mm	10	不正确酌情扣分		
5	丝锥使用正确	20	目测，酌情扣分		
6	螺纹尺寸 M10，达到要求	20	超差不得分		
7	表面粗糙度 *Ra*6.3 μm 达到要求	10	降级不得分		
8	安全文明操作	10	违者每次扣 2 分		
合计		100			

加工 M10 六角螺栓

1. 工作任务

本任务要求学生使用圆板牙和板牙架加工如图 10—15 所示的 M10 外螺纹，使其达到图样要求。

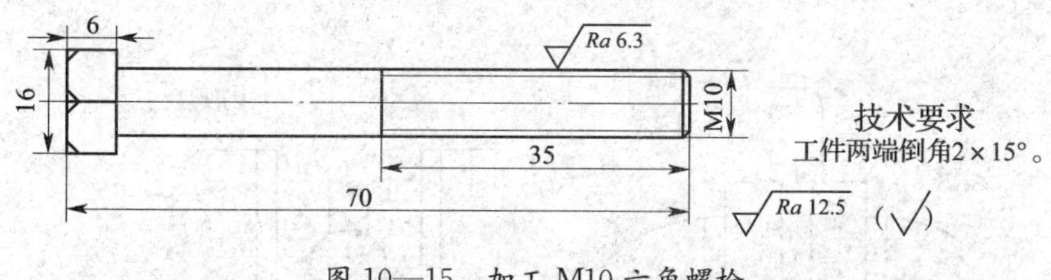

图 10—15　加工 M10 六角螺栓

2. 任务分析

分析图 10—15 可知，该螺纹的加工精度不是很高，可以采用车削加工、搓螺纹加工、套螺纹加工等方法。但考虑到汽车专业的特征，选择手用套螺纹加工的方法。为了完成任务，应该了解圆板牙的构造、圆杆直径的确定方法，掌握套外螺纹的方法和螺纹卡规的使用方法。

3. 任务准备

(1) 工、刃、量、辅具准备

M10圆板牙、板牙架、锉刀、一字旋具、游标卡尺、直角尺、螺纹卡规、毛刷各一把，机油若干。

(2) 图样分析

如图10—15所示，需在六角螺栓圆柱杆一端加工M10螺纹，达到表面粗糙度 $Ra6.3\ \mu m$，可在车床上加工，也可用圆板牙及板牙架在工件上套螺纹。因精度要求不高，故选用圆板牙及板牙架在工件上套螺纹。

4. 实施步骤

(1) 套螺纹前圆杆直径的确定

$$d_{杆}=d-0.13P=10\ \text{mm}-0.13\times1.5\ \text{mm}\approx9.8\ \text{mm}$$

(2) 圆杆直径的加工

圆杆直径应稍小于螺纹大径（一般应小0.2～0.3 mm），可用车床车削或用锉刀锉削的方法将圆杆加工至 $\phi9.8$ mm。

(3) 工件端面倒角

为使板牙起套时容易切入工件并做正确的引导，圆杆端部要倒角——倒锥半角为15°～20°，如图10—16所示。其倒角的最小直径可略小于螺纹小径，使切出的螺纹端部避免出现锋口和卷边。

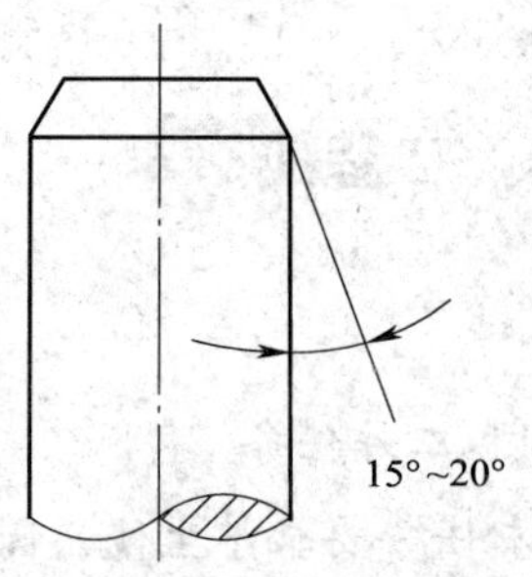

图10—16　套螺纹前圆杆的倒角

(4) 工件的装夹

因套螺纹时切削力矩较大，且工件为圆杆，一般要用V形架或厚铜衬作衬垫，才能保证可靠夹紧，如图10—17所示。

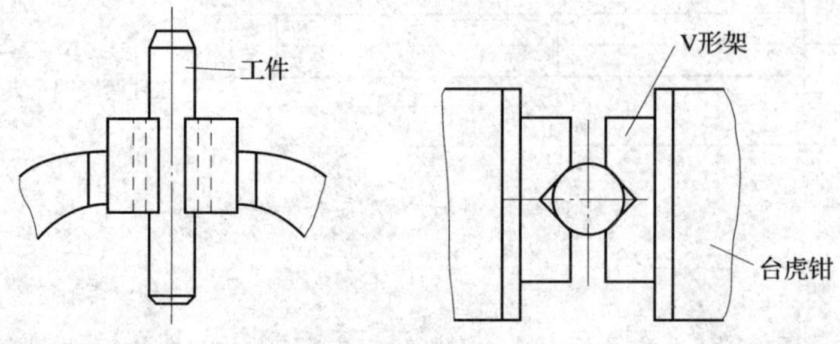

图10—17　工件的装夹

(5) 圆板牙的安装

将 M10 圆板牙安装在板牙架内，用一字旋具拧紧，如图 10—18 所示。

(6) 套螺纹的方法

1) 起套方法与攻螺纹方法一样，应施加轴向压力，转动要慢，压力要大，同时要保证板牙端面与圆杆轴线的垂直度，不能歪斜，如图 10—19 所示。

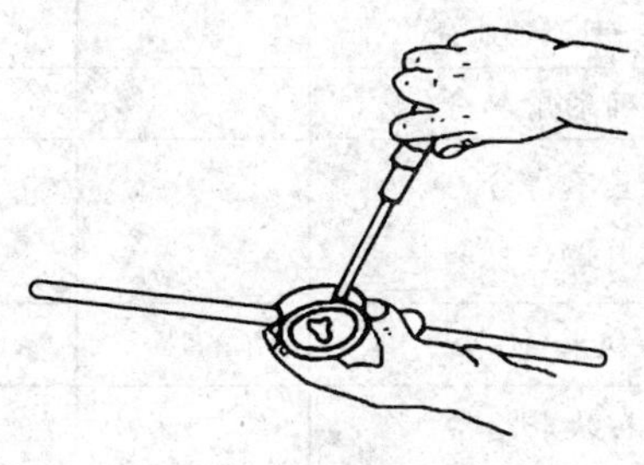

图 10—18 圆板牙的安装

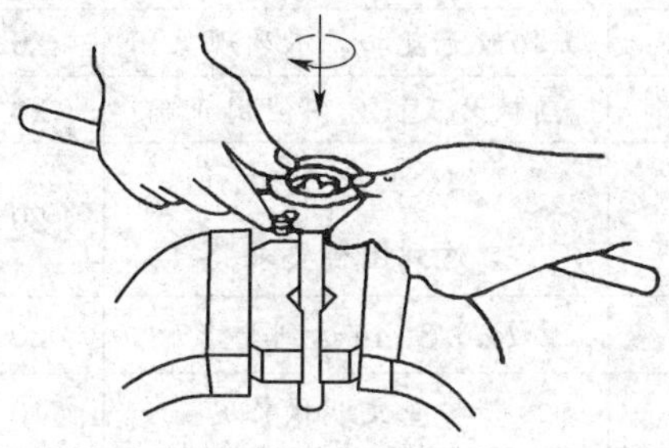

图 10—19 起套方法

2) 当板牙切入圆杆 2～3 牙时，要用直角尺及时检查并校正板牙的位置，如图 10—20 所示，否则切出的螺纹牙型会出现一面深一面浅的现象，甚至出现乱牙。

3) 起套完成后，正常套螺纹时，不要加压，让板牙自然旋进，以免损坏螺纹和板牙，并要经常倒转断屑，如图 10—21 所示。

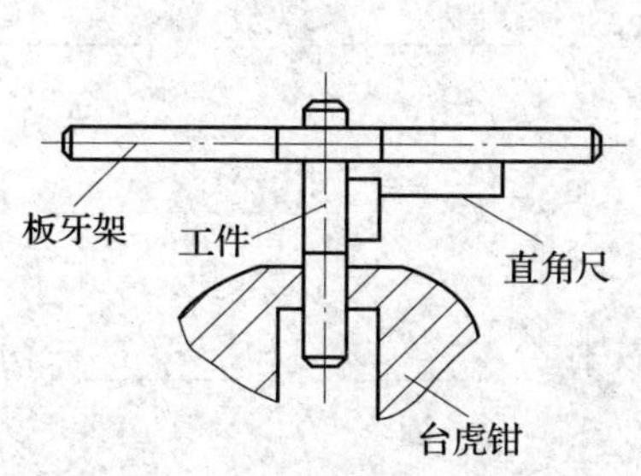

图 10—20 套螺纹的垂直度检验

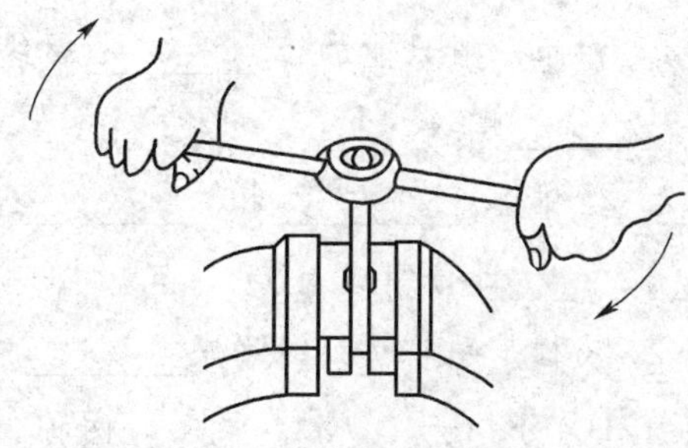

图 10—21 正常套螺纹方法

4) 在钢件上套螺纹时需加切削液，以减小加工螺纹的表面粗糙度值和延长板牙使用寿命。一般可用机油或较浓的乳化液，要求高时可用工业植物油。

5) 套出全部螺纹后，将板牙反转，取出板牙，将工件从台虎钳上卸下，并用 M10 螺纹卡规检查螺纹是否达到要求。

5. 注意事项

(1) 起套时，要从两个方向进行垂直度的及时校正，这是保证套螺纹的重要一环。

(2) 起套的正确性以及套螺纹时控制两手用力均匀和掌握好用力程度，这是套螺纹的基本功之一，必须用心掌握。

(3) 套螺纹时要经常倒转断屑和清屑，防止板牙牙齿崩裂。

(4) 套钢件螺纹时一般用机油；当螺纹质量要求高时选用植物油或二硫化钼。

(5) 从工件上取出板牙时，注意不要使工具跌落，以防损坏工具。

6. 评分标准

序号	项目与技术要求	配分	评分标准	实测记录	得分
1	工件端部倒角正确	10	不正确酌情扣分		
2	螺纹无乱扣、滑牙现象	20	出现一处扣 10 分		
3	圆板牙及板牙架使用正确	20	不正确酌情扣分		
4	螺纹尺寸 M10，达到图样要求	20	超差不得分（有条件可用螺纹环规检查）		
5	$Ra6.3\ \mu m$ 达到要求	20	降一级扣 10 分		
6	安全文明操作	10	违者每次扣 2 分		
合计		100			

思考与练习

一、填空题

1. 钳工一般只能加工________螺纹，该种螺纹分________螺纹、________螺纹、________螺纹。

2. 丝锥由________和________部分组成，而工作部分又由________部分和________部分组成。

3. 铰杠是手攻螺纹时用来________的工具。铰杠分________和________两类。每类铰杠又分________和________两种。

4. 在钢件上攻制 M10 螺纹，其底孔直径为________mm。

5. 用成组丝锥攻制螺纹，必须按________锥、________锥、________锥的顺序攻制标准尺寸。

6. M16 表示大径为________mm 的普通粗牙螺纹。

7. 套螺纹的工具由________和________两部分组成。

8. 圆板牙是加工外螺纹的工具，按结构形式分为________和________两种。圆板牙一般用于切削螺纹小于________，螺距小于________的三角形螺纹。

9. 套 M24×2 的螺纹，螺杆直径为________mm。

二、简答题

1. 起攻螺纹时应注意哪些要点？

2. 攻螺纹发生乱牙的主要原因是什么?

3. 手攻螺纹，如何才能保证螺纹不歪斜?

4. 什么叫套螺纹?

5. 套螺纹的加工步骤有哪些?

6. 套螺纹发生乱牙的主要原因是什么?

7. 套螺纹时，如何才能保证螺纹不歪斜?

三、计算题

1. 在钢件或铸件上分别攻制 M10、深度为 50 mm 的螺纹，试求出底孔直径和螺纹底孔深度。

2. 计算在钢件上套 M16、M20、M24×1.5 螺纹的圆杆直径。

课题十一 矫正

学习目标

- 了解矫正的类型及实质。
- 掌握各种矫正方法的操作要点。
- 能够使用常用矫正工具、量具矫正板材。

想一想

汽车在制造或修理中有时需要对板料或工件的弯曲、翘曲、凹凸不平等缺陷进行矫正。你想知道如图 11—1 所示的弯曲条料（200 mm×50 mm×3 mm）是如何用手工工具进行矫正的吗？矫正后能达到平面度误差不大于 1 mm 的要求吗？

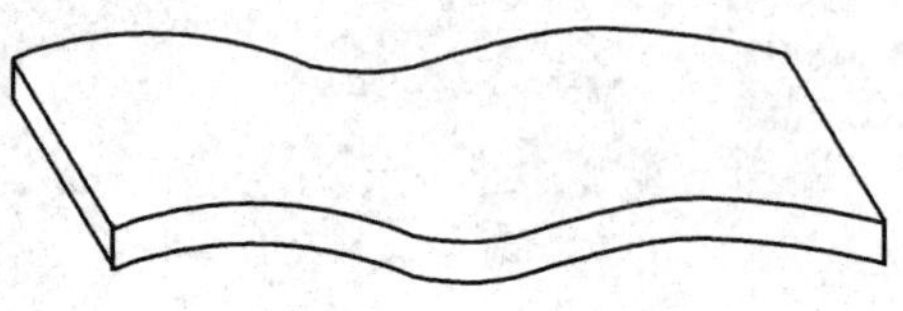

图 11—1 矫正的条料

一、矫正概述

消除材料或工件的弯曲、扭曲、凸凹不平的操作叫作矫正。

矫正可在机器上进行，也可手工进行。按矫正时被矫正工件的温度分类，矫正可分为冷矫正和热矫正两种。按矫正时产生矫正力的方法不同，矫正可分为手工矫正、机械矫正、火焰矫正及高频矫正等。这里主要介绍钳工常用的手工矫正，是指将材料（或工件）放在平板、铁砧或台虎钳上，采用锤击、弯形、延展或伸长等方法进行的矫正。

二、手工矫正工具

1．平板和铁砧

平板、铁砧及台虎钳都可以作为矫正板材和型材的底座。

2．软、硬锤子

矫正一般材料可用常用锤子；矫正已加工表面、薄钢件或有色金属制件时，应采用铜锤、木锤或橡胶锤等软锤子。

3．抽条和拍板

抽条是采用条状薄板料弯成的简易手工工具，它用于抽打较大面积的板料，如图11—2 所示。拍板是用质地较硬的檀木制成的专用工具，它主要用于敲打板料。

4．螺旋压力工具（或压板）

螺旋压力工具适用于矫正较大的轴类工件或棒料，如图 11—3 所示。

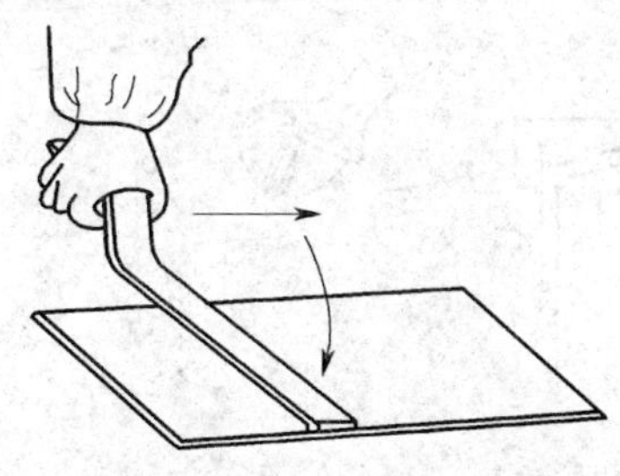

图 11—2　用抽条抽打板料

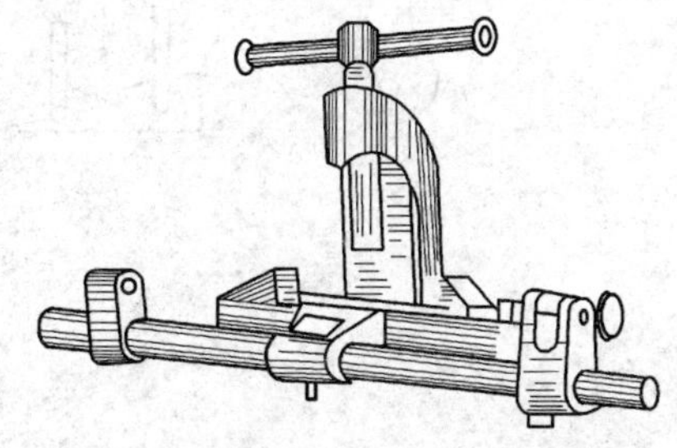

图 11—3　螺旋压力工具

三、矫正方法

1．扭转法

扭转法用来矫正条状材料的扭曲变形。一般是将条料夹持在台虎钳上，用扳手把条料向变形的相反方向扭转到原来的形状。矫正扁钢的扭转法如图 11—4a 所示，矫正角钢的扭转法如图 11—4b 所示。

2．弯形法

弯形法用来矫正各种弯曲的棒料或在宽度方向上变形的条料。直径较小的棒料和薄料可用台虎钳夹持在靠近弯曲处，用扳手矫正。几种常用的弯形法如图 11—5 所示。

直径较大的棒料和较厚的条料则用压力机械矫正。矫正前，先把轴架在两块 V 形架上，V 形架的支点和间距按需要放置。转动螺旋压力机的螺杆，使螺杆的端部准确压在工件变形的高点部位。为消除弹性变形所产生的回翘，可适当压过一些，然后解除压力，用百分表检查矫正情况。边矫正，边检查，直至符合要求，如图 11—6 所示。

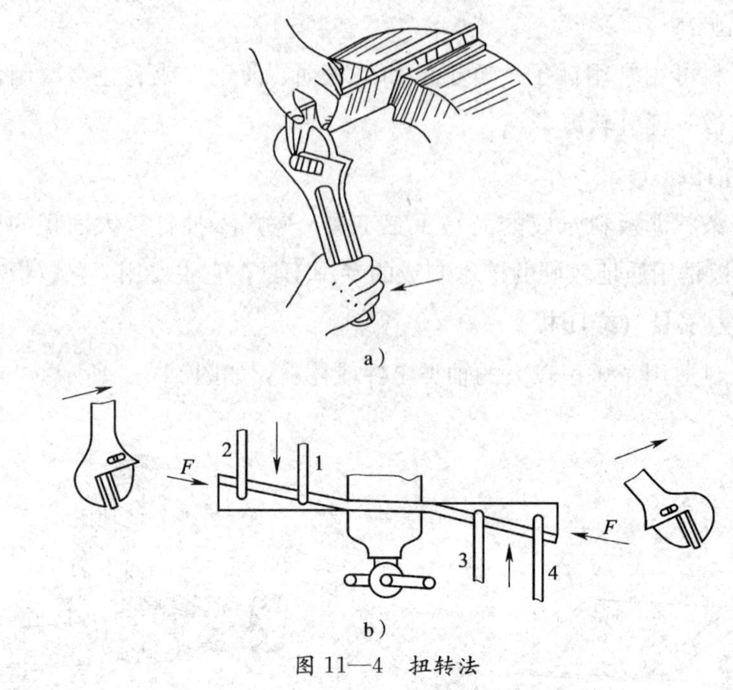

图 11—4　扭转法

a）扁钢扭曲的矫正　b）角钢扭曲的矫正

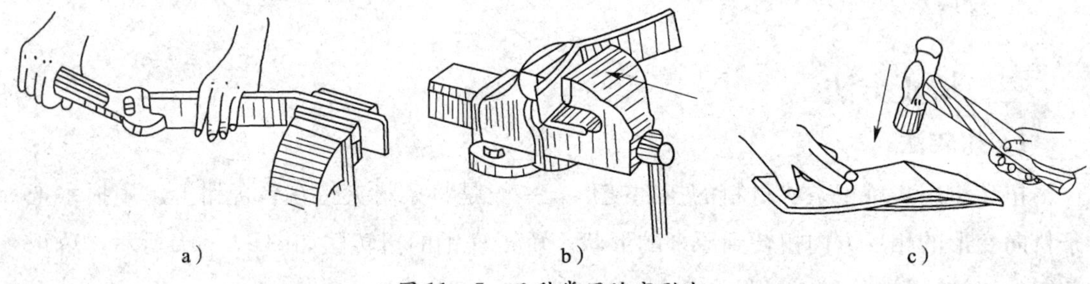

图 11—5　几种常用的弯形法

a）用扳手扳动矫正法　b）用台虎钳夹正矫正法　c）用锤子矫正法

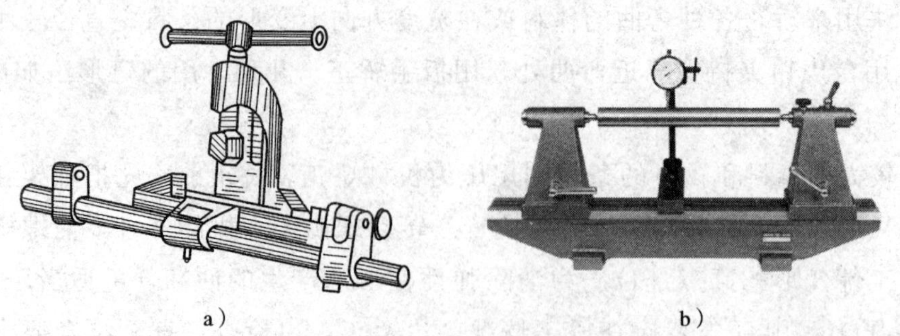

图 11—6　轴的矫直方法

a）螺旋压力机　b）矫直过程中的检验

3．伸张法

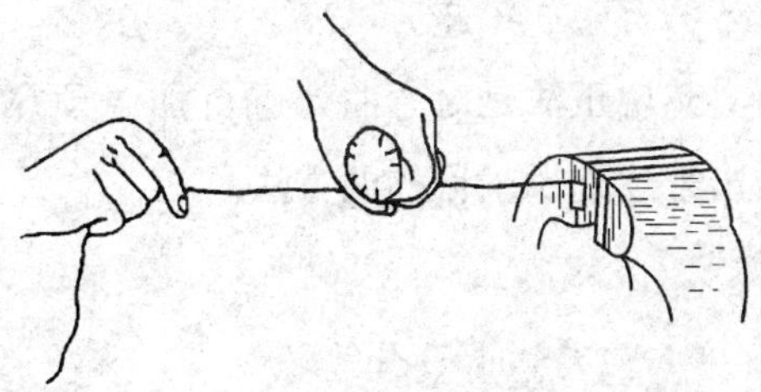
图 11—7　伸张法

伸张法多用于矫正各种细长线材。其方法是将线材一头固定，然后在固定端让线材绕圆木一周，紧握圆木向后拉，使线材在拉力作用下绕过圆木得到伸张矫直，如图 11—7 所示。

4．延展法

延展法多用于薄板料的矫正。用锤子敲击材料适当部位，使其延展伸长，达到矫正的目的。薄板料的矫正如图 11—8 所示，扁钢宽度方向上的矫正如图 11—9 所示。

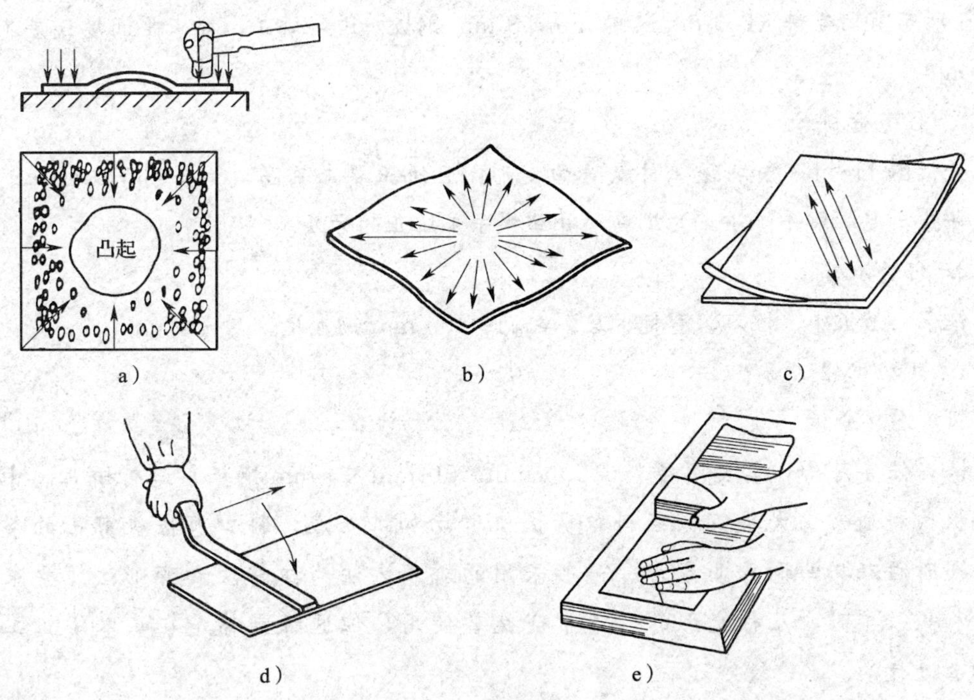

图 11—8　薄板料的矫正

a）中间凸起　b）边缘呈波浪形　c）对角翘起　d）微小扭曲　e）箔片矫正

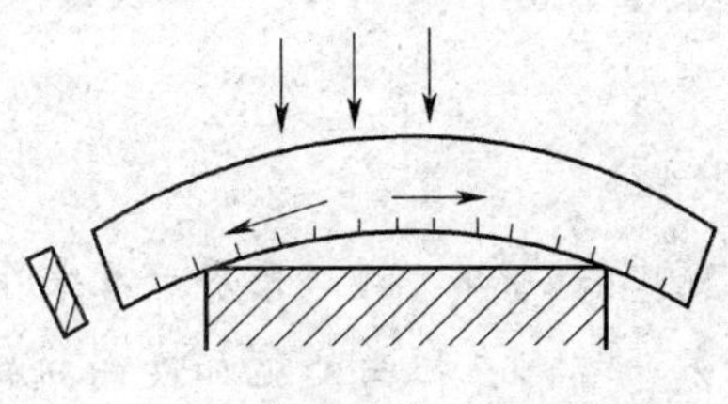
图 11—9　扁钢宽度方向上的矫正

5. 热矫正法

热矫正法是对弯曲处进行加温预热，达到一定的温度，然后用锤子对弯曲处进行敲击来达到矫正目的的方法。

条料的矫正

1. 工作任务

本任务要求学生了解常用矫正工具的使用以及掌握板料的矫正方法，并能对图11—1所示剪切条料（200 mm×50 mm×3 mm钢板）进行矫正，要求平面度误差不大于1 mm。

2. 任务分析

分析图11—1可知：该工件是弯曲变形，且矫正要求不高，适合用手工矫正。为完成任务，要了解手工矫正的工具，并掌握手工矫正的方法。

3. 任务准备

锤子、活扳手、锉刀、游标卡尺、毛刷、150 mm钢直尺。

4. 实施步骤

(1) 图样分析

根据任务可知，需要对条料（200 mm×50 mm×3 mm钢板）进行矫正。由于窄钢板条料通常由大块钢板经斜口剪板机剪切加工而成，斜口剪板机剪出的条料往往同时存在扭曲和弯曲变形。一般采用的矫正方法为扭转法和弯形法。要求高质量和高效率时，几种变形的矫正常会交替使用，但这种交替是在基本矫正工序基础上进行的。

(2) 检查来料

1) 检查条料尺寸是否达到图样要求。

2) 去除毛刺，防止矫正操作中伤手。

3) 分析条料，处于弯曲变形。

(3) 扭转矫正（见图11—4a)

1) 将条料扭曲处夹持在靠近台虎钳一侧，夹紧一定要牢固。

2) 用活扳手夹紧条料的另一端，在扭曲处施加反向扭矩，使条料新的扭曲与原扭曲变形相互抵消，从而使变形被矫正。

3) 若扭曲变形严重，可移动条料分段进行扭转矫正。

(4) 弯形矫正

1) 将条料弯曲处夹持在靠近台虎钳一侧，夹紧一定要牢固。用活扳手夹紧条料的另一端，在弯曲处施加反向扭矩，使条料新的弯曲与原弯曲变形相互抵消，从而使变形被矫正，如图 11—5a 所示。

2) 将条料弯曲处夹持在台虎钳中间，通过旋转手柄，使活动钳口移动，将弯曲变形矫正，如图 11—5b 所示。

(5) 误差矫正

分析板料误差情况，进一步采用锤子矫正法进行矫正，如图 11—5c 所示，直至达到平面度误差不大于 1 mm 的要求。

(6) 钢板条料矫正后的质量检验

钢板条料矫正后的质量检验可采用以下两种方法：

1) 将矫正后的钢板条料放在平台或比较平的钢板上，用手按动四角，看其整个平面是否贴靠平台。若钢板条料整个平面平稳贴靠在平台上，说明扭曲和弯曲变形均已矫正。

2) 以目测检验钢板条料两侧边线是否为直线并且相互平行，若是则说明条料的变形已完全矫正。

5. 注意事项

(1) 锤击时应要求准确，避免在工件上出现大量锤击痕迹，必要时可应用木锤、铜锤等软质锤子进行锤击。

(2) 打锤时要注意锤击位置准确，落锤倾角适当。

(3) 矫正质量检验以目测为主，要求准确掌握检验标准，熟练进行检验操作，加强提高矫正质量的练习。

6. 评分标准

序号	项目与技术要求	配分	评分标准	实测记录	得分
1	工具、量具选用是否合理	10	超差不得分		
2	工件装夹是否正确	10	不正确酌情扣分		
3	矫正方法选用是否正确	20	不正确酌情扣分		
4	操作方法是否规范	15	出现一处错误扣 10 分		
5	矫正时板料是否开裂	15	目测，出现一处扣 10 分		
6	平面度误差小于 1 mm	20	超差不得分		
7	安全文明操作	10	违者每次扣 2 分		
合计		100			

思考与练习

一、填空题

1. 常用的手工矫正方法有______法、______法、______法和______法等多种。
2. 扭转矫正法主要用来矫正______的扭曲变形。
3. 矫正一般金属材料时通常使用______。

二、简答题

1. 什么是矫正？矫正的实质是什么？
2. 手工矫正常用工具有哪些？
3. 钢板条料矫正的加工步骤有哪些？

课题十二

弯形

学习目标

◆ 了解弯形的实质。

◆ 掌握弯形的方法及操作要点，并会计算弯形前坯料长度。

◆ 能使用弯形工具、量具正确对板材进行弯形。

想一想

汽车在制造或修理中有时需要把板料或工件弯成一定形状，这时需要进行弯形操作。如图 12—1 所示的多直角形工件，就是通过对一块直板进行弯形加工而成的。你知道弯形需要哪些工具吗？如何才能达到图样规定的尺寸要求呢？

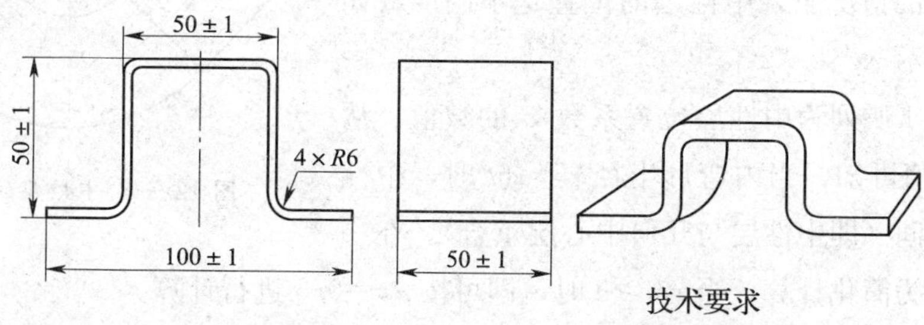

图 12—1　多直角形工件

一、弯形概述

将坯料弯成所需要形状的加工方法称为弯形。

弯形使材料产生塑性变形，因此只有塑性好的材料才能进行弯形。图 12—2a 所示为弯形前的钢板，图 12—2b 所示为弯形后的情况。钢板弯形后外层材料伸长（图中 e—e 和 d—d），内层材料缩短（图中 a—a 和 b—b），而中间有一层材料（图中 c—c）弯形后长度不变，称为中性层。

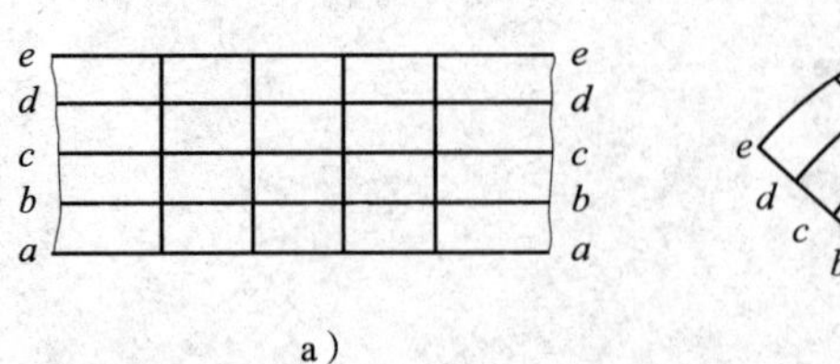

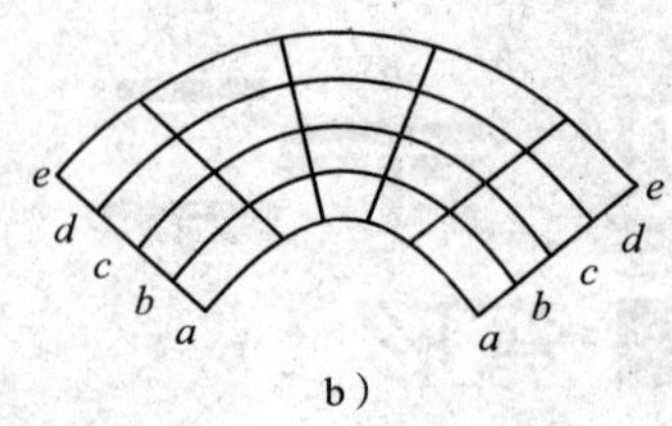

图 12—2 钢板弯形前后

a）弯形前 b）弯形后

弯形也有弹性变形，为抵消材料的弹性变形，变形过程中应过弯一些。

二、弯形坯料长度的计算

工件弯形后，只有中性层长度不变，因此，计算弯形工件毛坯长度时可以按中性层的长度计算。应该注意，材料弯形后，中性层一般不在材料正中，而是偏向内层材料一边。经试验证明，中性层的实际位置与材料的弯形半径 R 和厚度 t 有关。

当材料厚度不变时，弯形半径越大，变形越小，中性层位置越接近材料厚度的几何中心。

如果材料弯形半径不变，材料厚度越小，变形越小，中性层就越接近材料厚度的几何中心。在不同弯形形状的情况下，中性层的位置是不同的，如图 12—3 所示。

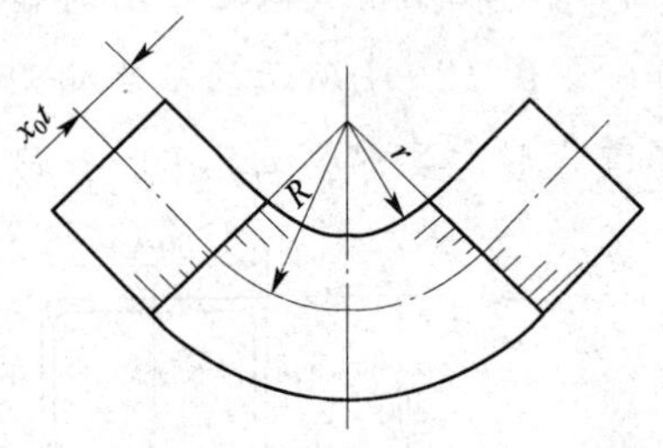

图 12—3 中性层的位置

表 12—1 所列为中性层位置系数 x_0 的数值。从表中 r/t 的值可知，当内弯形半径 $r \geqslant 16t$ 时，中性层在材料中间（即中性层与几何中心层重合）。在一般情况下，为简化计算，当 $r/t \geqslant 8$ 时，即可按 $x_0 = 0.5$ 进行计算。

表 12—1 **弯形中性层位置系数 x_0**

$\frac{r}{t}$	0.25	0.5	0.8	1	2	3	4	5	6	7	8	10	12	14	≥16
x_0	0.2	0.25	0.3	0.35	0.37	0.4	0.41	0.43	0.44	0.45	0.46	0.47	0.48	0.49	0.5

图 12—4 所示为常见的几种弯形形式。图 12—4a、b、c 所示为内边带圆弧的制件，图 12—4d 所示为内边不带圆弧的直角制件。

内边带圆弧制件的毛坯长度等于直线部分（不变形部分）和圆弧中性层长度（弯形部分）之和。圆弧部分中性层长度可按下列公式计算：

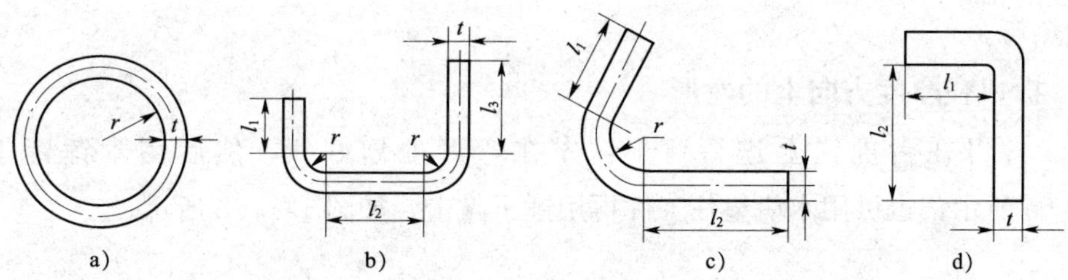

图 12—4　常见的弯形形式

a)、b)、c) 内边带圆弧的制件　d) 内边为直角的制件

$$A=\pi\ (r+x_0t)\ \alpha/180^\circ$$

式中　A——圆弧部分中性层长度，mm；

r——弯形半径，mm；

x_0——中性层位置系数（见表 12—1）；

t——材料厚度（或坯料直径），mm；

α——弯形角（即弯形中心角，见图 12—5），(°)。

内面弯形成不带圆弧的直角制件时，其坯料长度的计算可按弯形前后坯料的体积不变，采用 $A=0.5t$ 的经验公式求出。

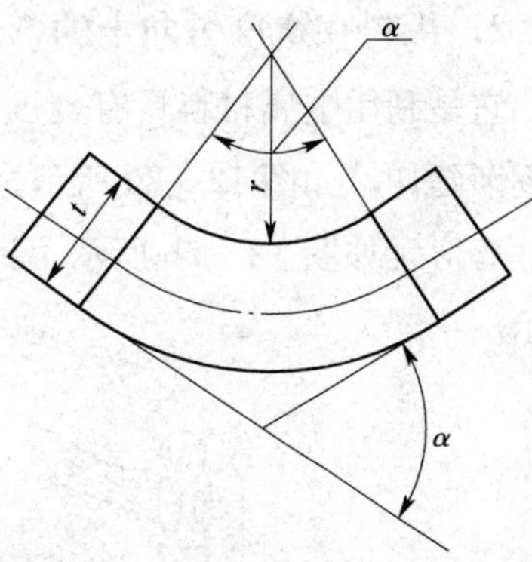

图 12—5　弯形角（弯形中心角）

例　把厚度 $t=4$ mm 的钢板弯成如图 12—4c 所示的制件，弯形角为 120°，内弯形半径 $r=16$ mm，边长 $L_1=60$ mm、$L_2=120$ mm，求坯料长度 L 是多少？

解　$r/t=16/4=4$，查表 12—1 得 $x_0=0.41$

$$L=L_1+L_2+A$$

$$A=\pi\ (r+x_0t)\ \alpha/180$$

$$=3.14\times\ (16+0.41\times4)\ \times120^\circ/180^\circ$$

$$\approx36.93\ \text{mm}$$

$$L=60+120+36.93=216.93\ \text{mm}$$

答：坯料的长度为 216.93 mm。

由于材料本身性质的差异和弯形工艺及操作方法不同，理论上计算的坯料长度和实际需要的坯料长度之间会有误差。因此，成批生产弯形制件时一定要采用试弯形的方法确定坯料长度，以免造成成批废品。

三、弯形方法

弯形方法有冷弯和热弯两种。在常温下进行的弯形称为冷弯；当弯形厚度大于 5 mm 及弯曲直径较大的棒料和管料工件时，常需要将工件加热后再进行，这种弯形方法称为热弯。

1．板料在厚度方向上的弯形

小工件可在台虎钳上进行弯形，先在弯形处划好线，然后用木锤锤击，如图 12—6a 所示；也可用木块垫住工件再用锤子敲击，如图 12—6b 所示。

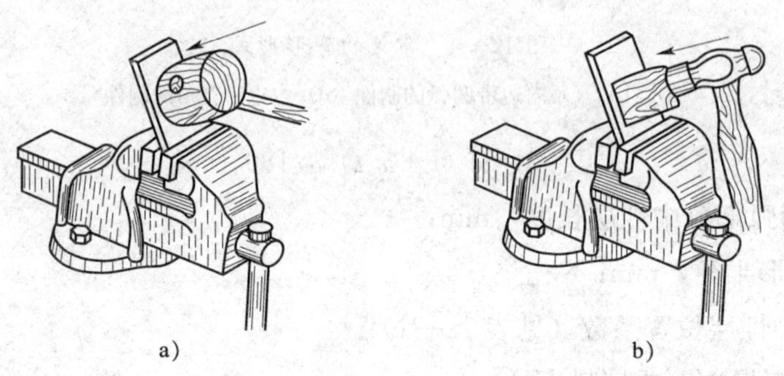

a)　　b)

图 12—6　板料在厚度方向上的弯形

2．板料在宽度方向上的弯形

它是利用金属材料具有延展性能，在弯形的外弯部分进行锤击，使材料朝一个方向逐渐延伸，如图 12—7a 所示。较窄的板料可在 V 形架或特制的弯形模上用锤击法使工件弯形，如图 12—7b 所示。另外还可以在简单的弯形工具上进行弯形，如图 12—7c 所示。

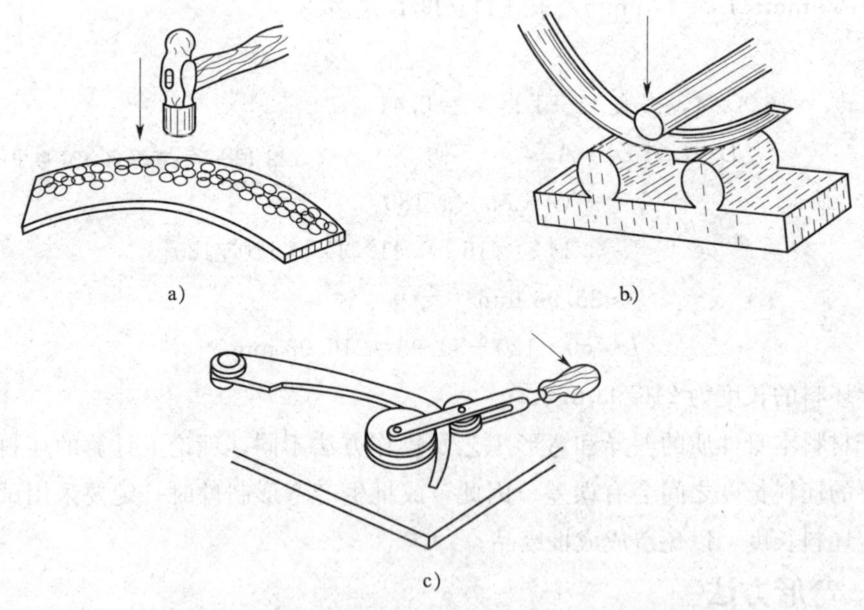

a)　　b)

c)

图 12—7　板料在宽度方向上的弯形

a）锤击延伸弯形　b）在特制的弯模上弯形　c）在弯形工具上弯形

3. 手工绕制弹簧

(1) 将钢丝一端插入心轴的槽或小孔中，预盘半圈使其固定，然后把钢丝夹在台虎钳的软钳口上，夹紧力以钢丝能被拉动为度，如图 12—8 所示。

(2) 摇动手柄，使心轴按要求的方向边绕边向前移，就可盘绕出圆柱形弹簧。

(3) 当盘绕到总圈数后再加 2～3 圈，将弹簧从心轴上取下，截断后在砂轮上磨平两端。

4. 管类工件的弯形

如图 12—9 所示，管材的弯形半径要大于管子半径的 4 倍。为了防止管子被弯扁，可在管内填充干沙、灌铅或采用带导向装置的弯管设备。小直径的无缝管可以冷弯；较大直径的管需热弯。

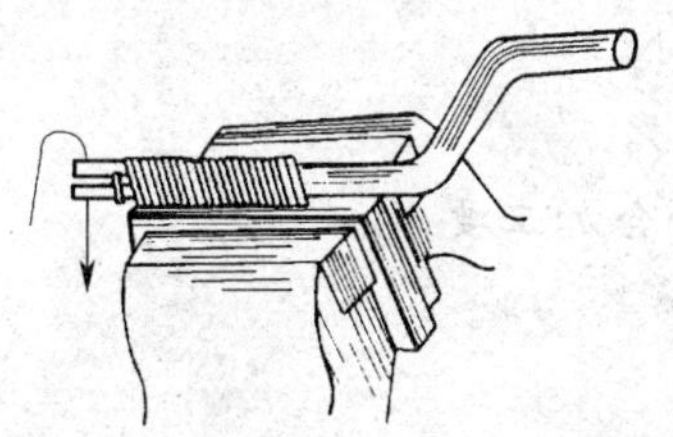

图 12—8　手工盘绕弹簧的方法

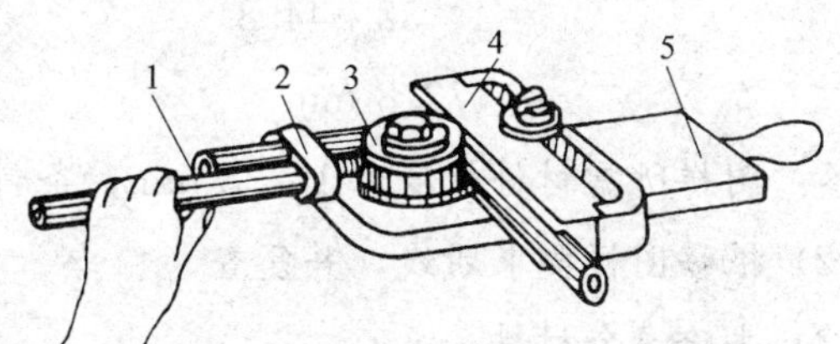

图 12—9　管类工件的弯形

1—手柄　2—钩子　3—转盘　4—靠铁　5—底板

工程应用

弯曲多直角形工件

1. 工作任务

本任务要求学生能正确掌握弯曲多直角形工件的方法，加工如图 12—1 所示的多直角形工件，使其达到图样要求，并做到安全和文明操作。

2. 任务分析

分析图 12—1 可知：该工件是将平直板料弯曲成一定形状，且弯形要求不高，适合手工弯形。为完成任务，要了解手工弯形的工具，掌握弯形坯料长度的计算及手工矫正的方法。

3. 任务准备

(1) 工具、刃具、量具、辅具准备

木锤、铜棒、台虎钳、锉刀、角度样板、游标卡尺、毛刷、150 mm 钢直尺。

(2) 图样分析

根据任务可知，需要把条料（200 mm×50 mm×3 mm 钢板）进行厚度方向上弯形。

4. 实施步骤

(1) 检查来料是否符合图样加工要求

可根据弯形公式计算确定。

解：$r/t=6/3=2$，查表 12—1 得 $x_0=0.37$

$$A=\pi(r+x_0t)\alpha/180$$
$$=3.14\times(6+0.37\times3)\times90/180\ \text{mm}\approx11.2\ \text{mm}$$
$$L=4L_1+4A$$
$$=4\times(50-3\times6)+4\times11.2$$
$$=4\times32+44.8$$
$$\approx172.8\ \text{mm}$$

答：图样所需材料长度为 172.8 mm；条料长度符合加工要求。

(2) 根据图样要求划线，并复查。

(3) 去除多余材料。

(4) 装夹工件

1) 钳口上要装上角钢，可提高弯形角度的精度。

2) 将条料夹持在台虎钳上，使条料的弯形线与角钢上面的棱边重合。

3) 夹紧工件。

(5) 弯形加工

如图 12—10 所示，弯形加工顺序为图 12—10a→图 12—10b→图 12—10c，同时检查各加工面尺寸是否符合图样要求。

1) 先加工多直角形工件一直角边，如图 12—10a 所示，在加工过程中要遵循以下加工步骤：

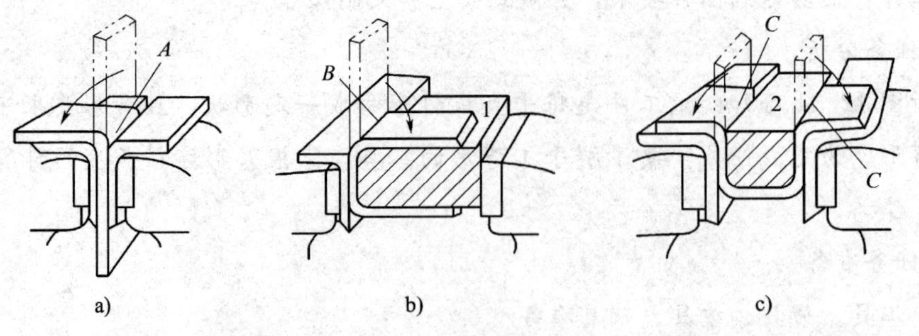

图 12—10　弯形加工顺序

①锤击露出钳口之外的条料中下端，防止条料上部产生圆弧变形。

②从中端开始，以后向两端移动锤击。锤击力不可过重，要求的弯曲角度要分多次锤击而成，以免板料局部拉伤或产生过度伸长变形。锤击过程中，要注意随时旋紧台虎钳，确保其不松动。

③角度基本弯成后，应垫上平锤再锤击一遍，使工件更加平直。

2）第一折角弯成后，翻转工件，再按上述方法弯曲第二折角，如图 12—10b 所示，但在弯形第二直角时中间要加一块厚度为略小于 44 mm 的略带梯形的规铁，以保证尺寸为（50±1）mm 和折弯角度的要求。

3）第二折角弯成后，翻转工件，再按上述方法弯曲第三折角，如图 12—10c 所示，同时保证尺寸和垂直角度要求。

（6）工件弯曲成形后，去除条料多余材料，按技术要求检查弯形件质量：

1）用钢直尺立放在工件表面上，检查工件各面的平面度。

2）用样板检查工件垂直度；用游标卡尺检查尺寸。

5. 安全注意事项

（1）弯形时应预防重击下锤子或铜棒反弹伤人。

（2）锤击时应要求准确，避免在工件上出现大量锤击痕迹，必要时可应用木锤、铜锤等软质锤子进行锤击。

（3）在台虎钳上进行弯形时，应注意锤击的方向及击打力的大小，避免造成台虎钳的折断。

（4）应确保工件表面无明显伤痕及折弯处无开裂现象。

6. 评分标准

序号	项目与技术要求	配分	评分标准	实测记录	得分
1	工具、量具选用是否合理	5	不正确酌情扣分		
2	工件装夹是否正确	10	不正确酌情扣分		
3	操作方法是否正确	20	出现一处失误扣 10 分		
4	垂直度是否达到要求	20	出现一处失误扣 5 分		
5	（50±1）mm 尺寸是否超差	15	出现一处扣 5 分		
6	（100±1）mm 尺寸是否超差	10	超差扣 10 分		
7	弯形时板料是否开裂	10	目测，出现一处扣 10 分		
8	安全文明操作	10	违者每次扣 2 分		
合计		100			

思考与练习

一、填空题

1. 由于弯形是使材料产生塑性变形，所以只有______材料才能进行弯形。

2. 钢板弯形后的外层材料______，内层材料______，中间层材料长度不变，故称为______。

3. 弯形的方法有______弯和______弯两种。

4. 金属材料变形一种是______变形，另一种是______变形。

5. 对于相同材料，弯形半径越小，其变形______。

二、简答题

1. 什么是弯形？弯形的实质是什么？

2. 手工常用弯形工具有哪些？

3. 试述板料弯形的加工步骤。

课题十三

气割

学习目标

◆ 了解气割的工作原理及应用范围。

◆ 掌握气割设备的结构及施工方法。

◆ 能利用气割设备进行中、薄板的气割加工。

想一想

在汽车事故车辆钣金修理过程中，常利用气割的方法来切割钣金件（见图 13—1），从而使钣金件有效分离。你知道气割的工作原理是什么吗？需要使用哪些工具设备呢？

图 13—1　气割金属板材

一、气割概述

1. 气割所用的气体

气割用的气体可分为两类：助燃气体（氧气）和可燃气体（乙炔等）。

（1）氧气

它是一种无色、无味、无毒的气体，其分子式为O_2。在标准状态下，氧气的密度为1.429 kg/m³，比空气重（空气为1.29 kg/m³）。氧气本身不能燃烧，但它是一种活泼的助燃气体。

氧气的纯度对气焊、气割的质量和效率有很大的影响，因此，焊（割）用氧气纯度一般应不低于99.2%。

（2）乙炔

它是一种无色而有特殊臭味的气体，是一种碳氢化合物，其分子式为C_2H_2。在标准状态下，密度为1.17 kg/m³，比空气略轻。

乙炔是可燃气体，它与空气混合燃烧时所产生的火焰温度为2 350℃，而与氧气混合燃烧时所产生的火焰温度可达3 000～3 300℃。因此，能够迅速熔化金属，进行焊接与切割。

乙炔也是一种具有爆炸性危险的气体。由于乙炔受压会引起爆炸，因此不能加压装瓶来储存，而是利用乙炔可以大量溶解在水和丙酮中的特性储存。特别是在丙酮中溶解量特别大，1 L丙酮可溶解25 L乙炔。工业上将乙炔灌装在盛有丙酮和多孔物质的容器中，成为溶解乙炔（瓶装乙炔）进行储运，既方便又经济。

2. 气割的原理及应用范围

（1）气割基本原理

气割是利用气体火焰的热能，将工件切割处预热到燃烧温度后，喷出高速切割氧流，使其燃烧并放出热量，从而实现切割的方法。气割过程包括下列三个阶段：

1）气割开始时，用预热火焰将气割处的金属预热到燃烧温度（燃点）。

2）向被加热到燃点的金属喷射切割氧，使金属剧烈燃烧。

3）金属燃烧氧化后生成熔渣和产生反应热，熔渣被切割氧吹除，所产生的热量和预热火焰热量将下层金属加热到燃点，这样持续下去就能将金属逐渐割穿。随着割炬的移动，金属材料被切割成所需的形状和尺寸，气割过程如图13—2所示。

（2）应用范围

气割的效率高、成本低、设备简单，并能在各种位置进行切割及切割各种外形复杂的零件，因此，广泛地用于型钢下料、开焊接坡口和铸件浇冒口的切割，切割厚度可达300 mm以上。

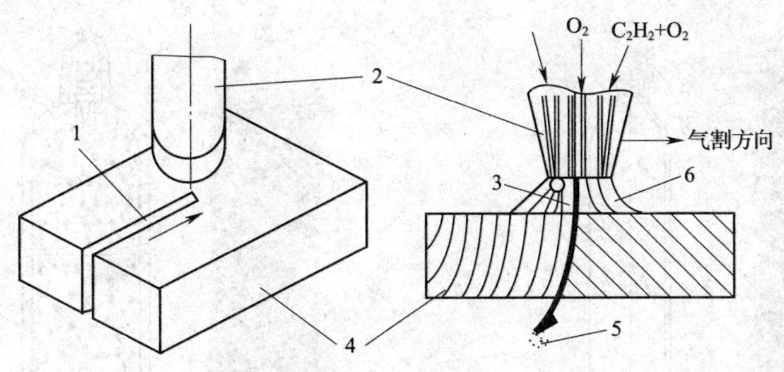

图 13—2　气割过程

1—割缝　2—割嘴　3—氧气流　4—工件　5—氧化物　6—预热火焰

根据金属的切割性能，目前，气割主要用于各种碳钢和低合金钢的切割。其中淬火倾向大的高碳钢和强度等级较高的低合金钢气割时，为避免切口淬硬或产生裂纹，应采取适当加大预热火焰功率和放慢切割速度，甚至割前对钢材进行预热等措施。

二、气割设备工具

1. 气瓶

(1) 氧气瓶

氧气瓶是储存和运输氧气的一种高压容器。氧气瓶的外形和构造如图 13—3 所示。

目前，工业中最常用的氧气瓶规格是瓶体外径为 219 mm，瓶体高度约为 1 370 mm，容积为 40 L，当工作压力为 15 MPa 时，储存 6 m^3氧气。

氧气瓶外表面涂天蓝色漆，并用黑漆写上“氧”字样。

(2) 乙炔瓶（又称溶解乙炔瓶）

乙炔瓶是一种储存和运输乙炔的压力容器。其外形与氧气瓶相似，比氧气瓶矮，略粗一些。乙炔瓶的外形和构造如图 13—4 所示。

乙炔瓶用优质气瓶专用钢制造成形。目前，生产中最常用的乙炔瓶的规格为：瓶外径 250 mm，容积为 40 L，充装丙酮为 13.2～14.3 kg，充装乙炔量为 6.2～7.4 kg，为 5.3～6.3 m^3。

乙炔瓶外表面涂白色漆，并用红漆写有“乙炔”“不可近火”字样。

2. 减压器

减压器又称为压力调节器，它是将高压气体降为低压气体的调节装置。例如，把氧气瓶内的 15 MPa 高压气体减压至 0.1～0.3 MPa 的工作压力，供焊接或切割时使用。减压器同时还有稳压作用，使气体的工作压力不随气瓶内的压力减小而降低。

(1) 氧气减压器

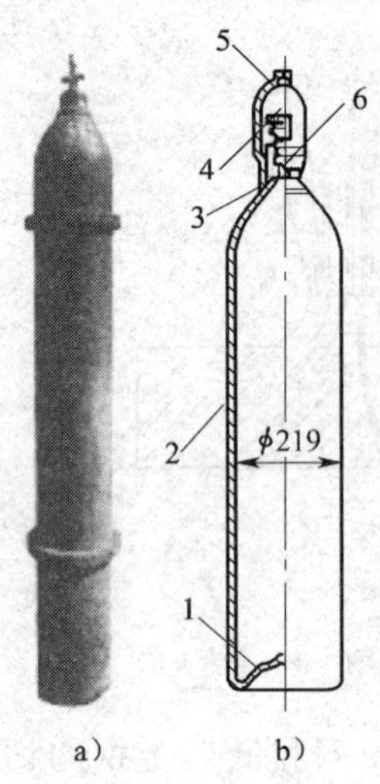

图 13—3　氧气瓶

a）外形　b）构造

1—瓶底　2—瓶体　3—瓶箍

4—氧气瓶阀　5—瓶帽　6—瓶头

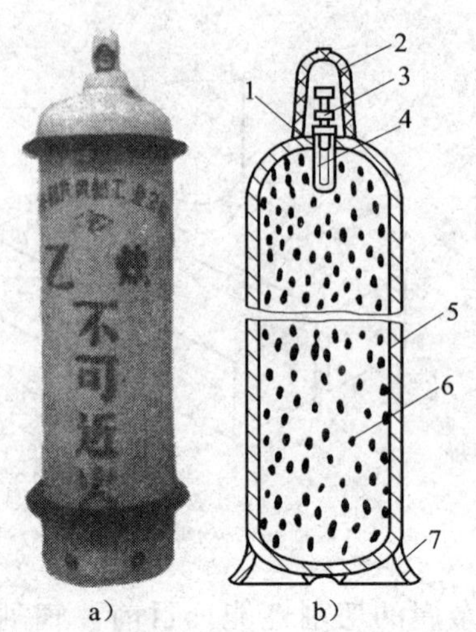

图 13—4　乙炔瓶

a）外形　b）构造

1—瓶口　2—瓶帽　3—瓶阀　4—石棉

5—瓶体　6—多孔填料　7—瓶底

氧气减压器的品种很多，有单级和双级的，有正作用式和反作用式的。目前氧气瓶上经常使用的减压器为 QD—1 型单级反作用式减压器，其内部构造如图 13—5 所示。

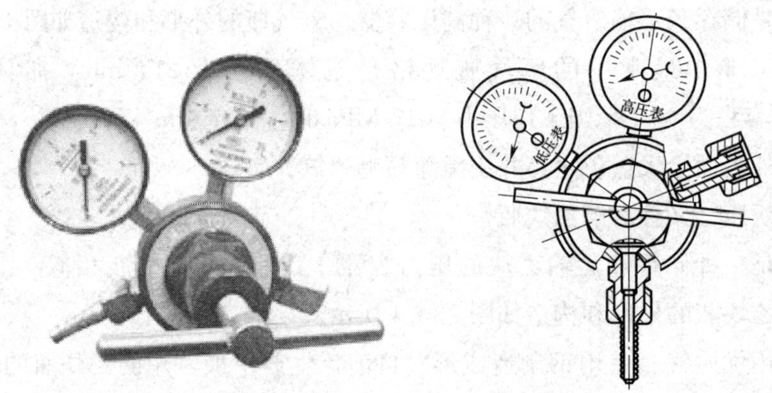

图 13—5　QD—1 型单级反作用式减压器

（2）乙炔减压器

乙炔减压器的作用原理、结构和使用方法与氧气减压器基本相同，只是零件尺寸、形状和材料有所不同。

但由于乙炔瓶阀的阀体旁侧没有连接减压器的接头，所以必须使用带夹环的乙炔减压器，如图 13—6 所示。转动紧固螺钉时，能使乙炔减压器的连接管压紧在乙炔瓶阀的出气口上，使乙炔通过减压器供焊、割用。

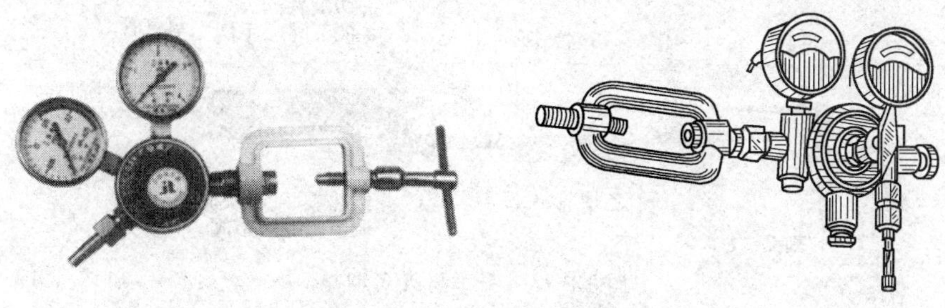

图 13—6　乙炔减压器

另外，由于氧—乙炔焰使用过程中会出现回火现象，即混合气体火焰倒流进入焊、割嘴，因此，为了防止火焰倒流进入气瓶而发生爆炸的危险，在乙炔的通路上要安装回火防止器。目前，常在乙炔减压器的出口处安装小型的干式回火防止器，使减压器和回火防止器形成一个整体，使用很方便。

3．割炬

割炬是进行气割的主要工具。它是使可燃气体与氧气按一定比例混合燃烧形成稳定火焰的工具。按可燃气体与助燃气体混合的方式不同，可分为射吸式和等压式两大类。

目前，国内使用的割炬多为射吸式。其工作原理是氧气由氧气通道进入喷射管，再从直径非常小的喷嘴喷出。当氧气从喷嘴喷出时，就要吸出聚集在喷嘴周围的低压乙炔。这样，氧气与乙炔就按一定比例混合，并以一定的流速经混合气通道从割嘴喷出。因为乙炔的流动是靠氧气的射吸作用来实现的，故称为射吸式割炬。它的最大优点是使用低压乙炔也能使割炬正常工作。

射吸式割炬型号表示方法如下：

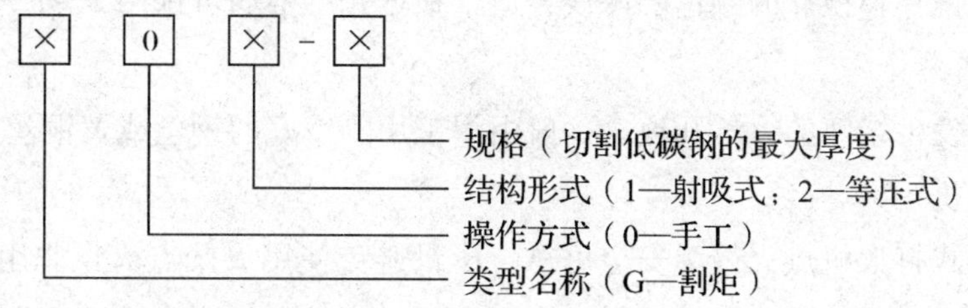

例如：G01－30 表示最大切割厚度为 30 mm 的手工射吸式割炬。

手工射吸式割炬的结构如图 13—7 所示。

4．橡胶软管

氧气瓶和乙炔瓶中的气体须用橡胶软管输送到焊炬或割炬。焊割所用的橡胶软管，按其所输送的气体不同分为以下两种。

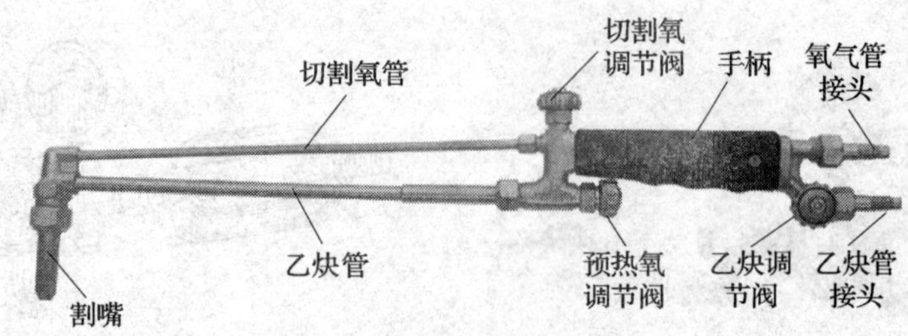

图 13—7　手工射吸式割炬

（1）氧气胶管

根据 GB/T 2550—2007《气体焊接设备　焊接、切割和类似作业用橡胶软管》的规定，氧气胶管应为蓝色。它由内外胶层和中间纤维层组成，其外径为 18 mm，内径为 8 mm，工作压力为 1.5 MPa。

（2）乙炔胶管

根据 GB/T 2550—2007《气体焊接设备　焊接、切割和类似作业用橡胶软管》的规定，乙炔胶管应为红色。其结构与氧气胶管相同，但其壁较薄，外径为 16 mm，内径为 10 mm，工作压力为 0.3 MPa。

每一种胶管只能用专用气体，不能互相代用。使用时注意胶管不要沾染油脂，并要防止烫坏和折伤。老化及回火烧损的胶管应及时更换，以免造成安全事故。

5．辅助工具

（1）护目镜

气焊、气割时，焊工应戴护目眼镜操作，可保护眼睛不受火焰亮光的刺激，以便在焊接过程中能仔细地观察熔池金属，又可防止飞溅金属伤害眼睛。在焊接一般材料时宜用黄绿色镜片，镜片的颜色要深浅合适，根据光度强弱可选用 3～7 号遮光玻璃。

（2）通针

用于清理发生堵塞的火焰孔道。一般由焊工用刚度好的钢丝或黄铜丝自制。

（3）打火机

使用手枪式打火机点火最为安全可靠。尽量避免使用火柴点火，非用火柴点火时，必须把划着的火柴从焊嘴或割嘴的后面送到焊嘴或割嘴上，以免手被烫伤。

（4）其他工具

钢丝刷、锤子、锉刀、扳手、钳子等。

三、氧—乙炔焰

乙炔与氧混合燃烧形成的火焰叫氧—乙炔焰。氧—乙炔焰的外形、构造及温度分布是由氧气和乙炔混合的比值决定的。按比值的不同，可得到性质不同的三种火焰：碳化焰、中性焰和氧化焰，如图 13—8 所示。氧—乙炔焰的种类及特点见表 13—1。

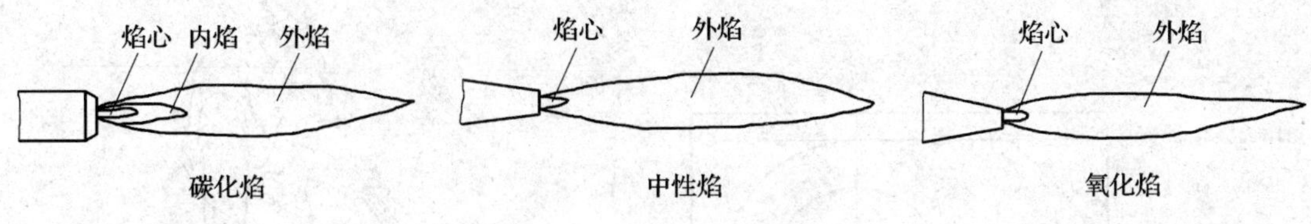

图 13—8　氧—乙炔焰的类型

表 13—1　氧—乙炔焰的种类及特点

火焰种类	氧气与乙炔混合比	火焰最高温度（℃）	火焰特点
中性焰	1.1～1.2	3 050～3 150	氧气与乙炔充分燃烧，既无过剩氧，也无过剩的乙炔。焰心明亮，轮廓清楚，内焰具有一定的还原性
碳化焰	<1.1	2 700～3 000	乙炔过剩，火焰中有游离状态的碳和氢，具有较强的还原作用，也有一定的渗碳作用。碳化焰整个火焰比中性焰长
氧化焰	>1.2	3 100～3 300	火焰中有过量的氧，具有强烈的氧化性，整个火焰较短，内焰和外焰层次不清

四、气割基本操作

1．气割顺序

气割工件因局部受高温影响，割后将产生较大变形，若对气割顺序做合理选择，则可减小割件的这种变形，如图 13—9 所示。

2．气割姿势

两脚距离与肩同宽，呈外八字形，身体自然下蹲，右臂弯曲靠右膝外侧，左臂在两腿之间伸向右方，如图 13—10 所示。右手握持割炬手柄，并以右手的拇指和食指掌握预热氧阀开关，以便调节预热火焰和发生回火时切断气源。左手的小指和无名指夹住混合气管，拇指和食指控制切割氧气阀门。眼睛注视切割线，呼吸自然，姿势平稳，使整个动作协调而自然。

3．预热火焰的调整

气割预热火焰应选取氧和乙炔比例适当、对金属无碳化和氧化作用的中性焰，主要通过调节预热氧调节阀来实现。

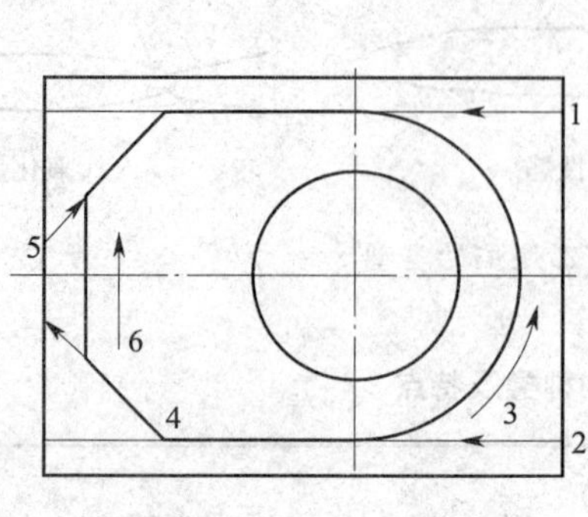

图 13—9　气割顺序

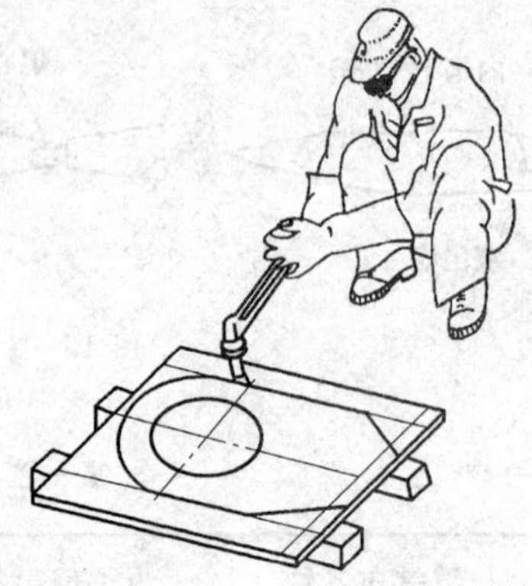
图 13—10　气割姿势

4．检查风线（切割氧流线）

预热火焰调整好后，打开切割氧阀门，观察风线。为保证切割质量，风线应为具有一定长度、笔直而清晰的圆柱体。若风线不符合要求，应关闭割炬的所有阀门，用通针清理割嘴内表面的飞溅、污物，同时修正风线。

气割设备的安装与检查

1．工作任务

本任务是进行气割设备的安装与检查，如图 13—11 所示。

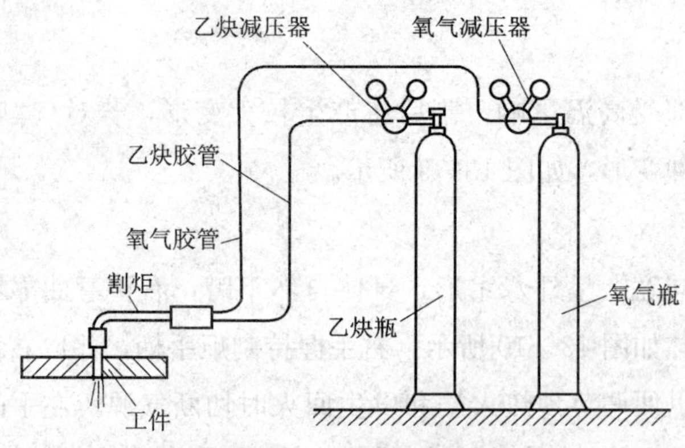

图 13—11　气割设备安装图

2．任务分析

分析图 13—11 所知，该设备由气瓶、气体减压器、气管、割炬等组成。要完成任务，首先应了解气焊与气割设备组成部分及相互连接方法，根据连接方法及要求正确连接气割的设备，并进行各项安全检查。

3. 实施步骤

(1) 气割前准备

1) 气割设备及连接。气割设备的安装如图 13—11 所示。

手工气割所用设备及工具的连接顺序如下。

氧气瓶→氧气减压器→氧气胶管 →┐
　　　　　　　　　　　　　　　　├→割炬
乙炔瓶→乙炔减压器→回火防止器 → 乙炔胶管 →┘

2) 辅助器具及工具。护目镜、点火枪、通针、钢丝刷、扳手等。

(2) 气割前检查

1) 场地检查。严格按气割安全规定进行。

2) 设备连接。先打开气瓶的瓶阀，去除瓶口灰尘。将减压器总成与气瓶连接好。再将气管与减压器总成接好，氧气管用管箍箍紧，乙炔管直接插入即可。最后将氧气管与割炬进行连接。检查割炬的射吸能力正常后，连接乙炔管。

3) 设备检查

①检查割炬的射吸能力。旋开割炬氧气调节阀，使氧气流过混合气室喷嘴，这时将手指放在割炬的乙炔进气管口上（见图 13—12），如果手指感到有吸力，证明射吸能力正常；若无吸力或有推力（回火现象），则说明割炬不能正常工作，必须经维修后方可使用。

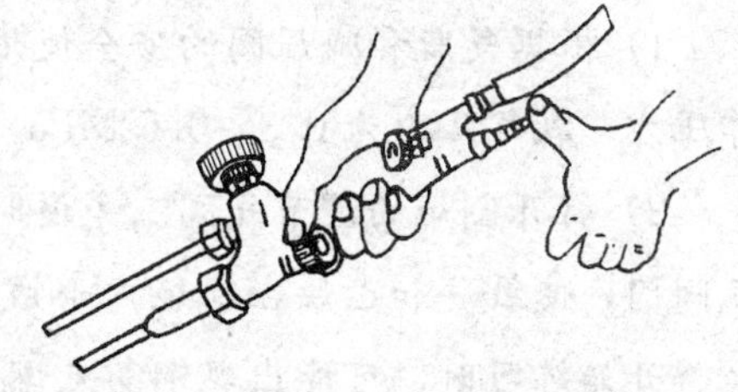

图 13—12　检查割炬的射吸能力

②检查漏气。右旋氧气减压器的调节螺母，调节低压表表压至 0.25 MPa，用手触摸（或涂肥皂水）各连接处，判断有无漏气现象。检查乙炔接头处可用肥皂水涂抹或鼻嗅的方法。如有漏气现象，应马上关闭瓶阀检修。

③减压器总成的检查。调节减压器总成低压调节螺杆，观察压力表指针动作是否灵敏。

4. 评分标准

序号	项目与技术要求	配分	评分标准	实测记录	得分
1	熟悉设备的组成及使用	30	总体评定，酌情扣分		
2	设备的连接操作规范化	30	不符合要求不得分		
3	设备的检查	30	不符合要求不得分		
4	安全文明操作	10	违反规定要求酌情扣分		
合计		100			

气割火焰的点燃、调节和熄灭

1. 工作任务

本任务是气割火焰的点燃、调节不同性质的火焰和正确熄灭火焰的操作。

2. 任务分析

要完成任务，必须了解气割火焰性质分类及外在表象，掌握气割火焰的点燃、调节与熄灭等基本操作技能。

3. 实施步骤

（1）割炬的握法

右手握持割炬手柄，并以右手的拇指和食指掌握预热氧阀开关，以便调节预热火焰和发生回火时切断气源。左手的小指和无名指夹住混合气管，拇指和食指控制切割氧气阀门。

（2）火焰的点燃

1）根据气瓶和减压阀的安全使用规定和焊接规范，打开减压阀并调整到合适的工作压力。氧气压力为 0.3～0.5 MPa，乙炔压力为 0.03～0.04 MPa。

2）打开割炬的调节气阀。先逆时针方向旋转乙炔阀门放出乙炔，再逆时针微开氧气阀门，使氧气和乙炔在割炬内形成混合气体并从割嘴喷出，此时将割嘴靠近火源点火。开始练习时，可能出现不易点燃和连续“放炮”的响声，这是因为氧气量过大或乙炔不纯所造成的，此时应微关氧气阀门或放出不纯的乙炔，重新点火。

点火时，拿火源的手不要正对割嘴（见图 13—13），也不要将割嘴指向他人，以防烧伤。

（3）火焰的调节

刚点燃的火焰多为碳化焰，如要调成中性焰，应逐渐增加氧气的供给量，直至火焰的内、外焰无明显的界限，焰心端部有淡白色火焰闪动，即获得中性焰。如继续增加氧气或减少乙炔，就得到氧化焰；反之，增加乙炔或减少氧气，可得到碳化焰。

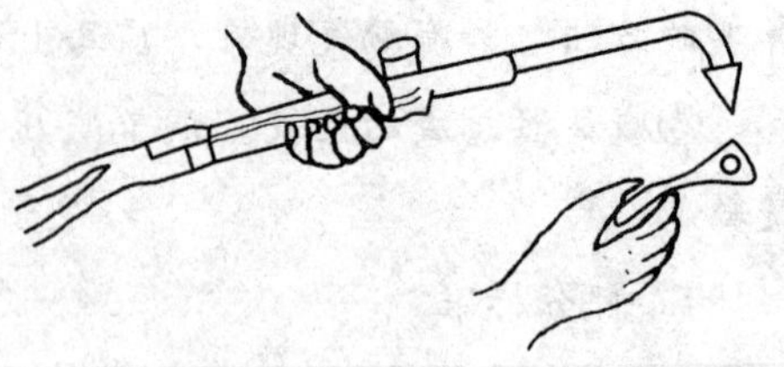

图 13—13　点火姿势

调节氧气和乙炔流量大小，还可得到不同的火焰能率。气焊工作时，若先减少氧气，后减少乙炔，可减小火焰能率；若先增加乙炔，后增加氧气，可增大火焰能率。

（4）火焰的熄灭

正确的熄灭方法是先顺时针方向旋转乙炔阀门，直至关闭乙炔，再顺时针方向旋转氧气阀门关闭氧气。这样可避免黑烟和火焰倒袭。注意，关闭阀门时以不漏气为准，不要关得太紧，以防磨损太快，降低割炬的使用寿命。

（5）安全注意事项

1）在实施任务前，先认真阅读气割的各项安全规程，再操作。

2）正式操作前，先进行模拟练习，熟悉割炬阀门的开关顺序后，再操作。

4. 评分标准

序号	项目与技术要求	配分	评分标准	实测记录	得分
1	熟悉安全规程	20	总体评定，酌情扣分		
2	设备的检查	20	不符合要求不得分		
3	点火动作姿势正确	15	不符合要求酌情扣分		
4	火焰调节动作正确	20	不符合要求酌情扣分		
5	火焰熄灭动作正确	15	不符合要求酌情扣分		
6	安全文明生产	10	不符合要求不得分		
合计		100			

普通零件的气割

1. 工作任务

根据如图 13—14 所示图样及技术要求，自行确定气割顺序，气割加工零件毛坯件。

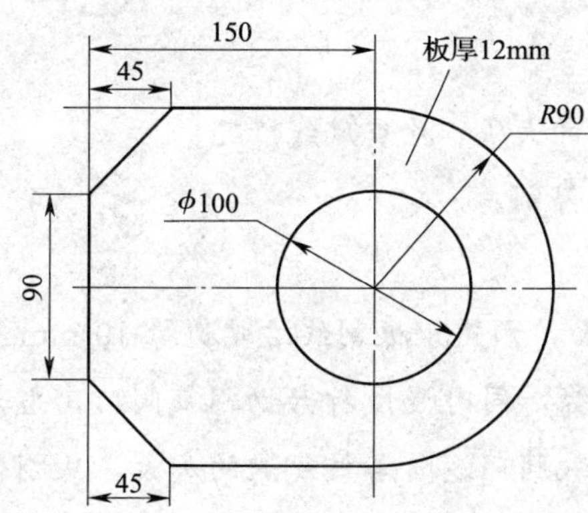

图 13—14　气割加工图

2. 任务分析

如图 13—14 所示，零件由直线、圆弧、内孔、角度等组成，要完成该任务必须了解手工气割的工艺参数选用原则，掌握直线、圆和圆弧的气割基本方法。

3. 实施步骤

（1）割炬的选择

1）选择工艺规范。根据工件厚度（12 mm），选用射吸式割炬 G01—30 型；2 号环形割嘴，切割氧孔径为 0.8 mm；氧气压力 0.25 MPa；乙炔压力 0.001～0.1 MPa。

2）检查气密性。

3）检查割炬的射吸能力。

（2）气割前的准备

1）识读气割工件图，在板材上合理排布零件的位置。

2）按图样尺寸进行划线，留有一定的切割余量并检查尺寸的准确性。

3）工件正确放置。工件的摆放如图 13—15 所示。

切割外轮廓线时，工件可按图 13—15b 所示的方式摆放。应使气割线下部悬空，无垫置物阻挡。

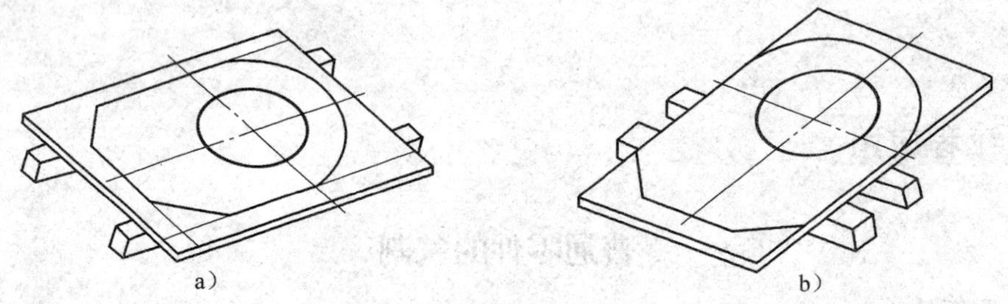

图 13—15　工件的摆放

4）安装检查气割设备。

（3）气割

1）点燃火焰并调整火焰性质与火焰能量的大小，检查风线情况。

2）起割、正常气割、停割、接割和收尾停割。

（4）外轮廓线的气割

操作者平端割炬，使割嘴垂直于割件表面，预热钢板割线右端边缘 10 mm 处，待预热点呈现亮红色时，将割嘴外移至钢板边缘，同时慢慢打开切割氧阀门，当看到预热处有红点被氧气流吹掉时，可以开大切割氧阀门。随着氧气流的加大，从割件的背面飞出鲜红的铁渣时，说明已经割透，即可根据工件的厚度，以适当的速度移动割炬向前切割。

为了保证切割质量，在气割过程中，割炬移动的速度要均匀，割嘴至割件表面的距离应保持一致。在切割中要注意观察，如果切割的火花向下垂直飞去，则速度适当；若熔渣与火花向后飞，甚至上返，则速度太快，切口下部燃烧比上部慢，致使后拖量增大，甚至割不透；若割缝两侧棱角熔化，边缘部位产生连续珠状钢粒，则说明速度太慢。

气割中，操作者若需移动身体位置，应预先关闭切割氧阀门，待身体位置调整好后，再重新预热、起割。

在气割接近终点时或停割时，割嘴应略向后方倾斜，以便钢板下部提前被割透，使上下受热均衡，收尾平直整齐。

停割后，先关闭切割氧气阀门，再关闭乙炔阀门熄火，最后关闭预热氧气阀门。

（5）内孔的气割

1）起割。起割内孔时，要预先切割件孔内废料部分，离气割线适当距离割一小透孔。将割嘴垂直于割件表面，对欲开孔部位进行预热，然后将割嘴稍向旁移，并略倾斜；再逐渐开大切割氧阀门吹除熔渣，直至将钢板割穿，再过渡到切割线上切割，如图 13—16 所示。

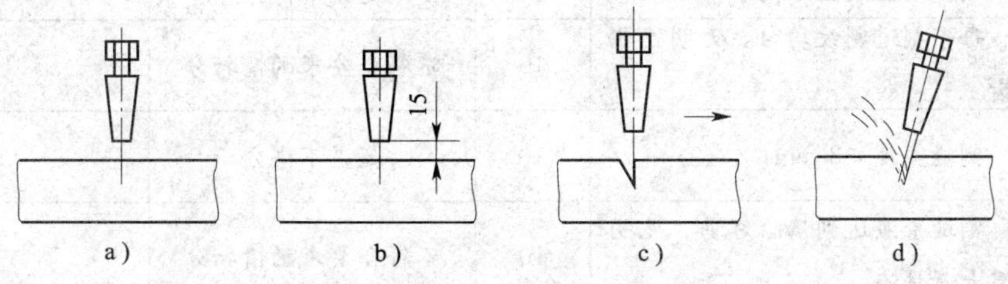

图 13—16　内孔的气割示意图

a)、b）割炬角度与距离　c)、d）起割的角度与移动的方向

2）切割过程。切割内圆孔时，身体要保持稳定，割速要均匀。当割嘴沿切割线做圆周运动时，身体重心也应轻轻随着变动，但手臂及下蹲姿势不应有较大变动。

3）停割。当气割接近结束时，应略开大切割氧阀门，割速也应略快，迅速吹掉熔渣，防止收尾处热量集中而局部熔化，产生粘连。

（6）关闭气源，设备整理，清理场地

（7）质量检查

1）测量割件的各部尺寸是否符合图样要求。

2）检查气割切口表面是否平整光滑，割纹是否均匀一致。

3）检查切口边缘是否有熔化现象，氧化物是否易于清除。

4）检查切割直线段的平直程度。

4. 注意事项

（1）氧气瓶一般应直放使用，乙炔瓶必须直放使用，并要平稳可靠。

（2）减压器、氧气瓶阀严禁油污，不得戴沾有油污手套安装减压器。

（3）氧气瓶、乙炔瓶应距火源 10 m 以外。

（4）气割中，当发生回火时，应立即关闭预热氧阀门。此时若割炬内还发出“嘶嘶”声，表明割炬内回火尚未熄灭，应立即关闭乙炔阀或快速拔下乙炔胶管，排出回火。

（5）穿戴好劳动保护用品，防止烧伤及烫伤事故。

（6）气割工作结束后，应及时整理工具，清理现场，做到文明生产。

（7）在学习过程中，各项操作在开始时均应分解练习，以保证动作姿势正确无误。

5. 评分标准

序号	项目与技术要求	配分	评分标准	实测记录	得分
1	点火姿势正确	10	总体评定，酌情扣分		
2	气体火焰调节正确	10	不符合要求不得分		
3	操作姿势正确	10	不符合要求不得分		
4	正确运用割缝的起头、切割、连接和停割的方法	10	不符合要求酌情扣分		
5	割道的上表面熔化量$<R2$	10	超差不得分		
6	每条割道割纹均匀，无明显锯齿	10	不符合要求酌情扣分		
7	割缝宽度<3 mm	10	超差不得分		
8	割缝余渣达到清除容易、无明显大量挂渣	10	不符合要求酌情扣分		
9	割缝基本平直，垂直度误差<3°	10	不符合要求酌情扣分		
10	安全文明操作	10	违者每次扣 2 分		
合计		100			

思考与练习

一、填空题

1. 氧气瓶外表面涂________漆，并用____漆写上“氧”字；乙炔瓶外表面涂____漆，并用____漆写上“乙炔”“不可近火”字样。

2. 减压阀的作用有____________和______________。

3. 氧气胶管应为____色。其外径为 18 mm，内径为____mm。工作压力为____MPa。乙炔胶管应为____色，其外径为 16 mm，内径为____mm，工作压力为____MPa。

二、简答题

1. 解释割炬型号 G01—30 的意义。

2. 如何检查射吸式割炬的射吸能力？

3. 叙述气体火焰的点燃、调节与熄灭的操作流程，并说明各阀门开启、关闭的方向。

4. 气割过程中应注意哪些安全事项？

课题十四

焊条电弧焊

学习目标

◆ 了解焊条电弧焊的原理及常用设备。

◆ 熟悉焊条电弧焊的工艺参数内容及其对焊接过程的影响，并能合理选取。

◆ 了解焊件坡口类型及平角焊的特点。

◆ 能根据加工要求选择工艺参数，并能进行焊接加工。

在汽车钣金件的更换和修理过程中，常采用铆接的方法将两个钣金件连接在一起，也常用焊条电弧焊的方法来实现钣金件的连接。

焊接就是通过加热或加压，或两者并用，用（或不用）填充材料，使焊件达到原子结合的一种加工方法。按照焊接过程中金属所处的状态不同，焊接方法可分为熔焊、压焊和钎焊三类。本课题仅介绍熔焊中最常用的焊条电弧焊的基本操作方法。

一、焊条电弧焊的原理

焊条电弧焊是用手工操纵焊条进行焊接的电弧焊方法，它是利用焊条和焊件之间产生的焊接电弧来加热并熔化焊条与局部焊件以形成焊缝的，是熔焊中最基本的一种焊接方法，也是目前焊接生产中使用最广泛的焊接方法。

焊条电弧焊的原理如图 14—1 所示。开始焊接时，将焊条与焊件接触短路后立即提起焊条，引燃电弧。电弧的高温将焊条与焊件局部熔化，熔化了的焊芯以熔滴的形式过渡到局部熔化的焊件表面，融合在一起形成熔池。焊条药皮在熔化过程中产生一定量的气体和液态熔渣，产生的气体充满在电弧和熔池周围，起隔离大气保护液体金属的作用。液态熔渣密度小，在熔池中不断上浮，覆盖在液体金属上面，也起着保护液体金属的作用。同时，药皮熔化产生的气体、熔渣与熔化了的焊芯、焊件发生一系列冶金反应，保证了所形成焊缝的性能。随着电弧沿焊接方向不断移动，熔池液态金属逐步冷却结晶，形成焊缝。

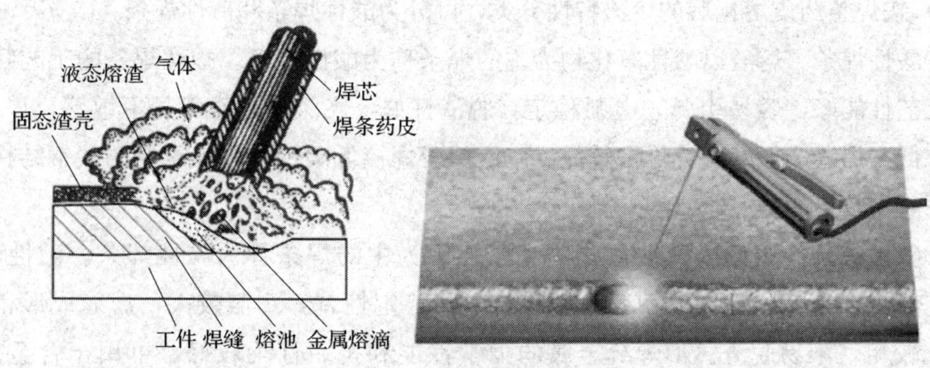

图 14—1　焊条电弧焊的原理

二、焊条电弧焊常用设备及工具

1. 焊条

焊条电弧焊所用的焊接材料主要是焊条。焊条电弧焊时，焊条既作电极，又作填充金属，熔化后与母材熔合形成焊缝。因此，焊条的性能将直接影响电弧的稳定性、焊缝金属的化学成分、力学性能和焊接生产率等。

（1）焊条的组成

焊条由焊芯和药皮组成，其结构如图 14—2 所示。

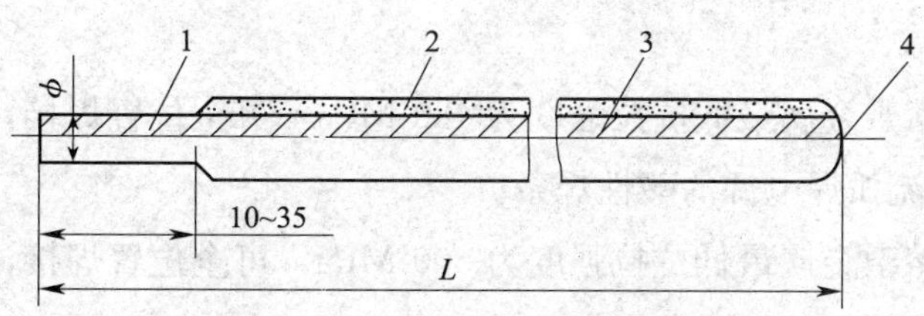

图 14—2　焊条组成示意图

1—夹持端　2—药皮　3—焊芯　4—引弧端

1）焊芯。焊芯有两个作用：一是传导焊接电流；二是作为填充金属。由特殊冶炼的优质焊条钢经轧制、拉拔而成。常用的焊条直径有 2.5 mm、3.2 mm、4.0 mm、5.0 mm 等几种。焊芯越细，焊条长度越短。焊条长度一般在 250～450 mm 之间。

2）药皮。药皮在焊接过程中主要起保护熔化金属、改变焊缝的成分、改善焊接工艺性能的作用。

（2）焊条的种类

1）按焊条用途分为 10 类：结构钢焊条、钼和铬钼耐热钢焊条、低温钢焊条、不锈钢焊条、堆焊焊条、铸铁焊条、镍及镍合金焊条、铜及铜合金焊条、铝及铝合金焊条、特殊用途焊条。

2）按焊条药皮熔化后的熔渣特性分类，可分为酸性焊条和碱性焊条。

①酸性焊条。熔渣以酸性氧化物为主的焊条称为酸性焊条。酸性焊条的工艺特点：焊接工艺性能好，容易引弧，电弧稳定，脱渣性好，飞溅小，对弧长不敏感，焊前准备要求低，焊缝成形好，且价格较低。广泛用于焊接低碳钢和不太重要的碳钢结构中。生产中应用较多的是 E4303 型焊条。

②碱性焊条。熔渣以碱性氧化物和氟化钙为主的焊条称为碱性焊条。碱性焊条的工艺特点：工艺性能差，引弧较困难，电弧稳定性差，飞溅较大，焊缝成形稍差，鱼鳞纹较粗，不易脱渣。但焊缝金属的力学性能和抗裂性均较好。可用于合金钢和重要的碳钢结构的焊接。常用的碱性焊条是 E5015 低氢钠型和 E5016 低氢钾型焊条。

（3）焊条的型号及其含义

碳钢焊型号是根据熔敷金属的力学性能、药皮类型、焊接位置和焊接电流种类来划分的。具体方法如下：

1）字母“E”表示焊条。

2）前两位数字表示熔敷金属最低抗拉强度，单位为 MPa。

3）第三位数字表示焊条的焊接位置。“0”及“1”表示焊条适用于全位置焊（平、立、仰、横），“2”表示焊条适用于平焊及平角焊，“4”表示焊条适用于向下立焊。

4）第三位和第四位数字组合时表示焊接电流种类和药皮类型。

例如：

E4303，表示熔敷金属最低抗拉强度为 430 MPa，可全位置焊接，焊条药皮为钛钙型，采用交流或直流弧焊电源的酸性焊条。

E5015，表示熔敷金属最低抗拉强度为 500 MPa，可全位置焊接，焊条药皮为低氢钠型，采用直流反接电源的碱性焊条。

2．焊接电源

焊条电弧焊常采用的电源有交流弧焊机和直流弧焊机两大类。

（1）交流弧焊机

交流弧焊机是一种将电网的交流电变成适宜焊条电弧焊用的交流电的特殊变压器。该焊机具有结构简单、易制造维修、成本低、磁偏吹小、噪声小、效率高等优点，但电弧稳定性较差，功率因数较低。常用设备有动铁芯式弧焊变压器，目前国产产品有 BX1 系列，常用的有 BX1－300 型、BX1－400 型等，BX1－500 型如图 14—3a 所示。还有动圈式弧焊变压器，国产产品有 BX3 系列，例如 BX3－300 型、BX3－500 型等，BX3－630 型如图 14—3b 所示。

a)

b)

c)

图 14—3 弧焊电源

a）BX1－500 型弧焊变压器 b）BX3－630 型弧焊变压器 c）ZX7－400 型弧焊逆变器

（2）直流弧焊机

直流弧焊机又称弧焊整流器，是把交流电经降压整流后获得直流电的电气设备。该设备制造方便，价格较低，空载损耗小，噪声小。常用设备有弧焊逆变器 ZX7 系列，如 ZX7－400 型，如图 14—3c 所示。

型号 BX1－500 中，B 表示弧焊变压器；X 表示下降外特性；1 表示动铁芯式；500 表示焊机额定焊接电流为 500 A。

型号 BX3－630 中，B 表示弧焊变压器；X 表示下降外特性；3 表示动圈式；630 表示焊机额定焊接电流为 630 A。

型号 ZX7－400 中，Z 表示弧焊整流器；X 表示下降外特性；7 表示逆变式；400 表示焊机额定焊接电流为 400 A。

（3）焊接电源的选用

当采用交流电源焊接时，其极性是交变的；而对直流电源而言，则存在极性问题。所谓极性，就是电源两极的焊接电缆接到直流电源输出的正、负极接线柱上的接线方法。极性有正极性和反极性两种，正极性是指焊件接电源正极，焊条接电源负极的接线法，也称为正接；反极性也称为反接，与正极性接法相反，如图 14—4 所示。

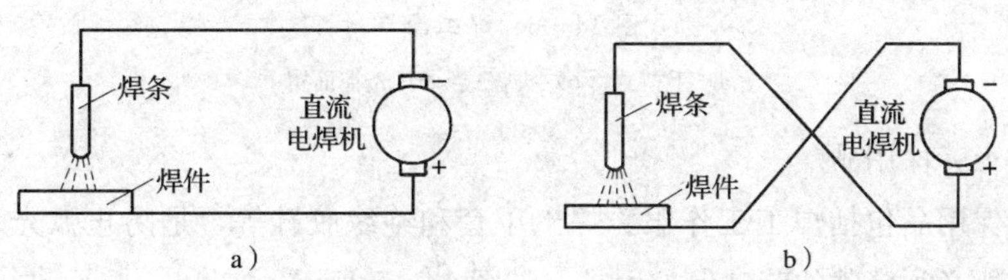

图 14—4 用直流电源焊接时极性的不同接法

a）直流正接 b）直流反接

焊条电弧焊时，电源的种类和极性根据焊条的性质和焊件所需得到的热量进行选择。当使用碱性低氢钠型（E5015 型）焊条时，无论焊件的薄或厚，均应采用直流反接，使熔滴过渡容易，减少气孔产生的倾向，电弧燃烧稳定，飞溅小。

在使用酸性焊条时，一般采用交流电源。当采用直流电源焊接时，直流正接适用于焊接较厚的板材，可以使焊件获得较大的熔池；而焊接薄板应采用直流反接，可防止焊件烧穿。

3．常用附件

（1）电焊钳

电焊钳用以夹紧焊条和传导电流，如图 14—5 所示。对焊钳的要求是夹持焊条应该方便，焊条角度的调节要方便，夹持处导电要好，手柄要有良好的绝缘与隔热的作用，并且要轻巧，易于操作。常用规格有 300 A 和 500 A 两种。

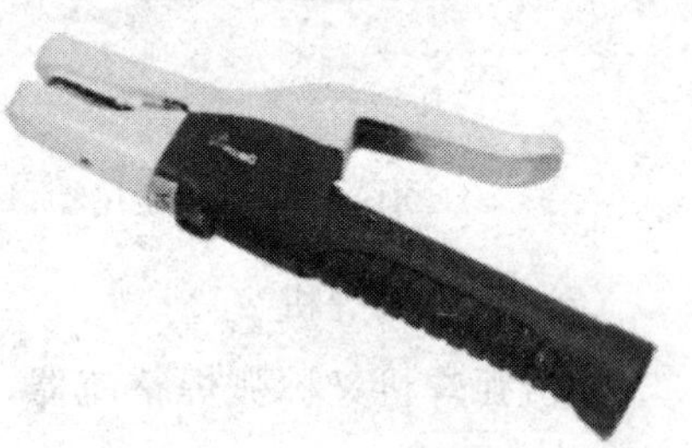

图 14—5　电焊钳

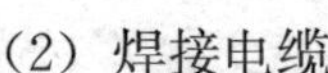

（2）焊接电缆

焊接电缆用以传导焊接电流，要注意保护，免受损伤。

（3）面罩及护目玻璃

面罩用来保护焊工头部及颈部免受强烈弧光及金属飞溅的灼伤，如图 14—6 所示。护目玻璃用来减弱弧光强度，吸收大部分红外线与紫外线，以保护焊工眼睛免遭弧光伤害。

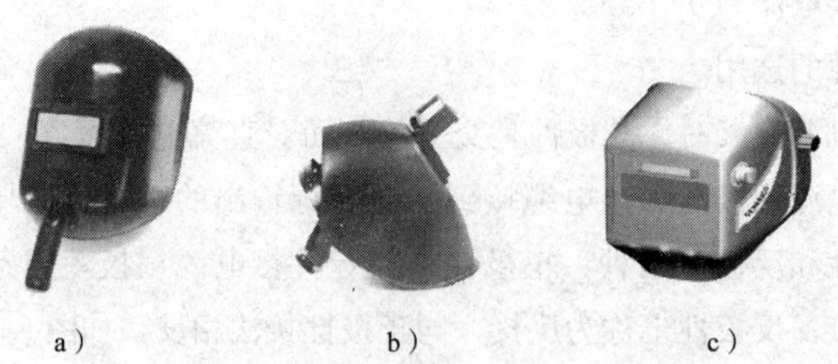

a）　b）　c）

图 14—6　焊工面罩

a）手持式　b）头盔式　c）光控面罩

（4）焊工劳保用品

焊工劳保用品包括焊工工作服、焊工手套和绝缘胶鞋等，是防止弧光、火花灼伤和防止触电所必须穿戴的劳动保护用品，如图 14—7 所示。

a)

b)

c)

图 14—7　焊工劳保用品

a) 焊工工作服　b) 焊工手套　c) 绝缘胶鞋

(5) 辅助工具

辅助工具包括敲渣锤、锉刀、錾子、钢丝刷、角向砂轮机、烘干箱、焊条保温筒等。

三、焊接工艺参数

1. 焊条的选择

(1) 焊条牌号的选择

通常根据所焊钢材的化学成分、力学性能、工作环境等方面的要求，以及焊接结构承载的情况和弧焊设备的综合条件，选择合适的焊条牌号，从而保证焊缝金属的性能要求。

(2) 焊条直径的选择

焊条直径的选择与下列因素有关。

1) 焊件的厚度。厚度较大的焊件应选用直径较大的焊条；反之，薄焊件应选用小直径焊条。焊条直径与焊件厚度之间的关系见表 14—1。

表 14—1　　根据焊件厚度选择焊条直径　　mm

焊件厚度	≤1.5	2	3	4～5	6～12
焊条直径	1.5	2.0	3.2	3.2～4.0	4.0～5.0

2) 焊接位置。焊接空间位置可分为平焊、立焊、横焊和仰焊四种，如图 14—8 所示。

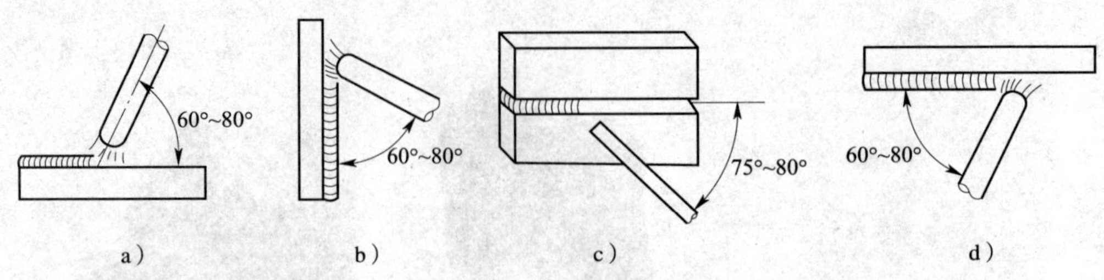

图 14—8 焊接位置

a）平焊 b）立焊 c）横焊 d）仰焊

在板厚相同的条件下，平焊焊缝选用的焊条直径比其他位置焊缝大一些，但一般不超过 5 mm；立焊一般使用直径为 3.2 mm、4.0 mm 的焊条；仰焊、横焊时，为避免熔化金属下淌，选用的焊条直径不超过 4.0 mm。

3）焊接层数。进行多层焊时，为保证第一层焊道根部焊透，打底焊应选用直径较小的焊条进行焊接，以后各层可选用较大直径的焊条。

4）接头形式。焊接接头形式常用的有对接接头、T 形接头、角接接头和搭接接头四种，如图 14—9 所示。

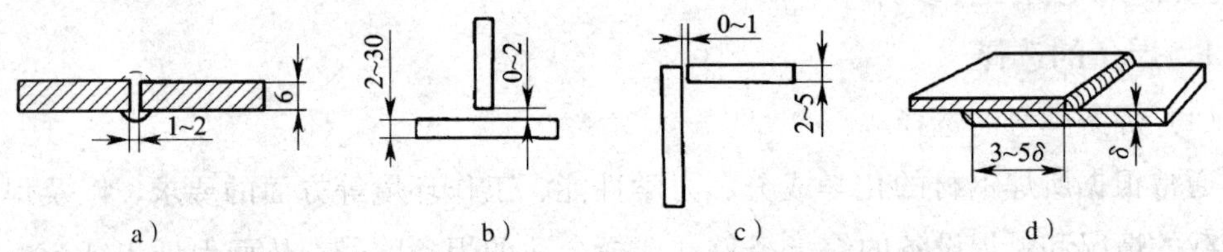

图 14—9 接头形式

a）对接接头 b）T 形接头 c）角接接头 d）搭接接头

搭接接头、T 形接头因不存在全焊透问题，所以应选用较大的焊条直径，以提高生产效率。

2．焊接电流的选择

选择焊接电流时，主要是依据焊条直径、焊缝位置、焊条类型和焊接经验来调节合适的焊接电流。

（1）根据焊条直径来选择

一般可以根据下面的经验公式来确定焊接电流范围，再通过试焊，逐步得到合适的焊接电流。

$$I_h = (30 \sim 40)\ d \quad \text{或} \quad I_h = 10d^2$$

式中 I_h——焊接电流，A；

d——焊条直径，mm。

（2）根据焊缝位置选择

在相同焊条直径条件下，平焊时，熔池中的熔化金属容易控制，可以适当选择较大的焊接电流；立焊和横焊时，焊接电流比平焊时应减小 10%～15%；仰焊时要比平焊时小 10%～20%。

（3）根据焊条类型选择

在焊条直径相同时，不锈钢焊条使用的焊接电流要比碳钢焊条小些，否则会因其焊芯电阻热过大导致焊条药皮过热而脱落。碱性焊条要比酸性焊条使用的焊接电流小些，否则，焊缝中易形成气孔。

3．电弧电压的选择

焊条电弧焊时电弧电压主要由电弧长度来决定，电弧长，电弧电压高；电弧短，电弧电压低。

在焊接过程中，电弧过长，将使电弧燃烧不稳定，飞溅增多，焊缝成形不易控制，尤其对熔化金属的保护不利。由于有害气体的侵入，直接影响焊缝金属的力学性能，故焊接时应该使用短弧焊接。一般认为弧长是焊条直径的 0.5～1.0 倍时为短弧。

4．焊接速度的选择

单位时间内完成的焊缝长度称焊接速度。对于焊条电弧焊来说，焊接速度是由焊工操作决定的，它直接影响焊缝成形的优劣和焊接生产率。焊接速度和电弧电压应在焊接过程中根据焊件的要求，凭焊工的焊接经验来灵活掌握。

5．焊接层数的选择

当焊件较厚时，往往采用多层焊。多层焊时，后层焊道对前一层焊道重新加热和部分熔合，可以消除前者存在的偏析、夹渣及一些气孔，同时后层焊道对前层焊道有热处理作用，能改善焊缝的金属组织，提高焊缝的力学性能。因此，对一些重要的结构，焊接层数多些为好，每层厚度最好不大于 4 mm。

四、焊件坡口类型

为了保证接头根部焊透，以便于清除熔渣、获得优质的焊接接头，可在焊件被焊处开坡口。常用的坡口形式有 I 形坡口、V 形坡口、X 形坡口和 U 形坡口，如图 14—10 所示。

为使焊接时达到一定的熔透深度，焊件接头处应留有 1～2 mm 的根部间隙。

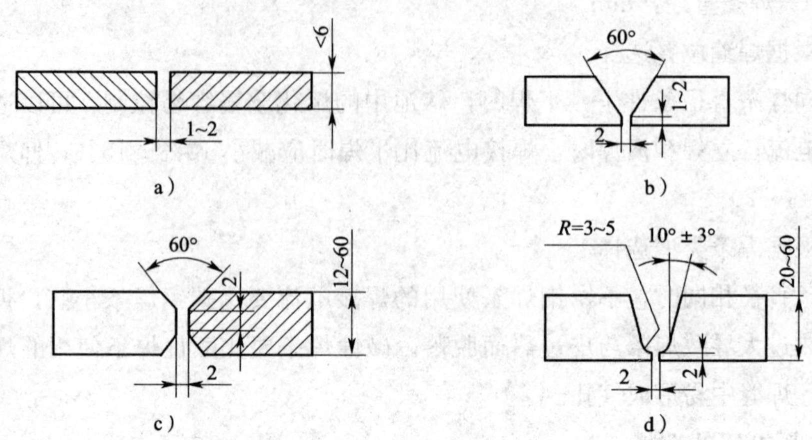

图 14—10　坡口类型

a）I 形坡口　b）V 形坡口　c）X 形坡口　d）U 形坡口

焊条电弧焊基本操作

1. 工作任务

如图 14—11 所示，利用焊条电弧焊在水平放置的工件上堆敷焊道。

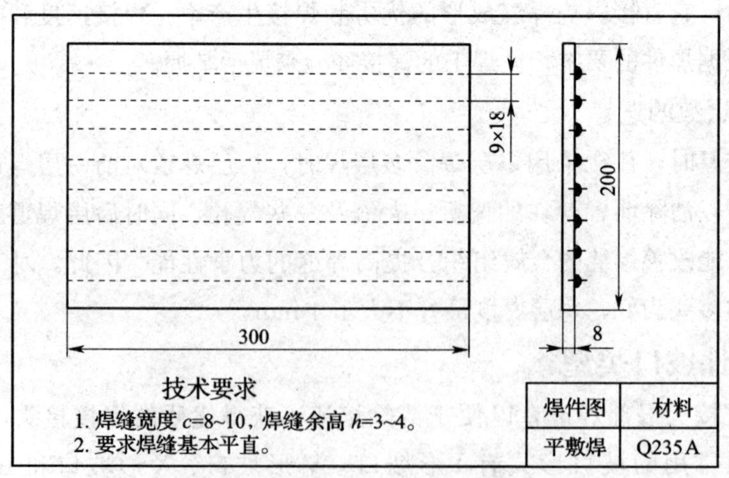

图 14—11　焊接基本操作实习图

2. 任务分析

如图 14—11 所示，需在工件上进行平敷焊，要求焊缝宽度 c＝8～10 mm，焊缝余高 h＝3～4 mm，焊缝基本平直。

3. 实施步骤

(1) 焊前准备

1) 焊机。选用交流弧焊机，型号为 BX1－300 或 BX3－300。

2) 焊条。选用 E4303，规格为 ϕ3.2～ϕ4.0 mm；焊条烘干温度为 75～150℃，然后保温 1～2 h。

3) 焊件。焊件材料规格见表 14—2。

表 14—2　焊件材料规格

实习件名称	材料	材料来源	下道工序	件数
钢板	Q235A	300 mm×200 mm×8 mm (备料)	无	1 件/人

4) 焊接辅助工具。敲渣锤、锉刀、钢丝刷、烘干箱、焊接工作台等。

(2) 操作步骤

1) 连接焊接回路（见图 14—12）。回路连接顺序如下：在两根焊接电缆线的端部分别接上电焊钳 7 和铁夹子，连接到交流弧焊电源的两电极上，用铁夹子夹着焊接工作台（被焊工件放置在工作台上），用电焊钳 7 夹持焊条 8，推合上电源开关 2。

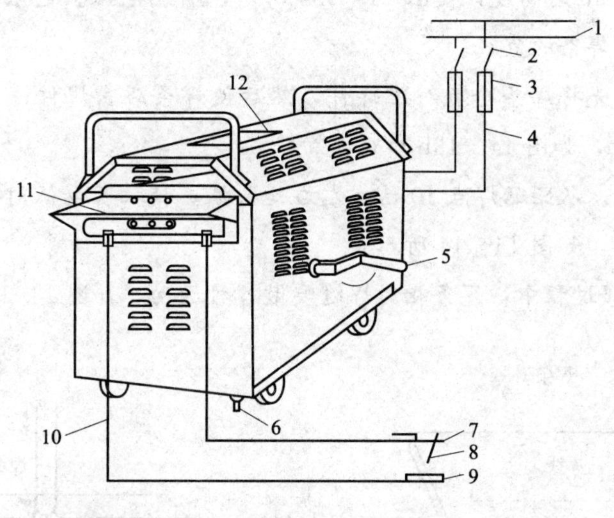

图 14—12　焊条电弧焊焊机连接示意图

1—电源　2—开关　3—熔断器　4—电源电缆线　5—焊机细调电流摇把　6—地线接头　7—电焊钳　8—焊条　9—焊件　10—焊接电缆线　11—粗调电流面板　12—电流表

2) 用钢丝刷及砂纸打磨工件的表面，直至露出金属光泽。在焊件上，以 20 mm 间距用划针画出焊缝位置线。

3）启动焊机，使用直径 3.2 mm 或 4 mm 的焊条，在 100～200 A 范围内调节合适的焊接电流。

4）引弧并起头

①引弧。焊条电弧焊时引燃焊接电弧的过程称为引弧。常用的引弧方式有划擦引弧法和直击引弧法两种，如图 14—13 所示。

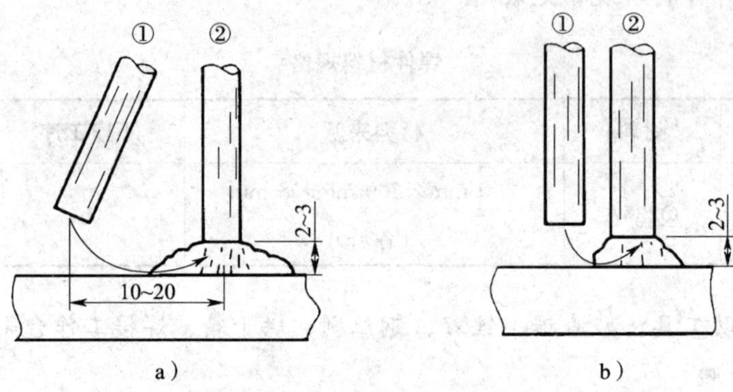

图 14—13　引弧方法

a）划擦引弧法　b）直击引弧法

划擦引弧法。先将焊条末端对准焊件，然后像划火柴一样使焊条在焊件表面划擦一下，提起 2～3 mm 的高度，如图 14—13a 所示，引燃电弧。电弧引燃后，应保持电弧长度不超过所用焊条的直径。

直击引弧法。先将焊条垂直对准焊件，然后使焊条碰击焊件，出现弧光后迅速将焊条提起 2～3 mm，如图 14—13b 所示。

②焊缝的起头。从距始焊点 10 mm 左右处引弧，稍拉长电弧对工件预热，然后压低电弧，正常焊接，如图 14—14 所示。

5）运条。焊接过程中，焊条相对焊缝要做各种运动，如图 14—15 所示。

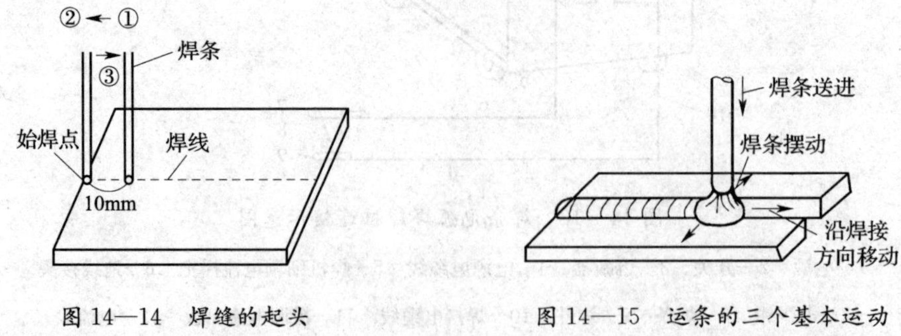

图 14—14　焊缝的起头　　图 14—15　运条的三个基本运动

①沿焊条中心线向熔池送给。焊条下送速度应与焊条的熔化速度相同。否则，会发生断弧或焊条与焊件黏结现象。

②焊条沿焊接方向均匀移动。

③垂直于焊接方向做锯齿状摆动。

上述三个动作不能机械地分开，而应相互协调，才能焊出满意的焊缝。

6）焊缝的连接。一条完整的焊缝是由若干根焊条焊接而成的，每根焊条焊接的焊道应有完好的连接。连接方式一般有四种，分别如图 14—16a、b、c、d 所示（图中 1 为先焊的焊道，2 为后焊的焊道）。

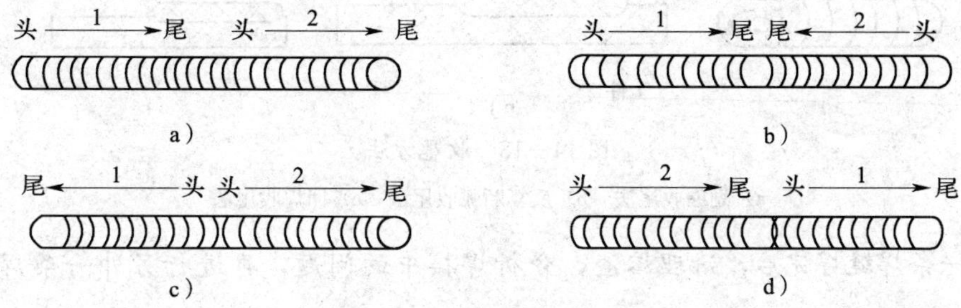

图 14—16　焊道的连接方式

a）中间接头　b）相向接头　c）相背接头　d）分段退焊接头

第一种连接方式应用最多。接头的方法是在先焊的焊道弧坑前面约 10 mm 处引弧，将拉长的电弧缓缓移到原弧坑 2/3 处，当新形成的熔池外缘与原弧坑外缘吻合时，压低电弧，焊条再做微微转动，待填满弧坑后，焊条立即向前移动进行正常焊接。图 14—17 所示为从先焊焊道末尾处接头的方法。如果电弧后移太多，则可能造成接头过高；后移太少，将造成接头脱节，弧坑填不满。

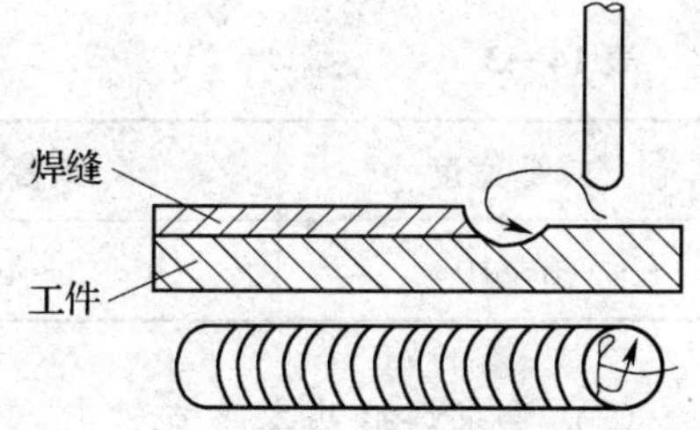

图 14—17　先焊焊道末尾处接头的方法

第二、第三、第四种连接方式应用较少，一般用于长焊缝分段焊时，采用焊道的头与头相接、尾与尾相接和尾头相接。它们的操作方法与第一种连接方式的操作方法基本相同，即利用长弧预热，适时而准确地压低电弧，保证接头平滑。

7）收尾。收尾是指焊接一条焊道结束时的熄弧操作。如果收尾不当会出现过深的弧坑，使焊道收尾处强度减弱，甚至产生弧坑裂纹。所以收尾动作不仅是熄弧，还应填满弧坑。常用的收尾方法有三种：

①划圈收尾法。当焊至终点时，焊条做划圈运动，直到填满弧坑再熄弧，此法适于厚板焊接，用于薄板则有烧穿焊件的危险，如图 14—18a 所示。

②反复断弧收尾法。焊至终点，焊条在弧坑处做数次熄弧——引弧的反复动作，直到填满弧坑为止。此法适用于薄板焊接，如图 14—18b 所示。

③回焊收尾法。当焊至结尾处，不马上熄弧，而是按照原来前进的方向，向回焊一小段（约 5 mm）的距离，待填满弧坑后，慢慢拉断电弧。碱性焊条常用此法，如图 14—18c 所示。

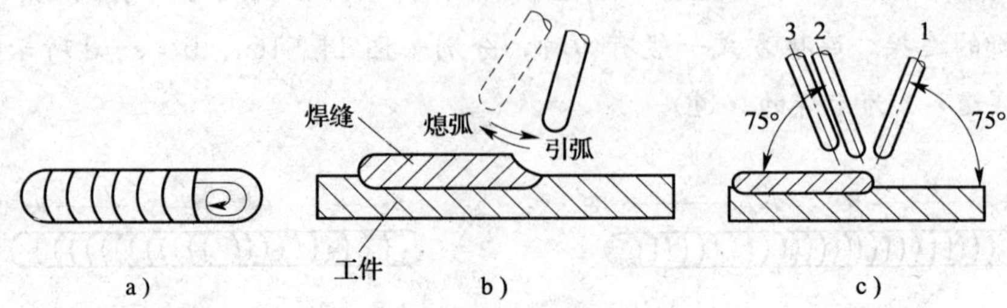

图 14—18　收尾方法

a）划圈收尾法　b）反复断弧收尾法　c）回焊收尾法

8）一条焊缝焊完后，清理熔渣，分析焊接中的问题，再进行另外一条焊缝的焊接。

4. 质量检查

（1）焊缝尺寸要求见表 14—3。

表 14—3　焊缝尺寸要求　mm

焊缝宽度	余高	余高差	焊缝宽度差
8～10	3～4	＜1	＜2

（2）要求焊缝基本平直。

（3）焊缝表面不得有气孔、咬边、裂纹等缺陷。

5. 评分标准

序号	项目与技术要求	配分	评分标准	实测记录	得分
1	平焊姿势正确	10	总体评定，酌情扣分		
2	电焊机及焊条选择正确	10	不符合要求不得分		
3	选择电流正确	10	不符合要求不得分		
4	正确运用焊道的引弧、起头、运条、连接和收尾的方法	10	不符合要求酌情扣分		
5	焊道的起头和连接处基本平滑，无局部过高现象，收尾处无弧坑	10	不符合要求酌情扣分		

续表

序号	项目与技术要求	配分	评分标准	实测记录	得分
6	每条焊道焊波均匀，无明显咬边	10	不符合要求酌情扣分		
7	焊缝宽度达到要求	10	超差不得分		
8	焊缝余高达到要求	10	超差不得分		
9	焊缝基本平直	10	不符合要求酌情扣分		
10	安全文明操作	10	违者每次扣 2 分		
合计		100			

低碳钢板平角焊

1. 工作任务

在汽车车身大梁、一些附属设施的修理或制造中，经常运用到平位角接接头的焊接。本任务是将两块 8 mm 厚的低碳钢板进行平角焊连接，达到如图 14—19 所示的技术要求。

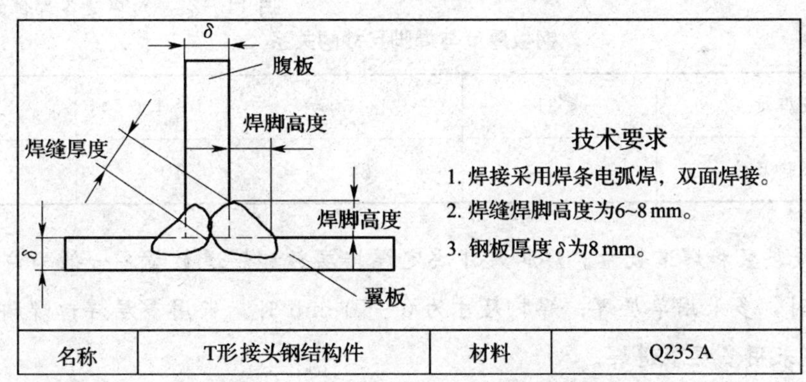

图 14—19 低碳钢板平角焊示意图

2. 任务分析

T 形接头是用焊条电弧焊的操作方法，使一焊件端面与另一焊件表面构成直角或近似直角的接头。分析图 14—19 可知，本任务是利用焊条电弧焊将两块板组成 90°连接，在角接部位施焊，形成焊脚高度为 6～8 mm 的焊道。

3. 实施步骤

(1) 识读平角焊示意图

了解图样中的焊接尺寸要求，确定焊接方法。

1）接头形式。焊接结构中，广泛采用的T形接头、搭接接头和角接接头等接头形式，如图14—20所示。

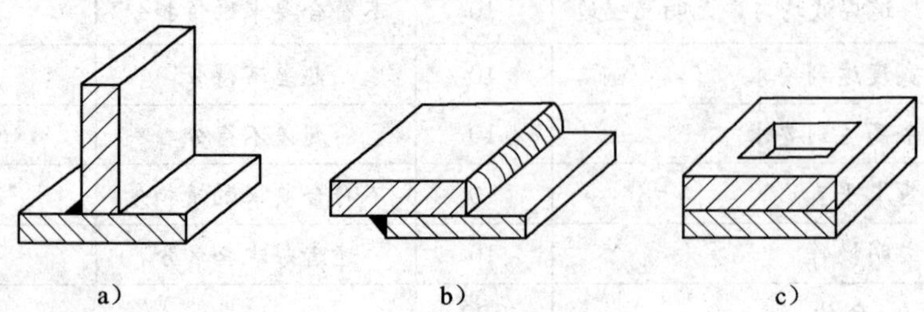

图14—20　平角焊的接头形式

a）T形接头　b）搭接接头　c）角接接头

这些接头形成的焊缝叫角焊缝。角焊缝各部位的名称如图14—21所示。

角焊缝的焊脚尺寸应符合技术要求，以保证焊接接头的强度。一般焊脚尺寸随焊件厚度的增大而增加。钢板厚度与焊脚尺寸的关系见表14—4。

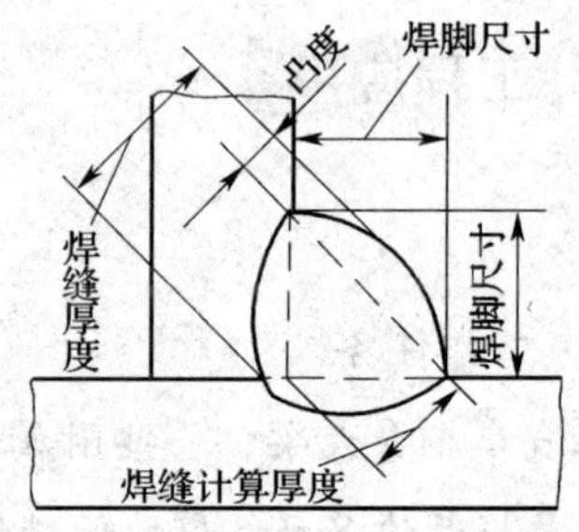

图14—21　角焊缝各部位的名称

表14—4　　**钢板厚度与焊脚尺寸的关系**　　mm

钢板厚度	＜31	31～50	50～100	＞100
最大焊脚尺寸	6	8	10	12

2）焊接层数和焊道数量。焊脚尺寸决定焊接层数和焊道数量。一般当焊脚尺寸在5 mm以下时，多采用单层焊；焊脚尺寸为6～10 mm时，采用多层焊；焊脚尺寸大于10 mm时，采用多层多道焊。

3）焊条角度。由等厚度板组装的角焊缝在焊接时，焊条与水平焊件夹角为45°。由不等厚度板组装的角焊缝在角焊时，要相应地调节焊条角度，电弧要偏向于厚板一侧，使厚板所受热量增加。通过焊条角度的调节，使厚、薄两板受热趋于均匀，以保证接头良好熔合。平角焊的焊条角度如图14—22所示。

焊条直径视板厚不同在3.2～5 mm之间选取。

4）焊接方法

①单层焊。焊脚尺寸小于5 mm时，宜采用单层焊。选择直径为3.2 mm或4.0 mm的焊条。焊接电流比相同条件下的对接平焊增大10%左右。保持焊条角度与水

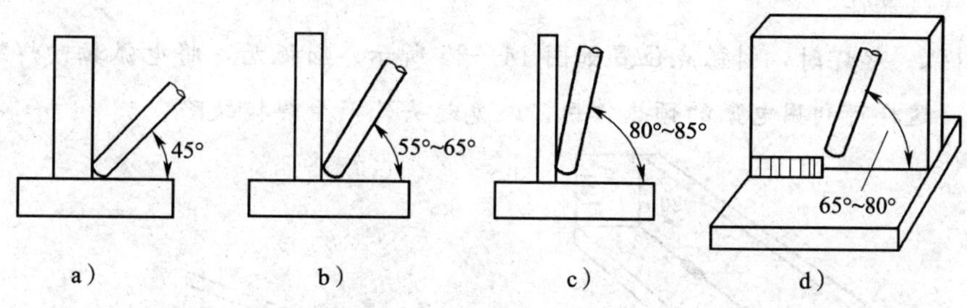

图 14—22　平角焊的焊条角度

a）两板厚度相同　b）、c）两板厚度不等　d）焊条与前进方向的夹角

平焊件成 45°，与焊接方向成 65°～80°。若角度过小，会造成根部熔深不足；若角度过大，熔渣容易跑到熔池前面而产生夹渣。运条时采用直线形运条法，短弧焊接。

②多层焊。当焊脚尺寸为 6～10 mm 时，宜采用多层焊。一般采用两层两道焊法。

第一层采用直径为 3.2 mm 的焊条，电流应稍大些，以获得较大的熔深。运条时采用直线形运条法，焊接收尾时，要填满弧坑或略高些。

第二层施焊前，必须将第一层的熔渣清除干净。如发现夹渣，应用小直径焊条进行修补后方可焊第二层。第二层采用直径为 4.0 mm 的焊条。由于第二层的焊缝较宽，运条可采用斜圆圈法焊接，以防止焊道边缘熔合不良。斜圆圈法运条如图 14—23 所示。$a \to b$ 要慢速，以避免咬边；$b \to c$ 稍快，防止熔化金属下淌；在 c 处稍作停留，$c \to d$ 稍慢，保证根部焊透；$d \to e$ 也要稍快，到 e 处作一下停留。按上述规律，用短弧焊接，就能获得良好的焊缝质量。

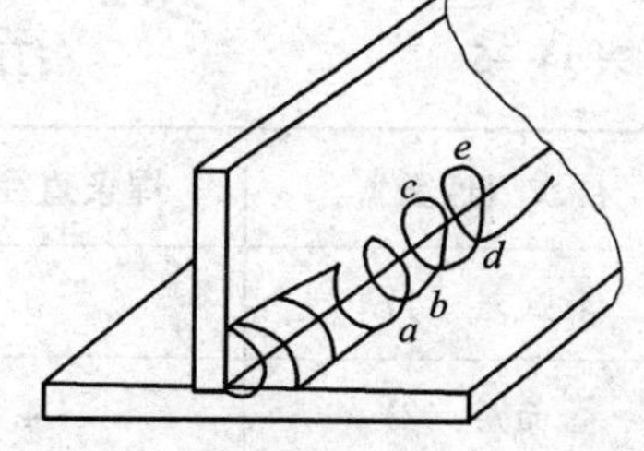

图 14—23　斜圆圈法运条示意图

(2) 焊前准备

1）实习焊件。低碳钢板，厚度 8 mm，长 300 mm，宽 100 mm。每组各两块。

2）焊条直径的选择。焊条 E4303（J422），选用直径为 3.2 mm 和 4.0 mm 的焊条。

3）焊接电流的选择。焊接电流为 100～180 A。

4）焊接方法。焊条电弧焊，连弧焊手法，采用两层两道焊。

5）焊前清理。焊前，对坡口及两侧各 30 mm 范围内的油污、铁锈及其污物，进行砂轮打磨或清洗，使焊件露出金属光泽。

6）装配定位焊。T 形接头组对时，可考虑留有 1～2 mm 间隙；点焊缝长度为 8～10 mm，点焊位置如图 14—24 所示。

（3）焊接操作

1）引弧。起焊时，引弧点位置如图 14—25 所示。引弧后，将电弧拉回焊缝端头，开始焊接。这样可利用电弧的预热作用，避免起头处产生焊接缺陷。

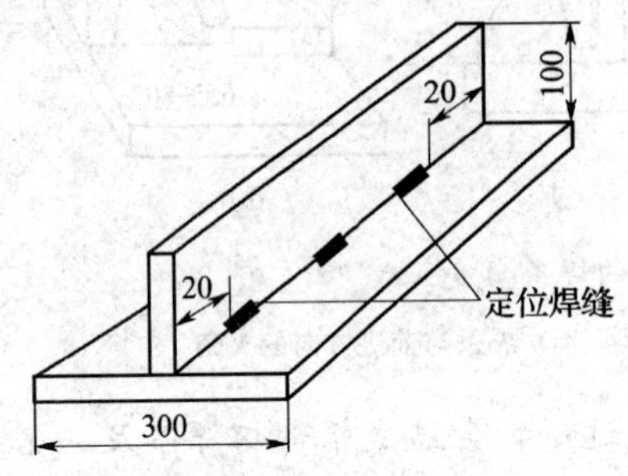

图 14—24　点焊位置

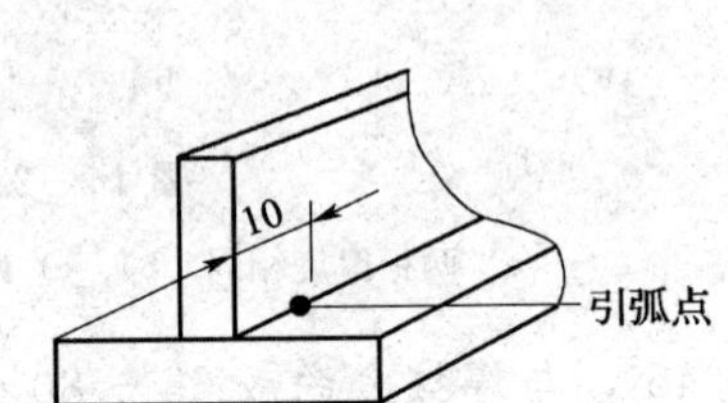

图 14—25　平角焊起头的引弧点位置

2）焊接采用两层两道焊。

第一层采用直径为 3.2 mm 的焊条，电流取 100～120 A，采用直线形运条法。

第二层采用直径为 4.0 mm 的焊条，电流取 140～180 A，采用斜圆圈形运条法。

（4）焊接工艺参数

打底层和盖面层的焊接工艺参数见表 14—5。

表 14—5　　打底和盖面层的焊接工艺参数

层次（道数）	焊条直径（mm）	焊接电流（A）	电弧电压（V）
打底层（1）	3.2	100～120	22～26
盖面层（2）	4.0	145～175	

（5）焊缝质量要求

1）目测焊缝表面，不得有气孔、咬边、裂纹、夹渣等缺陷；表面成形整齐、光滑。

2）用焊缝检验尺测量。焊脚高度为 6 mm，焊脚尺寸误差不大于 1 mm。

4. 注意事项

（1）T 形接头平角焊容易产生夹渣、焊脚不匀和立板咬边等缺陷。为防止缺陷产生，操作时除正确选择规范外，还应注意及时调整焊条角度，通过运条控制焊缝金属和熔渣超前，使电弧对两板加热均匀。

（2）T 形接头的平角焊缝往往由于收尾弧坑未填满而产生裂纹，所以在收尾时，一定要填满弧坑。

（3）焊接操作前，必须穿戴好劳动保护用品，以防触电、弧光灼伤和烫伤。

5. 评分标准

序号	项目与技术要求	配分	评分标准	实测记录	得分
1	操作姿势正确	10	总体评定，酌情扣分		
2	电焊机及焊条选择正确	10	不符合要求不得分		
3	电流选择正确	10	不符合要求不得分		
4	正确运用焊道的引弧、起头、运条、连接和收尾的方法	10	不符合要求酌情扣分		
5	焊道的起头和连接处基本平滑，无局部过高现象，收尾处无弧坑	10	不符合要求酌情扣分		
6	每条焊道焊波均匀，无明显咬边	10	不符合要求酌情扣分		
7	焊缝宽度达到要求	10	超差不得分		
8	焊缝余高达到要求	10	超差不得分		
9	焊缝基本平直	10	不符合要求酌情扣分		
10	安全文明操作	10	违者每次扣 2 分		
合计		100			

思考与练习

一、填空题

1. 焊接是通过__________或________，或两者并用，用或不用______，使焊件达到结合的一种加工工艺方法。

2. 焊条电弧焊引弧的方法一般有______________和______________两种。

3. 焊机型号 BX3—300 中的 B 表示____________，X 表示____________，3 表示________，300 表示____________________。

4. 焊接接头的四种基本类型是________、________、____________和______。

5. 按施焊时焊缝在空间所处的位置不同，可将其分为________、__________、__________、__________四种形式。

6. 焊条是由__________和__________组成的。

7. 焊条电弧焊的焊接工艺参数有____________、____________、__________、__________、__________、____________。

8. 常用的坡口形式有________、________、________和________。

9. 平角焊选用的焊接电流应较相同条件下的平焊电流______。

10. T形接头平角焊的腹板易产生________问题。

二、简答题

1. 简述酸性焊条和碱性焊条使用各有什么特点。

2. 弧焊电源使用时要注意哪些事项?

3. 叙述焊条电弧焊平敷焊的操作步骤。

4. 试述焊件开坡口和留有根部间隙的作用。

课题十五

CO_2气体保护焊

学习目标

◆ 了解 CO_2 气体保护焊的原理及分类。

◆ 了解 CO_2 气体保护焊设备的组成，以及 CO_2 气体及焊丝的相关知识。

◆ 熟悉 CO_2 气体保护焊的焊接工艺参数。

◆ 能正确进行 CO_2 气体保护焊操作。

想一想

汽车车身由无数个焊点组成，如图 15—1 所示为汽车焊装车间生产线上焊接车身的图片，你知道这是采用的什么焊接方法？其工作原理与操作方法有哪些？

图 15—1 焊接生产图

一、CO_2气体保护焊的原理及分类

1. CO_2气体保护焊的原理

CO_2气体保护焊是利用 CO_2 作为保护气体的一种熔化极气体保护电弧焊方法，

简称 CO_2焊。其工作原理如图 15—2 所示，电源的两输出端分别接在焊枪和焊件上，盘状焊丝由送丝机构带动，经软管和导电嘴不断地向电弧区域送给；同时，CO_2气体以一定的压力和流量送入焊枪，通过喷嘴后，形成一股保护气流，使熔池和电弧不受空气的侵入。随着焊枪的移动，熔池金属冷却凝固形成焊缝，从而将被焊的焊件连成一体。

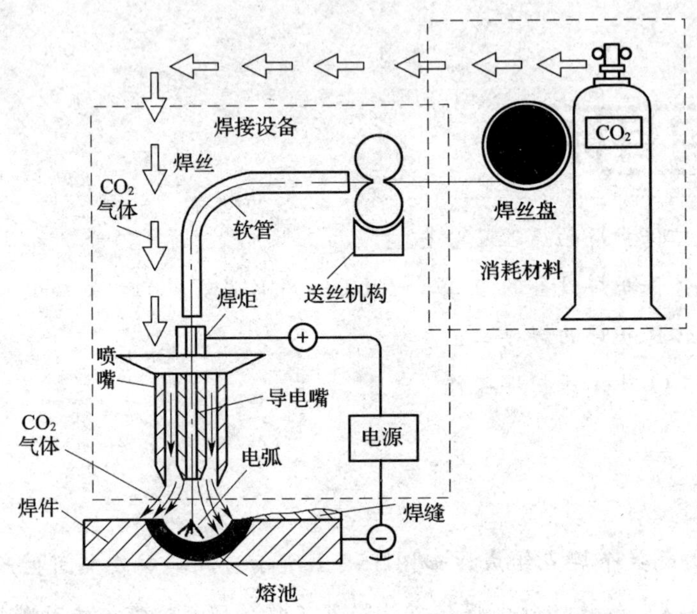

图 15—2　CO_2气体保护焊工作原理示意图

2．CO_2气体保护焊的分类

CO_2焊按所用的焊丝直径不同，可分为细丝 CO_2焊（焊丝直径≤1.2 mm）及粗丝 CO_2焊（焊丝直径≥1.6 mm）。由于细丝 CO_2焊工艺比较成熟，因此应用最广。

CO_2焊按操作方式不同又可分为 CO_2半自动焊和 CO_2自动焊，其主要区别在于：CO_2半自动焊用手工操作焊枪完成电弧热源移动，而送丝、送气等与 CO_2自动焊一样，由相应的机械装置来完成。CO_2半自动焊的机动性较大，适用于不规则或较短的焊缝焊接。CO_2自动焊主要用于较长的直线焊缝和环形焊缝的焊接。

二、CO_2气体保护焊的设备

CO_2气体保护焊设备有半自动焊设备和自动焊设备，其中，CO_2半自动焊在生产中应用较广。如图 15—3 所示，CO_2半自动焊设备主要由焊接电源、送丝机构、焊枪、CO_2供气系统、控制系统等部分组成。

1．焊接电源

CO_2焊接电源均为直流电源，且多采用直流反接。

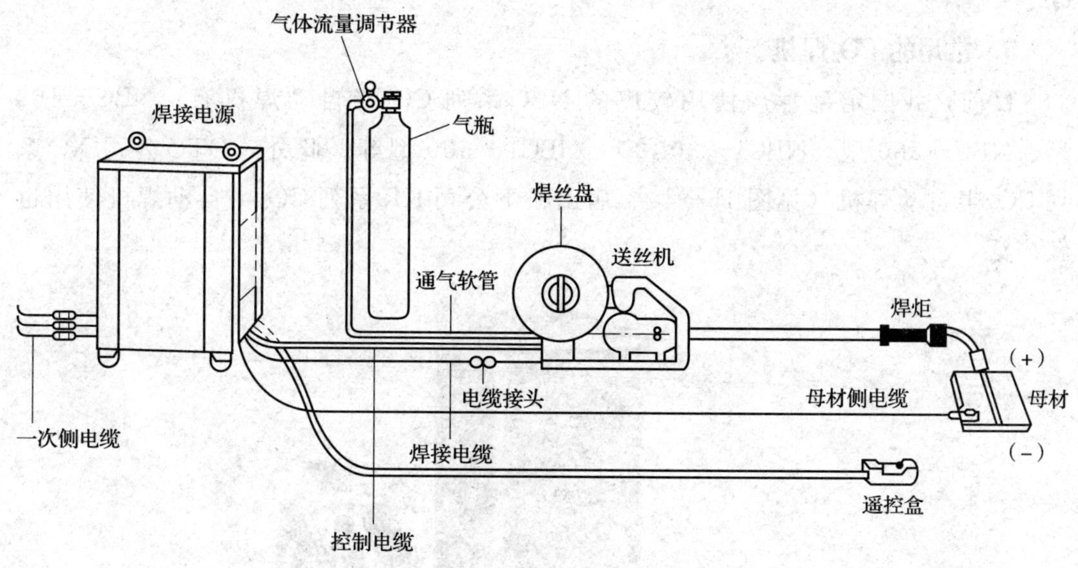

图 15—3　CO_2半自动焊设备

2．焊枪

CO_2焊枪的作用是导电、导气和导丝。

3．送丝机构

送丝机构由送丝机、送丝软管、焊丝盘等组成。送丝机由电动机、减速器、校直轮所组成。常用送丝机多为推丝式。

4．CO_2供气系统

CO_2焊接的供气系统由气瓶、预热器、干燥器、减压阀、流量计、电磁阀组成。

（1）CO_2气瓶

CO_2气瓶表面涂成铝白色，并标有黑色“液态 CO_2”字样，瓶内储存的是液态 CO_2，新灌气的瓶压为 5～7 MPa。

（2）预热器

预热器装于气瓶的出口处，作用是防止 CO_2从液态变为气态时，由于吸热反应使瓶颈及减压器发生冻结。

（3）干燥器

干燥器用于吸收 CO_2气体中的水分，提纯 CO_2气体。

（4）减压器和流量计

常用的 CO_2减压器、流量计通常与预热器合为一体，其型号为 CT30、194CR 等。

（5）电磁阀

电磁阀用来控制 CO_2气体的接通与关闭，是焊机中的必备器件，常用型号为

Q22D 等。

5．常用的 CO_2 焊机

目前，我国定型生产使用较广的 NBC 系列 CO_2 半自动焊机有：NBC－160 型、NBC－250 型、NBC1－300 型、NBC1－500 型等。此外，OTC 公司 XC 系列 CO_2 半自动焊机（见图 15—4）、唐山松下公司 KR 系列 CO_2 半自动焊机使用也较广泛。

图 15—4　XC 系列 CO_2 半自动焊机

三、CO_2 气体

1．CO_2 的性质

CO_2 气体易溶于水，其水溶液无色、稍有酸味。由于它比空气重，因此，能在熔池上方形成一层较好的保护层，防止空气进入熔池。CO_2 在电弧的高温作用下，将发生吸热分解反应，因此，CO_2 气体对电弧柱的冷却作用较强，产生的热收缩效应也较强，电弧柱区窄，热量集中，焊接热影响区窄，焊接变形小，特别适用于焊接薄板。一般容量为 40 L 的储气瓶，可充装 25 kg 的液态 CO_2，约占气瓶容积的 80%，其余为 CO_2 气体。当使用时，常要把瓶内的水分放掉，并使 CO_2 气体通过气瓶出口处设置的干燥器，干燥后才能用作保护气体。

2．对 CO_2 纯度的要求

焊接用的 CO_2 气体必须有较高的纯度，一般要求不低于 99.5%，CO_2 气体中水分的含量与气压有关，气体压力越低，气体中水分的含量越高。在使用压力低的气体焊接时，焊缝中就容易出现气孔。所以，要求瓶内压力不低于 0.98 MPa。

CO_2 气瓶使用时应直立放置，严禁敲击、碰撞等，严禁靠近热源，并防止烈日暴晒，以免压力增大而发生爆炸危险。

四、焊丝

CO_2气体保护焊焊接中，CO_2在高温时可分解，使电弧气氛中具有强烈的氧化性，它会使合金元素氧化烧损，导致焊缝产生大量气孔，降低焊缝金属的力学性能。此外，因碳氧化生成大量的CO气体，还会增加焊接过程的飞溅。因此，CO_2焊要获得高质量的焊缝，必须采取有效的脱氧措施。

通常的脱氧方法是采用含有足够脱氧元素的焊丝。主要采用硅锰联合脱氧的方法，即采用硅锰钢焊丝，如H08Mn2SiA等。

五、焊接工艺参数

CO_2气体保护焊的焊接工艺参数主要包括：焊丝直径、焊接电流、电弧电压、焊接速度、焊丝伸出长度、气体流量、电源极性、回路电感等。

1．焊丝直径

焊丝直径根据焊件厚度、焊缝空间位置及生产率的要求等条件来选择。

2．焊接电流

焊接电流与工件的厚度、焊丝直径、施焊位置以及熔滴过渡形式有关，通常用直径为0.8～1.6 mm的焊丝，在短路过渡时，焊接电流在50～230 A范围内选择；在粗滴过渡时，焊接电流在250～500 A范围内选择。

3．电弧电压

电弧电压一般根据焊丝直径、焊接电流等来选择。随着焊接电流的增加，电弧电压也应相应增大。

4．焊接速度

焊接速度一般在15～40 m/h范围内。

5．焊丝伸出长度

焊丝伸出长度约为焊丝直径的10倍为宜。

6．CO_2气体流量

CO_2气体流量的大小通常约为5～15 L/min。

7．电源极性

CO_2焊时必须使用直流电源，且多采用直流反接。

8．回路电感

回路电感应根据焊丝直径、焊接电流和电弧电压等来选择。采用不同直径焊丝的合适电感值见表15—1。

表 15—1 回路电感值（推荐）

焊丝直径（mm）	0.8	1.2	1.6
电感值（mH）	0.01～0.08	0.10～0.16	0.30～0.70

工程应用

用 CO_2 气体保护焊搭接焊接工件

1. 工作任务

在现代汽修行业中，经常运用 CO_2 气体保护焊代替焊条电弧焊进行修理。如图 15—5 所示的是要求用 CO_2 气体保护焊将两块 8 mm 厚的低碳钢进行搭接连接的示意图。

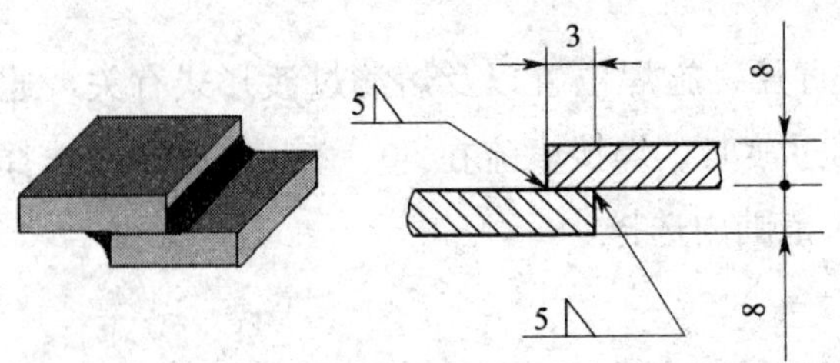

图 15—5 用 CO_2 气体保护焊搭接零件示意图

2. 任务分析

本任务是用 CO_2 气体保护焊将两块板在水平位置进行搭接连接，需要了解焊接工艺参数的选择，并掌握 CO_2 半自动焊接方法。

3. 实施步骤

（1）焊前准备

1）熟悉图样并清理焊件。焊件尺寸为 300 mm×200 mm×8 mm，两块板。清理钢板上的油污、锈蚀、水分及其他污物，直至露出金属光泽。

2）准备焊机。焊接采用半自动 CO_2 气体保护焊机，选用型号为 NBC1－300 型。为防止飞溅堵塞喷嘴，在喷嘴上涂一层喷嘴防堵剂。

3）选择焊丝。焊丝牌号为 H08Mn2SiA，规格为 1.2 mm。

4）准备 CO_2 气体。将新灌的 CO_2 气瓶倒立静置 1～2 h，然后开启瓶阀，把沉积在下部自由状态的水排出。放水后的 CO_2 气瓶仍要转正放置。

5）把送丝机构放置在适当位置，使其转动灵活，角度适宜。然后将焊丝盘装在送丝机构上。

6）将CO_2气体干燥器、减压流量表与气瓶连接好，用内径为 5 mm 的胶管接在焊机控制箱及焊枪上。开启焊机，调试、检测CO_2气体流量是否适当。

7）组装点固焊，点焊的电流值要与正式焊接时一样，焊角尺寸约为 3～5 mm；点焊缝长度为 10～15 mm。

（2）引弧

采用短路法引弧，引弧前先将焊丝端头直径较大的球剪去，使之呈锐角，以防产生飞溅。同时，保持焊丝端头与焊件相距 2～3 mm，喷嘴与焊件相距 10～15 mm。按动焊枪开关，随后自动送气、送电、送丝，直至焊丝与工作表面相碰短路，引燃电弧。此时焊枪有抬起趋势，须控制好焊枪，然后缓慢引向待焊处，当焊缝金属熔合后，再以正常焊接速度施焊。

焊件始焊端处于较低的温度，应在引弧之后，先将电弧稍微拉长一些，对焊缝端部适当预热，然后再压低电弧进行起始端焊接，这样可以获得具有一定熔深和成形比较整齐的焊缝。

（3）焊接采用左焊法

即焊枪的运动方向是从右向左的，如图 15—6 所示。

起弧点要比焊缝起始点前移 10～20 mm，引燃电弧后再拉回到起始点。

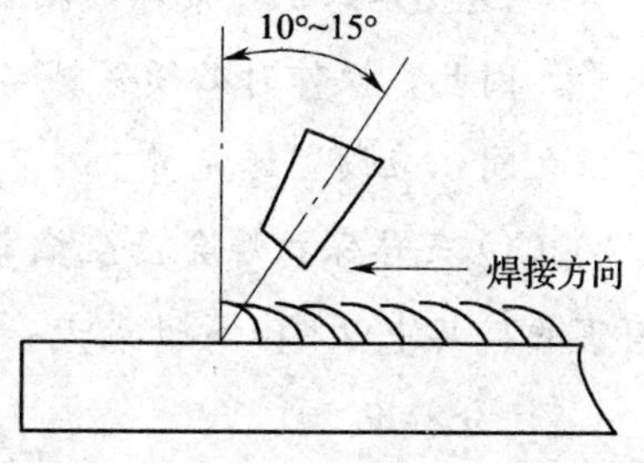

图 15—6　左焊法图示

焊枪的前倾角一般为 10°～15°，这种焊法具有容易看清坡口、焊缝成形较平直等优点。采用左焊法焊接时，注意前倾角不要太大，否则，会影响CO_2气体对熔池的保护效果。在焊接盖面层时，为减小焊缝高度和增加熔宽，可选用较大的焊接电流和电弧电压，并将焊丝做适当的横向摆动。因焊件为不开坡口、全焊透结构，焊接时，焊丝的位置应偏移焊缝中心 1 mm。

（4）焊缝收弧

收尾时要填满弧坑，应采用多次断续引弧方式填充弧坑，直至将弧坑填平，并且与母材圆滑过渡。

（5）焊接工艺规范

角焊缝半自动CO_2气体保护焊的工艺参数见表 15—2。

表 15—2　角焊缝半自动 CO_2 气体保护焊的工艺参数

层次	焊丝直径（mm）	伸出长度（mm）	焊接电流（A）	电弧电压（V）	气体流量（L/min）
1	1.2	15～20	90～100	18～20	10～15
2	1.2	15～20	220～250	25～27	15～20

（6）质量检查

焊缝表面尺寸要求如下。

1）焊缝边缘直线度≤2 mm，焊缝宽度差≤3 mm（任意焊缝长度在 300 mm 范围内）。

2）焊缝与母材圆滑过渡；焊缝余高 0～3 mm，余高差≤2 mm。

3）焊缝表面不得有裂纹、未熔合、夹渣、气孔、焊瘤等缺陷。

4）焊缝边缘咬边深度≤0.5 mm，焊缝两侧咬边总长度不得超过焊缝长度的 10%。

5）焊件表面非焊道上不应有引弧痕迹。

（7）注意事项

1）CO_2 气体保护焊紫外线辐射比手弧焊时强，容易灼伤裸露的皮肤及引起电光性眼炎等。因此，操作时必须穿戴劳动保护用品，并使用 9～12 号的滤光玻璃片。各焊接工位之间，应设置遮光屏。

2）CO_2 气体保护焊会产生烟雾、CO、CO_2 及金属粉尘。这些气体和烟尘对人体都是有害的，其中以 CO 毒性最大。因此，焊接场地要安装抽风装置，保持空气流通。

4. 评分标准

序号	项目与技术要求	配分	评分标准	实测记录	得分
1	操作姿势正确	10	总体评定，酌情扣分		
2	电焊机及焊条选择正确	10	不符合要求不得分		
3	电流选择正确	10	不符合要求不得分		
4	正确运用焊道的引弧、起头、运条、连接和收尾的方法	10	不符合要求酌情扣分		
5	焊道的起头和连接处基本平滑，无局部过高现象，收尾处无弧坑	10	不符合要求酌情扣分		
6	每条焊道焊波均匀，无明显咬边	10	不符合要求酌情扣分		
7	焊缝宽度达到要求	10	超差不得分		

续表

序号	项目与技术要求	配分	评分标准	实测记录	得分
8	焊缝余高达到要求	10	超差不得分		
9	焊缝基本平直	10	不符合要求酌情扣分		
10	安全文明操作	10	违者每次扣2分		
合计		100			

思考与练习

一、填空题

1. CO_2焊时必须使用________电源，且多采用__________。

2. CO_2焊的焊丝伸出长度通常取决于____________。

3. CO_2焊的焊接工艺参数有__________、__________、__________、_________、________、______________、__________________。

4. CO_2焊的焊丝直径根据__________、__________和________________来选择。

5. CO_2焊的焊接电流根据__________、________、______________及__________来选择。

6. CO_2焊的电弧电压根据__________________和____________________来选择。

7. CO_2焊时，主要采用________向焊法。

二、简答题

1. 半自动CO_2气体保护焊机主要由哪些部分组成？

2. CO_2气体保护焊的供气系统由哪些部分组成？

课题十六

铆接

学习目标

◆ 了解铆接的定义、种类与形式。

◆ 熟悉铆钉的尺寸参数，以及铆钉直径和长度的计算方法。

◆ 了解铆接工具的种类和功用。

◆ 了解沉头铆钉的长度公式及类型。

想一想

生产生活中，随处可见的剪刀、钳子（见图 16—1）等都有一个共同的特点，它们的连接方式是通过一个连接件，将两个或两个以上的零件连接成一个整体。与焊接方式不同的是，这种连接方式的加工工艺不需要其他气体作为气源和热源，也不受金属种类和焊接性能的影响，且连接后的工件变形和应力小。你知道这是一种什么加工方式吗？它在机械加工中起到什么作用？生产中通常在什么情况下会采用这种加工方式呢？

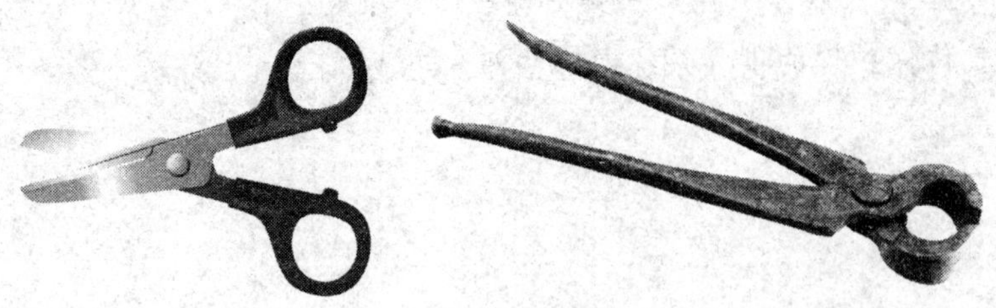

图 16—1　生活中的铆接件

一、铆接的定义、种类与形式

1．铆接的定义

铆接即利用铆钉把两个或两个以上的零件或部件，连接成为一个整体的加工方式，如图 16—2 所示。

金属结构应用铆接加工已有较长的历史。近年来，随着焊接技术的迅速发展及应用，铆接的应用已逐渐减少。但由于铆接不受金属种类和焊接性能的影响，而且铆接后构件的应力和变形都比焊接小，所以对于承受严重冲击或振动载荷构件的连接、某些异种金属和轻金属的连接，以及在汽车制造中，铆接仍得到了广泛应用。

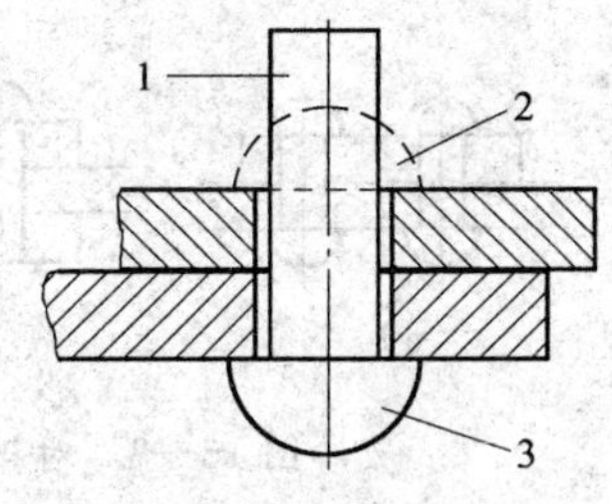

图 16—2　铆接

1—铆钉杆　2—铆合头

3—铆钉圆头

2．铆接的种类

（1）按使用要求不同，铆接可分为：

1）活动铆接。它的结合部分可以相互转动，如钢丝钳、剪刀、划规等工具的铆接。

2）固定铆接。它所结合的部位是固定不动的，如桥梁、汽缸等的铆接。

固定铆接按用途和要求不同，还可分为以下三种。

①强固铆接。强固铆接只要求铆钉和构件有足够的强度以承受较大的载荷。如房梁、桥梁、车辆和塔架等桁架类构件的铆接，均属于这类铆接。

②紧密铆接。紧密铆接既要具备足够的强度，承受一定的作用力，又要求接缝处有良好的严密性，保证在一定压力作用下，液体或气体均不渗漏。这类铆接常用于高压容器构件，如锅炉、压缩气罐、压力管路等。

③强密铆接。这种铆接不能承受较大的作用力，但对接缝处的严密性要求较高，以防止漏水、漏油或漏气，一般多用于薄壁容器构件的连接，如水箱、油箱和油罐等。

（2）按铆接方法来分，铆接又可分为：

1）冷铆。铆钉不需要加热，直接镦出铆合头的铆接方法称为冷铆。冷铆要求铆钉材料有较好的塑性，一般直径小于 8 mm 的钢制铆钉均可采用冷铆的方法。

2）热铆。把整个铆钉加热到一定温度后，再进行铆接的方法称为热铆。铆钉加热后塑性提高，容易成形，冷却后铆钉收缩，可增加结合强度。一般来说，直径大于 8 mm 的钢制铆钉，常采用热铆的方法。

3．铆接的形式

（1）对接

对接是将两块钢板的接头置于同一平面，用盖板作连接件，把接头铆接在一起，如图 16—3 所示。

（2）搭接

搭接是将一块钢板搭在另一块钢板上进行铆接，如图 16—4 所示。

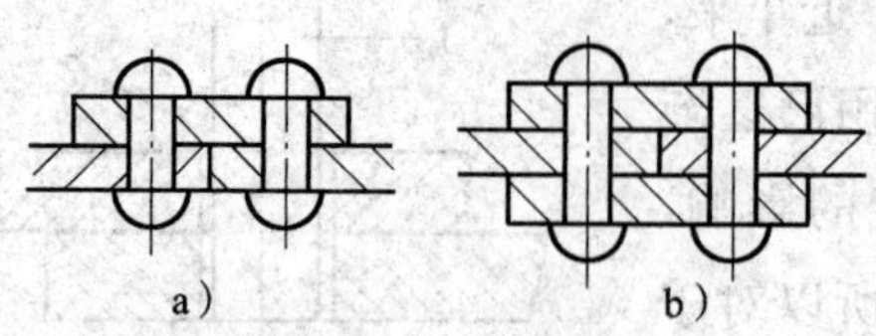

图 16—3　对接

a）单盖板对接　b）双盖板对接

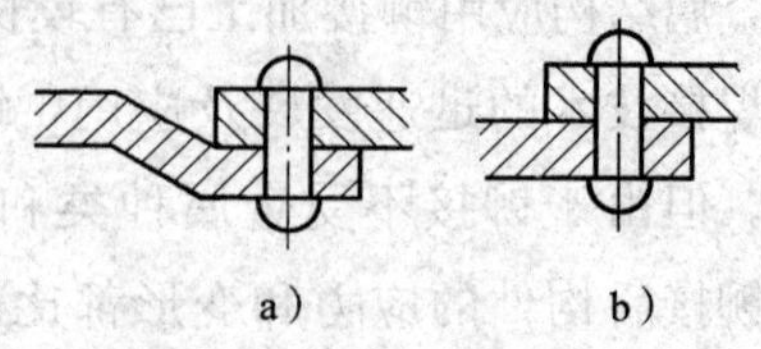

图 16—4　搭接

（3）角接

角接是两板件相互垂直或成一定角度的连接，在接合处用角钢作为连接件，如图 16—5 所示。

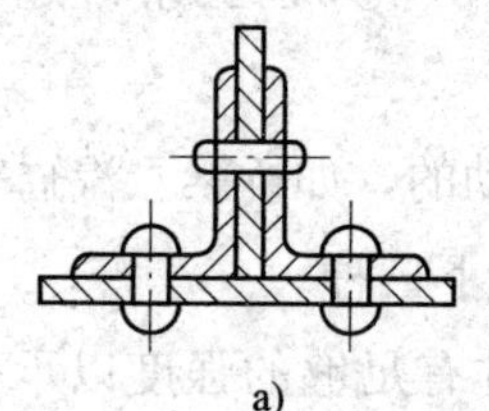

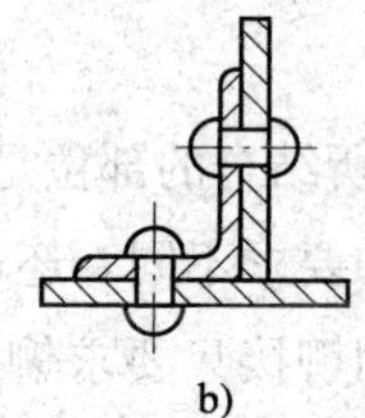

图 16—5　角接

a）双面角接　b）单面角接

二、铆钉及其直径、长度与孔径的确定

1．铆钉

铆钉是铆接结构的紧固件，常用铆钉由铆钉头和圆柱形钉杆两部分组成。铆钉分实心和空心两类，实心铆钉按钉头的形状有半圆头、平锥头、沉头、平头等多种形式；空心铆钉由于质量轻，铆接方便，但接头强度小，适用于受力较小的结构。

2．铆钉直径

铆钉在工作中受剪切力，它的直径是由铆钉强度确定的。一般情况下构件板厚 δ 与铆钉直径 d 的关系如下：

$$d=1.8\delta$$

式中　d——铆钉直径，mm；

δ——构件板厚，mm。

计算铆钉直径时的板厚须按以下原则确定：

（1）厚度相差不大的板料搭接时，取较厚板料的厚度。

（2）厚度相差较大的板料搭接时，取较薄板料的厚度。

（3）钢板与型材铆接，取两者的平均厚度。

被连接件的总厚度，不应超过铆钉直径的 5 倍。

3．铆钉长度

铆接质量与选定的铆钉长度有直接关系，铆钉长度应根据被连接件的总厚度、钉孔与钉杆直径间隙及铆接工艺方法等因素确定。采用标准孔径的半圆头铆钉长度可按下列公式计算：

$$L=(1.25\sim1.5)d+\sum\delta$$

式中　d——圆整后的铆钉直径，mm；

$\sum\delta$——铆接件总厚度，mm；

L——铆钉长度，mm。

计算得到的铆钉长度应通过试铆后再确定。

4．铆钉标记

铆钉标记一般要标出直径、长度和国家标准序号。

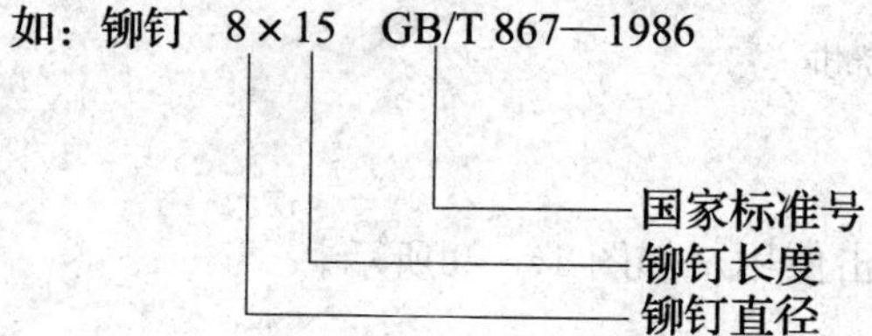

5．铆钉孔径的确定

铆钉孔径与铆钉的配合应根据冷铆、热铆等不同铆接方式而定。

冷铆时，钉杆不易镦粗，为保证连接强度，钉孔直径应与钉杆直径接近。一般按铆钉直径再增加 0.1 mm 来计算。

热铆时，由于铆钉受热膨胀变粗，为了便于穿钉，钉孔直径应比钉杆直径略大些。铆钉孔径的确定可按表 16—1 选取。

表 16—1　标准铆钉直径及铆钉孔径的关系（GB/T 152.1—1988） mm

铆钉直径	2.0	2.5	3.0	3.5	4.0	5.0	6.0	8.0	10.0
通孔直径（粗装配）	2.2	2.7	3.4	3.9	4.5	5.5	6.5	8.5	11.0

三、铆接工具

1．压紧冲头

压紧冲头用于铆接时压紧铆接件，如图 16—6 所示。

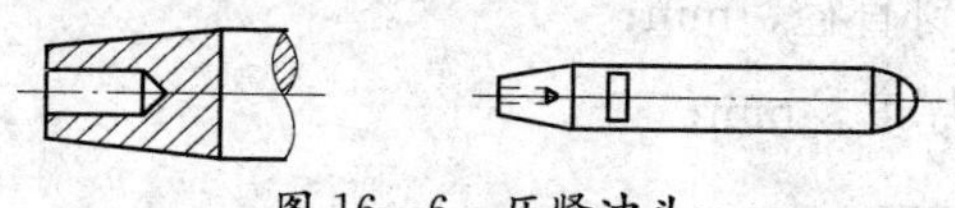

图 16—6　压紧冲头

2．顶模

顶模用于铆接时顶住铆钉圆头，这样既有利于铆接，又不损伤铆钉圆头，如图16—7所示。

3．罩模

罩模用于铆接时镦出完整的铆合头，如图16—8所示。

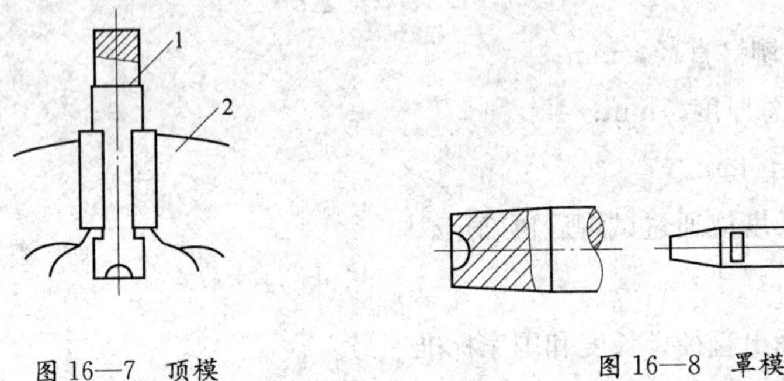

图16—7 顶模

1—顶模 2—台虎钳

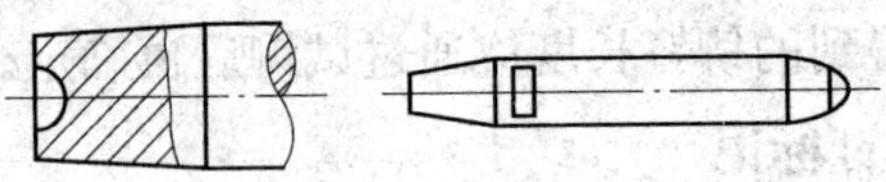

图16—8 罩模

4．锤子

锤子用于铆接时敲击使用，如图16—9所示。

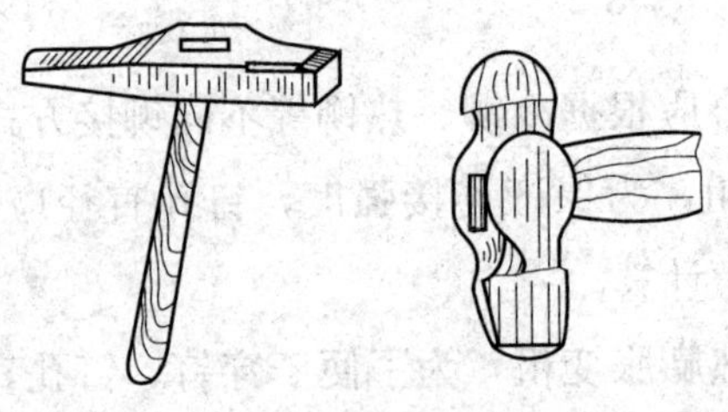

图16—9 锤子

四、沉头铆钉的长度及种类

当金属结构采用铆钉连接，且要求被铆接工件表面平整时，需采用沉头铆钉进行铆接。

1．沉头铆钉的长度

当采用沉头铆钉进行铆接时，铆钉长度用下列公式进行计算。

$$L=(0.8\sim1.2)\,d+\sum\delta$$

式中 d——圆整后的铆钉直径，mm；

$\sum\delta$——铆接件总厚度，mm；

L——铆钉长度，mm。

2. 沉头铆钉的种类

一种是用现成的沉头铆钉铆接；另一种是用圆钢作为铆钉的铆接，其圆钢长度，即铆钉长度加上两端铆合头部分的长度。

用半圆头铆钉进行手工铆接（搭接）

1. 工作任务

用半圆头铆钉将两块平板进行手工冷铆接，达到如图 16—10 所示的技术要求，即要求用半圆头铆钉采用搭接的方法将两块厚 4 mm 的平板铆接在一起。

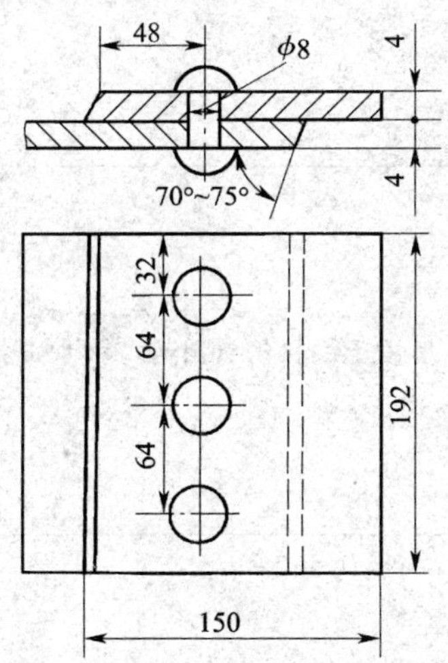

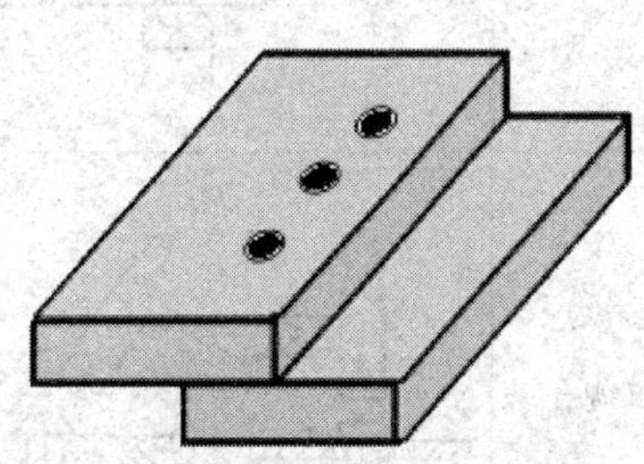

技术要求

1. 铆钉表面不得有成形差和裂纹，工件表面不得有磕伤等缺陷。
2. 两板之间不得错位及存在空隙。
3. 工时4h。

图 16—10　需手工铆接的零件图

2. 任务分析

该任务是将两块 4 mm 钢板搭接后，用 ϕ8 mm 的半圆头铆钉采用单排、边间距为 32 mm、中心距为 64 mm 的冷铆方法铆接在一起。

3. 实施步骤

半圆头铆钉手工铆接过程见表 16—2。

表 16—2　　**半圆头铆钉手工铆接过程**

序号	步骤	步骤图	说明
1	钻孔		把两块 4 mm 平板彼此贴合，按照图样的要求在工件上划线、钻孔，铆钉孔直径取 8.1 mm

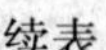
续表

序号	步骤	步骤图	说明
2	孔口倒角		孔口倒角 C0.5
3	插入铆钉	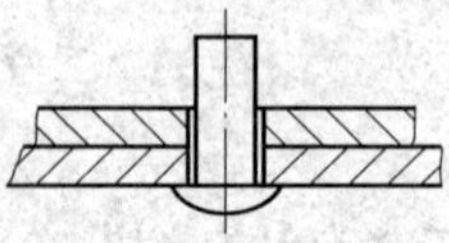	将 8×18 的半圆头铆钉插入孔内
4	压紧工件		把铆钉圆头放在顶模上，用压紧冲头压紧工件
5	镦粗铆合头	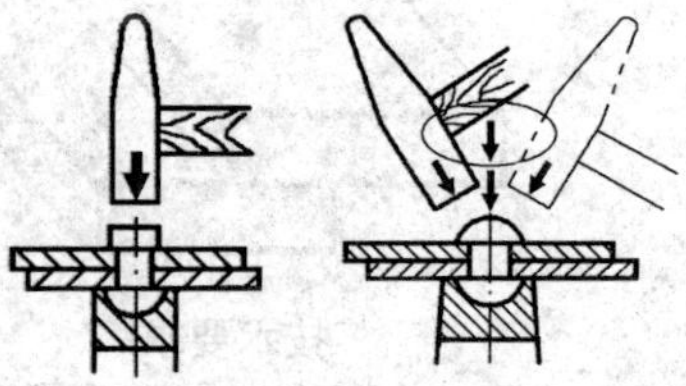	用锤子镦粗铆钉圆头，初步击打铆合头
6	修整铆合头	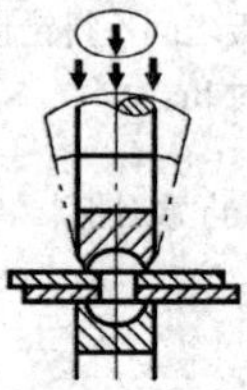	用罩模修整
7	质量检验	—	铆合头成型完整、光洁，接合后结构无松动；铆合头贴紧工件，不偏斜

4. 评分标准

序号	检测项目	学生自测	教师测评
1	按图样加工		
2	正确使用铆接工具		
3	铆接方法正确		
4	半圆头铆钉铆合头不偏斜		

续表

序号	检测项目	学生自测	教师测评
5	铆合头四周与工件表面贴紧		
6	铆合头尺寸大小合适		
7	工件结合面间无缝隙		
8	铆合头及工件表面无伤痕		
9	无飞边、开裂		
10	安全文明操作		

用沉头铆钉进行手工铆接（搭接）

1. 工作任务

在汽车修理与维护中，经常用到沉头铆钉的铆接工艺。本任务要求用沉头铆钉采用搭接的方法将两块 4 mm 平板铆接在一起，如图 16—11 所示。

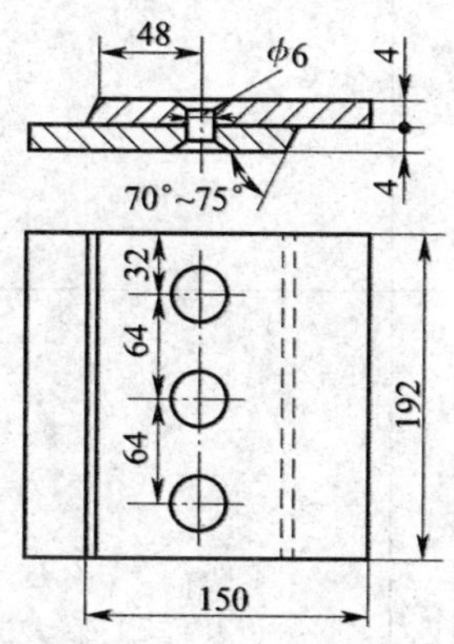

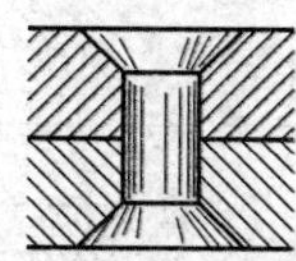

技术要求
1. 铆钉表面要平整，工件表面无磕伤等缺陷。
2. 两板之间不得错位及存在空隙。
3. 工时 4h。

图 16—11　需使用沉头铆钉铆接的零件图

2. 任务分析

该任务是将两块 4 mm 钢板搭接后用 $\phi 6$ mm 的沉头铆钉，采用单排、边间距为 32 mm、中心距为 64 mm 的冷铆方法铆接在一起。

3. 实施步骤

截断圆钢 $\phi 6$ mm×22 mm 作为沉头铆钉的铆接。沉头铆钉手工铆接过程见表 16—3。

表 16—3　　　　沉头铆钉手工铆接过程

序号	步骤	步骤图	说明
1	钻孔	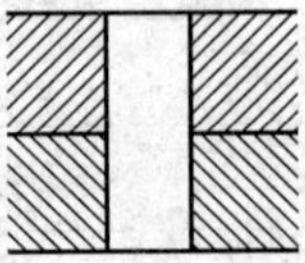	把两块 4 mm 平板彼此贴合，按照图样的要求在工件上划线、钻孔，钉孔直径取 6.1 mm
2	锪孔	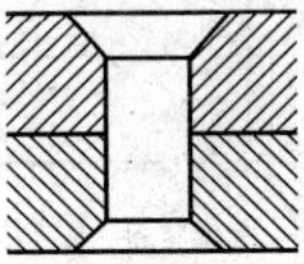	略
3	装入铆钉	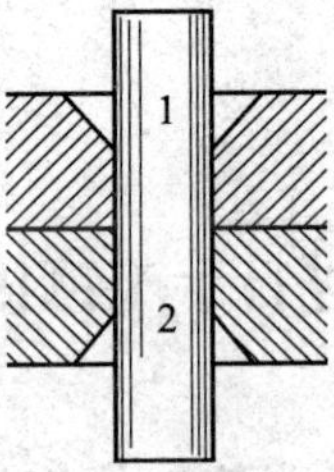 1 2	将 ϕ6 mm×22 mm 的圆钢铆钉插入孔内
4	镦粗铆钉	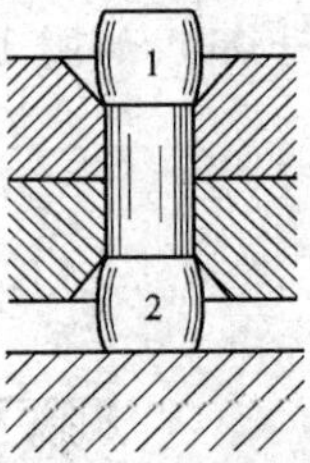 1 2	略
5	铆合面 2	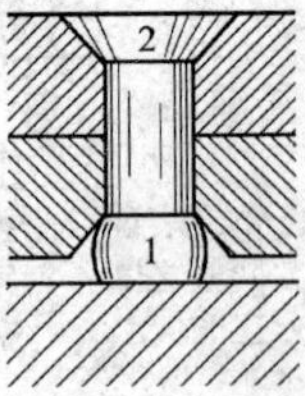 2 1	略
6	铆合面 1	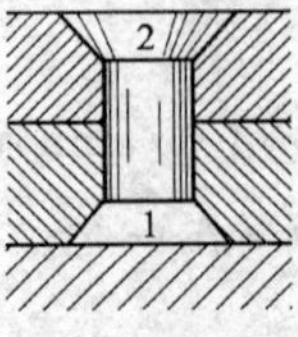 2 1	略
7	修整		用平头冲头修整成形

4. 评分标准

序号	检测项目	学生自测	教师测评
1	按图样加工		
2	正确使用铆接工具		
3	铆接方法正确		
4	沉头铆钉铆合面平整		
5	铆合面四周与工件表面贴紧		
6	工件结合面间无缝隙		
7	铆合面及工件表面无伤痕		
8	无飞边、开裂		
9	安全文明操作		

思考与练习

一、填空题

1. 铆接是利用________把两个或两个以上的__________连接成为一个_________。

2. 铆接按使用要求不同可分为_________、_________两种。

3. 固定铆接按用途和要求不同可分为___________、___________________、_________________三种。

4. 铆钉是铆接结构的_______件，常用铆钉由_______和_____________两部分组成。

5. 常用的铆接工具有_____、_______、_________、____________。

6. 半圆头铆钉长度确定公式为________________________，沉头铆钉长度确定分式为________________________________。

二、简答题

1. 说明下列标识的含义。

铆钉　5×20 GB/T 867—1986

2. 说明半圆头铆钉的冷铆接过程。

3. 用半圆头铆钉冷铆（搭接）连接5 mm厚的两块钢板，应如何选择铆钉直径、长度及铆钉孔径？

4. 沉头铆钉的长度应如何确定？

5. 简述截断圆钢作为沉头铆钉的铆接过程。